国家社科基金
后期资助项目

收入分布变迁的消费市场效应

Consumer Market Effects of
Income Distribution Evolution in China

孙巍　杨程博　苏鹏　著

社会科学文献出版社
SOCIAL SCIENCES ACADEMIC PRESS (CHINA)

国家社科基金后期资助项目
出版说明

后期资助项目是国家社科基金设立的一类重要项目，旨在鼓励广大社科研究者潜心治学，支持基础研究多出优秀成果。它是经过严格评审，从接近完成的科研成果中遴选立项的。为扩大后期资助项目的影响，更好地推动学术发展，促进成果转化，全国哲学社会科学工作办公室按照"统一设计、统一标识、统一版式、形成系列"的总体要求，组织出版国家社科基金后期资助项目成果。

全国哲学社会科学工作办公室

目　　录

第一章　导论 …………………………………………………………… 001
　第一节　供给侧改革与需求侧管理的现实经济选择 …………… 002
　第二节　收入分布变迁与消费升级的动态特征 ………………… 005
　第三节　一个实证分析的框架 …………………………………… 006

第二章　收入分布变迁的消费市场效应理论 ………………………… 008
　第一节　西方经济理论中的收入与消费 ………………………… 009
　　一　消费理论的回顾 …………………………………………… 009
　　二　收入分布影响消费的理论基础 …………………………… 013
　第二节　收入分布变迁的消费市场效应理论预期 ……………… 016
　　一　居民收入与消费的统计分析 ……………………………… 018
　　二　理论预期与思想框架 ……………………………………… 023
　第三节　理论模型与数理分析 …………………………………… 028
　　一　理论模型的数理推导 ……………………………………… 028
　　二　理论预期的进一步阐释 …………………………………… 031
　第四节　本章小结 ………………………………………………… 036

第三章　收入分布变迁的总体消费市场效应 ………………………… 038
　第一节　居民收入与消费分布的拟合 …………………………… 039
　　一　分布函数的非参数估计方法 ……………………………… 042

  二 核函数与带宽的选取……………………………………………… 044
  三 收入分布变迁的拟合与测度……………………………………… 047
  四 消费分布的拟合与分析…………………………………………… 057
 第二节 收入分布变迁的总体消费市场效应模型……………………… 059
  一 无条件分位数回归模型…………………………………………… 059
  二 收入分布变迁的反事实变量设计………………………………… 063
  三 总消费关于收入分布变迁的无条件分位数回归模型…………… 065
 第三节 收入分布变迁对消费市场演化的总体影响…………………… 065
 第四节 本章小结………………………………………………………… 068

第四章 收入分布变迁的消费市场非线性效应……………………… 071
 第一节 总体消费市场的非线性效应模型……………………………… 071
  一 非线性影响机制的数理分析……………………………………… 072
  二 计量模型的选择和研究方案设计………………………………… 075
 第二节 总体消费市场非线性效应模型的估计与分析………………… 080
  一 模型的参数估计及结果…………………………………………… 080
  二 非线性冲击的度量结果及分解分析……………………………… 083
 第三节 细分消费市场的非线性效应模型……………………………… 084
  一 样本分割的门限回归模型………………………………………… 085
  二 消费的门限回归模型……………………………………………… 087
  三 数据说明与整理…………………………………………………… 088
 第四节 细分消费市场非线性效应模型的估计与分析………………… 089
  一 收入门限估计与检验……………………………………………… 089
  二 细分消费市场的收入组群分析…………………………………… 091
  三 非线性冲击的作用效果及分析…………………………………… 094
 第五节 本章小结………………………………………………………… 096

第五章 收入分布变迁的消费市场异质化效应……………………… 099
 第一节 总体消费市场的异质化效应模型……………………………… 100

  一　准面板数据的合成 …………………………………………… 101
  二　反事实收入分布函数的计算 ………………………………… 104
  三　面板门限回归和分位数回归 ………………………………… 106
  四　分位数处理效应的测度方法 ………………………………… 109
 第二节　总体消费市场异质化效应模型的估计与分析 ……………… 111
  一　面板门限值的估计结果 ……………………………………… 111
  二　双重门限模型的分位数回归 ………………………………… 113
  三　异质化效应的估计与分析 …………………………………… 116
 第三节　城乡消费市场的异质化效应模型 …………………………… 121
  一　条件分位数回归模型 ………………………………………… 121
  二　反事实分析与分位数分解方法 ……………………………… 122
  三　数据来源及说明 ……………………………………………… 123
 第四节　城乡消费市场异质化效应模型的估计与分析：
     以汽车市场为例 ……………………………………… 125
  一　城乡消费的异质性特征分析 ………………………………… 126
  二　城乡消费市场异质化的深层原因及农村消费潜力分析 …… 133
 第五节　本章小结 ……………………………………………………… 135

第六章　收入分布变迁的消费市场结构性效应 ……………………… 138
 第一节　总体消费市场的结构性效应模型 …………………………… 139
  一　现有消费结构模型及评述 …………………………………… 139
  二　AIDS 模型 …………………………………………………… 143
  三　引入收入分布变迁的动态扩展 AIDS 模型 ………………… 145
  四　数据、指标及回归方程设定 ………………………………… 147
 第二节　总体消费市场结构性效应模型的估计与分析 ……………… 149
  一　总消费结构演变的统计分析 ………………………………… 149
  二　模型估计结果及分析 ………………………………………… 155
 第三节　细分消费市场的结构性效应模型 …………………………… 159
  一　两阶段需求系统模型的思想与估计方法 …………………… 159

二　Engel-AIDS 需求系统模型⋯⋯⋯⋯⋯⋯⋯⋯⋯⋯⋯⋯⋯⋯ 162
　　三　数据来源及说明⋯⋯⋯⋯⋯⋯⋯⋯⋯⋯⋯⋯⋯⋯⋯⋯⋯ 163
　第四节　细分消费市场结构性效应模型的估计与分析：
　　　　　以耐用品市场为例⋯⋯⋯⋯⋯⋯⋯⋯⋯⋯⋯⋯⋯⋯⋯ 164
　　一　耐用品消费结构演变趋势的统计分析⋯⋯⋯⋯⋯⋯⋯⋯ 164
　　二　模型的估计结果与分析⋯⋯⋯⋯⋯⋯⋯⋯⋯⋯⋯⋯⋯ 169
　第五节　本章小结⋯⋯⋯⋯⋯⋯⋯⋯⋯⋯⋯⋯⋯⋯⋯⋯⋯⋯ 175

第七章　收入分布变迁的典型消费市场效应⋯⋯⋯⋯⋯⋯⋯⋯⋯ 177
　第一节　收入分布变迁的汽车消费市场效应⋯⋯⋯⋯⋯⋯⋯⋯ 178
　　一　我国汽车市场发展现状及其研究概述⋯⋯⋯⋯⋯⋯⋯⋯ 178
　　二　基于消费函数的收入分布变迁影响效应的动态分解⋯⋯ 182
　　三　计量结果与实证分析⋯⋯⋯⋯⋯⋯⋯⋯⋯⋯⋯⋯⋯⋯ 185
　第二节　收入分布变迁的数码产品消费市场效应⋯⋯⋯⋯⋯⋯ 191
　　一　城乡居民典型数码产品市场发展现状及其研究概述⋯⋯ 191
　　二　城乡居民不同收入组群典型数码产品消费行为分析⋯⋯ 196
　第三节　收入分布变迁的电脑消费市场效应⋯⋯⋯⋯⋯⋯⋯⋯ 204
　　一　我国电脑消费市场发展现状及研究概述⋯⋯⋯⋯⋯⋯⋯ 204
　　二　基于分位数回归的城乡电脑消费组群差异性
　　　　动态特征分析⋯⋯⋯⋯⋯⋯⋯⋯⋯⋯⋯⋯⋯⋯⋯⋯⋯ 209
　　三　城乡电脑消费反事实差异分解的实证分析⋯⋯⋯⋯⋯⋯ 219
　第四节　本章小结⋯⋯⋯⋯⋯⋯⋯⋯⋯⋯⋯⋯⋯⋯⋯⋯⋯⋯ 226

第八章　收入分布变迁与新时代中国社会的主要矛盾⋯⋯⋯⋯⋯ 229
　第一节　收入分布变迁的消费市场效应理论体系的再阐述⋯⋯ 229
　　一　中国居民的收入分布变迁⋯⋯⋯⋯⋯⋯⋯⋯⋯⋯⋯⋯ 229
　　二　收入分布变迁对需求冲击的理论与实证基础⋯⋯⋯⋯⋯ 231
　　三　收入分布变迁的消费市场效应理论内涵⋯⋯⋯⋯⋯⋯⋯ 233
　第二节　新时代居民消费的新特征与中国社会的主要矛盾⋯⋯ 236

一　收入分布变迁与新时代居民消费的新特征 …………………… 236
　二　收入分布变迁的消费市场效应与供给侧不平衡不充分的
　　　诱发机制 ………………………………………………………… 238
第三节　基于需求侧导向的供给侧结构性改革思路 ………………… 241
　一　关于拉动消费需求增长的收入分配政策 ………………………… 241
　二　推动供给侧结构性改革的政策思考 ……………………………… 242
　三　供需两侧配合化解新时代中国社会主要
　　　矛盾的政策思路 ………………………………………………… 243

参考文献 …………………………………………………………………… 246
后　记 …………………………………………………………………… 281

第一章
导论

　　需求与供给是相互影响、相互决定的。在古典经济学看来，供给创造需求，即消费和投资需求都是由生产及分配形成的，虽然外生冲击会造成短期波动，但市场的自我稳定机制最终能实现供求平衡。针对上述观点，凯恩斯举出在经济萧条时期出现的反例，彼时边际消费倾向递减规律、边际投资效率递减规律和流动性偏好三大基本规律发生作用，导致总需求不足、供求不平衡，故需要政府干预。消费需求取决于收入，收入取决于就业，就业又取决于生产及其一系列影响因素。生产的产品只有被消费才能形成价值和效用，而产品是否会被消费则依赖于需求。在转型经济时期，经济涨跌波动或经济增速换挡均是由各种需求和供给因素共同决定的。

　　改革开放40多年来，中国经济经历了由计划经济向市场经济、由短缺经济向过剩经济的根本性转型过程。伴随这个长期的转型过程，中国经济相继出现了供不应求、投资过热、产能过剩和需求不足等一系列并行且表现剧烈的变化，这是在人类经济社会发展历程中难得见到的特殊现象和规律。在这一系列现象的背后，以市场经济体系建立和完善的动态过程为基础，居民收入水平的快速和显著提升为中国消费市场的持续升级提供了强劲的原动力。因此，居民收入水平及其分布的动态变迁，以及由此引发的市场需求演变规律，不仅是中国经济增长内生动力的源泉所在，更是供给侧不断进行结构性改革以适应消费需求演变冲击的市场基础。

第一节　供给侧改革与需求侧管理的现实经济选择

近年来，随着国际环境和国内经济社会发展的深刻变革，我国经济增长方式的转型进入了攻坚阶段。从国际环境来看，2008 年爆发的金融危机对各国的实体经济均造成了很大冲击，我国的对外贸易严重受阻，进出口额持续出现较大幅度下滑，而且金融危机严重恶化了其他国家居民的收入情况和消费预期，民众的消费信心难以在短期内恢复，外部市场萎缩很可能成为长期态势。随着金融危机的延续和进一步深化，自 2009 年底希腊、葡萄牙、爱尔兰、意大利、西班牙等欧洲国家接连爆发主权债务危机，使得国际经济环境进一步恶化，虽然 2013 年 12 月爱尔兰率先脱困，但国际经济形势的前景仍具有很大的不确定性。2018 年由美国发起的贸易战及其国家经济关系中的单边主义和保护主义倾向，使得世界范围内经济形势的不确定性显著增强。因此，国际经济环境的恶化，使得我国以往投资主导、出口主导的经济增长模式难以为继，加快形成促进经济转型的长效机制已成为现行经济政策的重要选项。

伴随中国经济政策机制的不断调整和优化，国内经济正在呈现全面开放的外向型经济向内需拉动与外向型经济平衡发展的模式转变，以投资驱动为主的高速增长向市场配置机制主导的高质量发展的模式转变。同时，随着人们收入水平及其分布的不断变化，国内市场需求一直表现为以区域和人群异质性为基本特征的快速演变和升级状态。国内的诸多社会发展趋势表明，消费需求逐渐成为拉动经济增长的重要力量，甚至当外部市场需求不足时具有显著的主导性特征。具体来说，国内需求有 3 个方面的因素值得关注。

（1）人均 GDP 达到中上收入水平。迟福林（2012）指出，通过消费主导型增长的国际经验发现：人均收入达到 3000 美元后，消费会逐渐超越投资和进出口成为拉动经济的主要动力；在人均收入达到 4000 美元后，消费主导将成为常态。我国 2010 年人均 GDP 已经达到 4433.87 美元，所以如果客观条件允许，居民潜在的消费购买力将会很快释放出来。

（2）快速的城镇化进程。朱孔来等（2011）的研究显示，城镇化率每提高 1 个百分点能够推动 0.71% 的经济增长。预计未来 5~10 年我国城镇化将呈加速发展趋势，而且城镇化率还有 10~15 个百分点的提升空间。城镇化带来的消费需求，尤其是对第三产业消费需求的增加，将是不可估量的。

（3）人口老龄化趋势。依据生命周期学说，如果社会中年轻人和老年人的人口比重增加，则消费倾向会提高。"十二五"期间我国人口老龄化将进一步加快，预计到 2020 年，全国 60 岁以上老年人口将增加到 2.55 亿人，占总人口比重将提升到 17.8% 左右，全社会用于老年人养老、医疗、照护、福利等方面的支出将持续增长①。随着老龄人口增加，纯消费者群体也将扩大，消费占 GDP 的比重也将提高。

但是，自进入 21 世纪以来，我国的消费状况并不令人乐观。一方面，随着收入的提高，消费率不升反降。国家统计局数据显示，最终消费率由 2000 年的 0.62 下降到 2011 年的 0.49，特别是剔除了政府消费后，同期的居民消费从 0.46 下降到 0.35。政府及各界人士纷纷将目光聚集到如何扩大内需上来，"十二五"规划更是把扩大内需提升到了国家经济发展战略的核心地位。另一方面，某些局部市场却异常火爆，既有房地产热，又有购车热，电脑、手机等各类电子产品花样翻新、层出不穷。某些单一商品市场的过热严重影响了投资人的理性和前瞻性，极易导致产能过剩。

消费、投资和进出口一直被称为拉动经济增长的"三驾马车"，而且消费需求的拉动对我国经济运行的影响尤为重要。从理论上讲，投资需求通常是由消费需求引致的，消费需求对其具有决定作用，而进出口本质上代表的也是国外部门对国内的消费需求。从总体局势来讲，一方面，我国以往过于强调投资拉动的发展模式的弊端逐渐凸显，通货膨胀、投资过热、产能过剩等一系列问题反复出现；另一方面，美国金融危机、欧债危机等国际经济的恶化，严重影响了我国的出口贸易。因此，要维持我国经济的持续快速发展，最直接的措施就是扩大消费需求。近年来，中国居民的消费能力一直受世界瞩目。星图数据（Syntun）显示，国内由互联网购物引领的"双十一"购物节在 2017 年和 2018 年节日当天全网交易额分别

---

① 《"十三五"国家老龄事业发展和养老体系建设规划》。

达到了 2540 亿元和 3143 亿元；根据 Nielsen 和支付宝联合发布的报告，2017 年中国游客境外旅游 1.31 亿人次，海外支出平均达到了 5565 美元。这其中屡次出现消费大量外流、消费质量投诉等问题，严重影响了居民收入向国内消费的有效转化。在这种情况下，供给侧结构的转型势在必行。

2015 年 11 月 10 日，在中央财经领导小组会议上，习近平指出："在适度扩大总需求的同时，着力加强供给侧结构性改革，着力提高供给体系质量和效率。"从此，"供给侧结构性改革"成为经济改革的关键词，引发了学术界对今后我国经济改革走向与思路的深入探讨。所谓供给侧结构性改革，就是从供给、生产端入手，通过解放生产力，提升竞争力，促进经济发展。2015 年 11 月 18 日，习近平在亚太经合组织（APEC）工商领导人峰会发表演讲时再次强调："要解决世界经济深层次问题，单纯靠货币刺激政策是不够的，必须下决心在推进经济结构性改革方面作更大努力，使供给体系更适应需求结构的变化。"与此同时，国务院总理李克强在主持召开"十三五"规划纲要编制工作会议时强调："在供给侧和需求侧两端发力促进产业迈向中高端。"由此可见，全面推进供给侧改革，并不意味着放弃需求侧，与之相反，供给侧改革的目的是适应需求侧的演变，从而将我国经济带入新的发展阶段。因此，为了保证供给侧结构性改革的质量和成效，首先需要深入了解需求，以需求的演变特征及发展规律，来正确地引导供给侧结构性改革的方向，精确地瞄准改革的发力点，以有效地支撑改革顺利完成。

居民收入水平是影响消费的决定性因素，改革开放以来居民收入水平迅速提高，消费需求结构持续升级，在我国社会内部蕴藏了巨大的消费潜力。但同时收入差距的不断扩大，以及供给条件的制约，使得消费需求并未充分发挥其应有的作用，消费率自进入 21 世纪以来持续下降。由此，如何把握消费市场的动态演变轨迹和特征，通过设计并实施适应市场预期的前瞻性产业政策，来实现投资对经济增长驱动的有效性，使供给侧结构性改革找到可以遵循的规律和政策基础，就成为我国经济转型中面临的重大课题。因此，研究消费问题仍应从收入这一主要矛盾切入，而且改革开放以来我国经济的飞速发展，使得短时间内我国数亿居民的收入水平及分配结构处于不断的快速变化中，这是其他国家从未有过的。准确刻画居民收入水平提高和收入差距扩大等收入分配格局的演变，从分布的视角出发，把握居民收入和消费间的交互作用机制和关联性，寻求激发和释放居民需求的突破口，具有十分重要的理论与现实意义。

第二节　收入分布变迁与消费升级的动态特征

伴随经济的快速增长，我国居民消费需求的不断升级对经济增长的促进作用持续增强，逐渐成为新一轮经济增长的主导力量。13亿人收入水平的快速提高和分布状况的急剧变化，是世界范围内难以见到的特殊现象，其对市场需求冲击的幅度必然是巨大的，会打破多个商品市场相对稳定的供求关系：一方面，使得汽车等高档消费品市场轮番出现供不应求、价格上涨的火热状态，诱发生产领域的投资过热，导致产能过剩；另一方面，迫使传统家电等低档或过时商品的需求急剧萎缩。这给我国产业结构调整及发展转型提出了一系列新的课题：一方面，使得多种商品市场本该具有短期特征的非均衡现象持续化和长期化；另一方面，使得多种产品的更新换代加快和生命周期显著缩短。相对于中国而言，世界其他地区的人口基数小得多，经济发展速度也慢得多，上述的市场非均衡现象，一般呈现相对短暂和不显著的状态，因此其他国家和其他历史时期都难以见到中国改革开放以来呈现的特殊经济现象，也就难以见到这方面的系统研究。所以，在理论上针对中国改革开放经济奇迹带来的收入分布变迁及其引致的消费市场效应的专门研究，具有很大的价值和意义。

由收入分布变迁诱导的消费市场效应的直接结果，虽然首先表现为强劲内需对经济增长的拉动效应，但同时也会造成多种商品市场供求的持续失衡和价格的剧烈变动。这一方面使得产业界的投资行为无法保持理性和前瞻性，使多种行业经常性地出现产能过剩与产能不足、供过于求与供不应求并存的市场状况；另一方面使得政府在经济调控过程中，面对经济的剧烈波动和快速增长，多轮次地出台抑制投资过热和产能过剩与鼓励投资和加速发展某些产业的徘徊性产业政策，从而经常性地出现调控滞后或调控过度的失衡状况。因此，本书以微观家庭调查数据为基础，针对居民收入分布变迁的收入组群异质性消费特征和社会消费需求的动态演变机制，开展系统深入的研究工作,在十八大提出的"让市场对资源配置起决定性作用"的经济政策调整背景下,在准确把握不同收入组群居民动态消费行为特征的基础上,探析经济高速增长过程中居民收入分布变迁消费市场效应的演变动态,对于进一步深入探索市场供求和宏观调控政策之间的动态关联性,并提供科学严谨的决策依据,具有重要的现实意义。

居民收入水平及其分布变迁引致的消费需求演化机制,是系统解释居民收入和国民经济同时保持高速增长的特定经济环境下消费市场效应的理论基础。国内外学者对收入和消费的研究由来已久,各个研究方向的成果也非常丰硕。虽然本书提出的收入分布变迁的消费市场效应是一个全新的研究领域,这一领域的系统研究尚处于起步阶段,但现有的关于收入分布函数和收入分配等收入理论的研究、消费函数和消费结构等消费理论的研究、大样本复杂抽样数据的统计方法及迅速发展的面板模型、分位数回归和门限回归等微观实证计量技术的研究等,均从理论和方法两方面,为研究收入分布变迁的消费市场效应奠定了坚实的基础。尽管如此,以微观调查数据为基础对消费市场的动态演化机制展开研究,还需要解决一系列计量方法方面的关键问题。面向实际问题的计量方法研究,才是实现计量方法创新的真正动力源泉。

第三节 一个实证分析的框架

居民收入分布变迁引致的消费市场效应的理论与实证分析框架,是系统研究居民收入和国民经济同时保持快速增长的特定经济环境下,需求不足以及消费结构失衡等消费市场现象的思想基础和方法论基础。以微观调查数据为基础的收入分布变迁的消费市场效应研究,将在理论研究的基础上,通过一系列实证问题展开,深入剖析我国消费需求的动态演变特征。

本书在第二章首先以异质性偏好假设构建了一个理论模型,并据此系统阐释了居民收入分布变迁消费市场效应的理论预期;第三章采用可获得的大样本中国居民家庭调查数据,运用参数和非参数方法对居民收入与消费分布状况的动态特征进行刻画,并进一步设计能够测度收入分布变迁对消费分布影响效果的计量方法,以揭示居民收入分布变迁所带来的需求侧消费分布演变特征；第四章通过解决收入达到某一特定水平时，对某些商品市场形成的新购买力所引发的消费需求突变的非线性微观计量方法问题，来揭示居民收入分布变迁所诱发的需求侧居民消费的非线性演变特征；第五章解决了微观家庭调查数据跨期分析时遇到的观测样本不连续、时间间隔不相等和样本总数不固定等特征下的重复横截面数据问题，通过构造准面板数据及相应的门限模型的分位数回归，以及建立城乡居民消费的反事实分位数分解模型等计量方法，来刻画收入分布变迁引发的需求侧消费分布不同分位数上的异质性特征；第六章在跨期情形下，通过解决引入了收入分布变迁因素的消费需求系统模型的动态扩展问题，开展居民收入分布变迁对消费结构的作用机制和作用效果的实证研究，探索在收入分布变迁的背景下，需求侧消费结构的转变特征；第七章以典型耐用品需求为例，对典型商品市场中消费者购买行为及购买人群特征的变化进行研究，揭示收入分布变迁所引发的典型商品的消费行为演化机制，及其可能诱发的市场供求非均衡演进规律与特征。通过对以上几个方面的深入探讨，本书完成了从理论预期到实证检验的完整研究体系构建，并借此对我国居民收入分布变迁所引发的需求侧动态演变特征及规律，给出了系统严谨的实证分析过程和具有充分科学理论依据的相关结论。

第二章
收入分布变迁的消费市场效应理论

改革开放 40 多年来，我国经济发展迅速。在经济体制由计划经济向社会主义市场经济的转型基本完成之后，我国的经济发展模式也经历了长时间的由以出口和投资拉动为主向内需主导的经济驱动方式转变、由粗放型增长向集约型增长转变的过渡期。改革开放最为重要的成果之一是居民收入水平和生活水平显著提高。而遵循改革开放之初就确立的"让一部分人先富起来"和"效率优先，兼顾公平"的基本政策思路，使得中国居民整体收入水平提高过程中呈现居民收入分布不均等特征，收入不均等在时间和空间上表现出显著的不断扩大的动态性。本书将这种动态的居民收入水平不均等化过程称为"收入分布变迁"。全国居民收入水平及其分布的变迁一定会给市场需求和商品供给带来不断的冲击，且动态过程越剧烈，变化幅度越大，对市场的冲击就越大。如果从消费市场理论的角度思考这种动态的收入分布变迁冲击，改革开放以来中国消费市场需求水平及其结构不断演变和升级的原动力很可能便源于此。本书将这种居民收入水平及其分布给消费市场带来的影响称为"收入分布变迁的消费市场效应"。

在收入分布变迁长期持续的作用下，随着居民收入水平提高和收入分布差距日渐拉大，居民消费需求也出现类似转变，消费结构不断升级且多层次、多样化需求并存。供给侧改革在不断调整供给结构与质量的同时，应更好地适应需求侧结构变化，两者有机结合才能更有效地促进我国经济增长。因此，本书主要从收入分布变迁入手，探索中国经济发展中居民收入剧烈和复杂的动态变化在市场机制下的传导路径及对应的转型期消费需求演变特征，寻求供给侧改革与需求侧改革的最佳契合点，总结经济发展的中国经验，为最终实现以市场配置资源为主导的中国经济增长提供理论和政策参考。

自1978年开始的改革开放，使我国进入了一个持续高速发展的较长时期，经济的高速增长带来居民收入水平的快速提高，截至2017年居民人均收入已经达到25973.8元，约合3846.9美元。这一过程相较于西方发达国家的发展经历来说，在时间上缩短了很多，因此在此期间，出现的问题必然会比发达国家来得复杂震荡也会比发达国家更剧烈。虽然目前阶段性地存在居民收入分配不均等化、需求拉动不足等问题，但长期来看，随着我国市场经济体制和社会保障体系的改革以及城市化进程的不断推进，消费需求总量的增长、消费需求结构的调整与升级必将对经济产生更加明显的拉动作用。中国经济不仅处于转型期，而且仍处在快速增长期，中国这一特定的经济环境决定了其在整个发展过程中的理论创新和政策实践必将遇到许多不同于西方传统理论的新挑战和新课题。

因此，本章首先对西方经济平稳增长环境的消费理论予以分析，并比较分析这些理论在我国实践中的适用性，以期从中梳理出比较完整的理论基础和出发点，提出在我国经济快速增长背景下收入分布变迁消费市场效应的理论预期与研究框架。

第一节　西方经济理论中的收入与消费

本节的理论分析主要是对已有的消费理论模型予以梳理，并从收入分布变迁的视角出发进行讨论，为紧密结合我国经济快速增长的特定背景，进一步给出收入分布变迁消费市场效应的理论预期奠定基础。

一　消费理论的回顾

（一）消费理论发展的简单回顾

自20世纪30年代西方兴起消费理论研究，到目前为止出现了绝对收入假说、相对收入假说、永久收入假说、随机游走假说和预防性储蓄理论等一系列有代表性的理论学说。

凯恩斯（Keynes，1936）的消费理论通常被称为绝对收入假说（Absolute Income Hypothesis，AIH），认为居民的消费由其可支配收入决定，两者之间呈现稳定的函数关系：

$$C = \alpha + \beta Y, \alpha > 0, 0 < \beta < 1$$

此外，凯恩斯还给出了著名的"边际消费倾向递减规律"，即随着收入由低到高，居民对应的消费倾向会逐渐降低。但该分析是建立在先验经验基础上的，缺乏微观基础。

二战后西方各国的经济迅速复苏，凯恩斯的理论对当时消费的解释受到很多质疑，Duesenberry（1949）首先对该理论做出了一定的补充与修正，通过把社会心理学的成果引入消费研究，提出了相对收入假说（Relative Income Hypothesis，RIH），认为消费依赖于居民过去的消费习惯（棘轮效应）及其周围的消费水准（示范效应），但其并未完全摆脱凯恩斯理论的分析框架。

而后 Modigliani 和 Brumberg（1954）以及 Friedman（1957）相继在消费者理性选择基础上分别给出了生命周期假说（Life Cycle Hypothesis，LCH）和永久收入假说（Permanent Income Hypothesis，PIH）。Modigliani 强调人们会在更长的时间里优化其整个生命周期内的消费支出，人的一生可以分为收入大于支出和收入小于支出两个阶段，居民年轻时有养老储蓄的动机，其消费函数为：

$$C = \alpha W + \beta Y$$

其中，W 为实际财富，α 为财富的边际消费倾向，β 为收入的边际消费倾向。Friedman 提出了永久收入的概念，把收入分为持久收入与暂时收入（$Y = Y^P + Y^T$），认为短期的收入波动不会使人们调整消费，只有收入的变动被认为是永久性的才会对消费产生影响，其消费函数可记为：

$$C = \alpha Y^P$$

式中 α 用于衡量持久收入中消费的比例。

永久收入假说和生命周期假说互为补充，都是在费舍尔的理论上证明消费不应该取决于现期收入，但与生命周期假说强调人一生当中收入循环的模式不同，永久收入假说强调一生当中经历的随机和暂时性的收入变动。生命周期－持久收入假说（LC-PIH）虽然具有了相对成熟的微观理论解释，但很长一段时间在计量上缺乏相应的检验，直至 Hall（1978）从作为生命周期－持久收入假说基础的跨时最优化消费模型上引入理性预期和随机过程，验证了生命周期－持久收入假说意味着消费者服从随机游走过程，于是这一结果被称为随机游走假说（Random Walk Hypothesis，RWH）。但 RWH 只是 PIH 在理性预期（Rational Expectation，RE）下的扩展，两者的本质是一致的。

后续对 RWH 的一系列计量结果却令人失望，Flavin（1981）的实证研究与 Campbell 和 Deaton（1989）的计量结果都发现消费行为呈现消费支出变化小于收入变化的"过度平滑性"，从而均否认了随机游走假说的正确性。为了寻求对上述两个结果的解释，Caballero（1990）在消费模型中加入了风险因素，要求消费者必须进行预防性储蓄以规避未来的不确定性，进而对消费变化小于收入变化的过度平滑性给出了合理解释，而在跨期预算约束下过度敏感性还是成立的。

上述消费理论尽管逐步得到完善，但其理论性太强，过多严格的假设使得理论与现实的差异很大。若放弃这些假设，又会使得微观机制变得模糊。鉴于此，Campbell 和 Mankiw（1991）给出了一个折中的办法，假设一个经济中存在两类不同的消费者，进而总消费可表示为：

$$C = \lambda Y_t^L + (1 - \lambda) Y_t^P$$

其中 λ 为一个权数，且 $0 < \lambda < 1$，Y_t^L 表示当期可支配收入，Y_t^P 表示永久收入的预期。这一模型被称为"λ 假说"。Flavin（1993）的研究证明"λ 假说"较好地解释了消费的过度敏感性和过度平滑性。

总之，可以说消费理论是一种始终处于发展中的理论，传统的西方经济学消费理论是经过沿袭和提炼的精华，虽有其所处时代的局限性，但为后来学者的研究奠定了坚实的基础。

（二）收入分布变迁视角下的进一步分析

从根源上讲，收入分布变迁影响消费的观点源于凯恩斯（1936）提出的"边际消费倾向递减规律"，但该观点的建立并未经过效用函数和效用最大化等严密的数理推导证明,更多的是依据先验性经验判断,即凯恩斯的消费理论本身就缺乏充分的微观主体行为逻辑基础(袁志刚、朱国林,2002)。国内学者李军(2003)和陈建宝等(2009)的实证结果表明,我国居民的边际消费倾向的确有变化,但递减规律并不一定严格成立。凯恩斯之后的相对收入假说、生命周期假说、永久收入假说等经典消费理论,包括 Hall(1978)理性预期下的永久收入理论,虽在更加贴近现实的消费行为假设下,通过实现效用最大化得到了各自的消费函数,但也均未给出收入分布变迁与社会总需求间的关系。

明确指出收入分布变迁会对总消费产生影响的消费理论首次出现在 Blinder(1973)的遗赠储蓄模型中。其结果表明,只要消费的边际效用弹性不等于遗赠的边际效用弹性,居民的平均消费倾向便会随着收入的不同而不同,收入分布变迁便会对总消费产生影响。而预防性储蓄理论作为消费理论的最新进展,进一步在储蓄中加入了预防性储蓄,较有代表性的有 Zeldes(1989)、Dynan(1993)等。袁志刚、朱国林(2002)则指出,风险的存在只是会影响遗赠的边际效用弹性,但在遗赠动机下的收入分布变迁与总消费的关系不受影响。考虑储蓄的消费模型虽能证明收入分布变迁对消费存在影响,但实证中很难抉择,因为人们的储蓄动机多种多样,各种模型又难分优劣。

其实,这一问题本质上是如何实现微观个体消费向宏观整体消费的加总问题。Stoker(1986)在讨论微观变量加总到宏观变量时指出,讨论"分配效应"问题应与微观主体行为的非线性相联系,Stoker 所说的非线性也可理解为个体异质性偏好的差异。段先盛(2009)也指出现有宏观消费理论在面对这一难题时,均采用了一种"代表性消费者"的模型简化方式,而该种假设其实暗示社会上所有家庭或居民具有"同质性",收入分布变迁的差异在很大程度上依赖于微观个体的异质性特征。因此,要研究收入分布变迁对总消费的影响必须以消费者偏好的异质性和非线性为前提。Campbell 和 Mankiw(1991)提出"λ 假说"的处理方式值得借鉴,即假设经济中存在两类消费者,一类消费者按照生命周期假说的方式安排消费,另一类消费者由当期收入决定消费。同时国内学者林文芳(2009)、陈建宝和李坤明(2013)等的研究也印证了我国的居民消费确实存在异质的非线性特征。

二 收入分布影响消费的理论基础

基于上述对西方经典消费理论的分析可以发现，收入分布变迁的消费市场效应产生的微观基础其实源于存在着偏好不同的异质性消费群体，另外一个收获是通过储蓄的消费模型明确了收入分布变迁对消费存在影响。因此，为了更好地解释收入分布变迁对消费需求影响的微观经济机制，接下来考虑从不同组群的储蓄倾向入手，考察不同收入组群的消费倾向差异，分析收入分布变迁对消费需求的影响机制。在这一思路下，其实含有如下假设：居民的消费动机是一致的，均是为了获得即时效应，而储蓄动机则不同。对于储蓄动机，使用经济学家通常考虑的生命周期动机、遗赠动机和预防性动机这三种。要分析不同收入水平群体的消费行为及其市场需求，首先需要了解其不同储蓄动机的强度。

另外，居民只有当收入达到一定程度后才会选择储蓄，于是 Musgrave（1980）把收入分为两部分，一部分是维持基本生活收入（Subsistence Income），另一部分是超额收入，前者基本全部用于满足居民的基本生活支出，对消费起作用的其实是超额的部分，基本生活收入用 Y_0 表示。所以，当收入小于 Y_0 时，居民根本无力进行储蓄，只有当收入高于 Y_0 时，居民才会选择储蓄。而且3种储蓄动机的强度不同，不同收入水平的居民储蓄的数量也会有差异。

首先，分析生命周期储蓄。生命周期储蓄是生命周期假说下居民为退休以后的养老而进行的储蓄，在标准的生命周期假说下，居民依据其一生的收入 W 来安排自己的消费，其最终的消费路径 $C(t)$ 表达式为：

$$C(t) = C_0 e^{gt} W = \phi e^{gt} W, \ g \equiv (r-p)/\delta$$

其中 r、p 和 δ 等参数的含义此处不再详述。由上式可知边际消费倾向为：

$$MPC = dC(\cdot)/dW = \phi e^{gt}$$

这表明无论 W 有多大，均不影响消费倾向，在标准生命周期假说下仅存在生命周期储蓄，故不管是穷人还是富人，都会把相同比例的收入用作生命周期储蓄，设这一比例为 k。

其次，分析遗赠储蓄。遗赠储蓄倾向较容易理解，人们的效用除了与自己的消费有关外,在很大程度上还与子孙的福利有关,所以居民均有把部分财产留给子孙的遗赠储蓄动机,而且一般来说其与收入水平正相关,收入越高的居民,其遗赠部分的比重就会越大。如图2-1所示,横轴为收入 Y,纵轴为平均遗赠倾向 b,b_0 表示收入低于维持基本生活收入 Y_0 时的最低遗赠倾向。

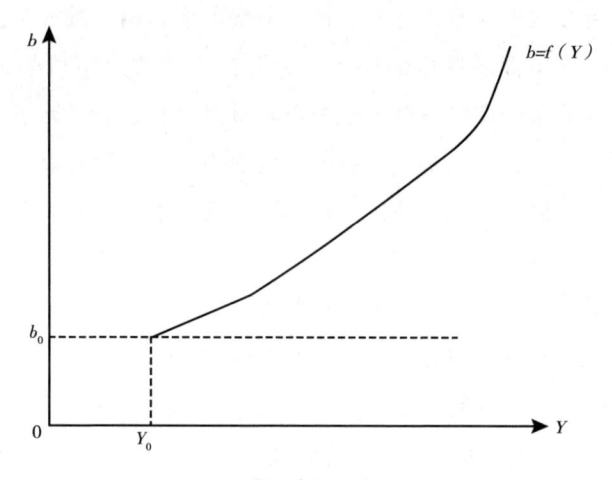

图 2-1 遗赠储蓄倾向和收入的关系

最后,分析预防性储蓄。预防性储蓄比较复杂,一方面,金融门槛的存在使得穷人更容易受流动性约束的影响;另一方面,富人具有较强的理财能力,其对收入的分配更为合理,风险也较低。因此,预防性储蓄倾向和收入的关系很有可能如图2-2所示,跨过 Y_0 后呈现逐步递减的趋势。其中 p 为预防性储蓄倾向,p_0 则为处于维持基本生活收入阶层的居民的预防性储蓄,但比例应该很小,接近0。

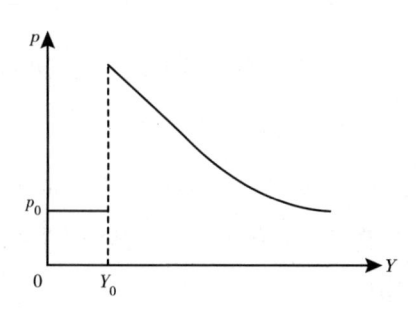

图 2-2 预防储蓄倾向和收入的关系

用 TS 表示总储蓄倾向，则：

$$TS = b + p, TS < 1$$

且对于 $Y \geqslant Y_0$，易得：

$$\lim_{Y \to Y_0} b = b_0, \lim_{Y \to +\infty} b = 1 - k$$
$$\lim_{Y \to Y_0} p = 1 - k - b_0, \lim_{Y \to +\infty} p = 0$$

根据上述两式，则可知：

$$\lim_{Y \to Y_0} TS = \lim_{Y \to Y_0} b + \lim_{Y \to Y_0} p = 1 - k$$
$$\lim_{Y \to +\infty} TS = \lim_{Y \to +\infty} b + \lim_{Y \to Y_0} p = 1 - k$$

说明总储蓄倾向 TS 在收入的极大处和极小处都很大，接近于 $(1-k)$，所以，图 2-1 和图 2-2 叠加后的结果如图 2-3 所示。

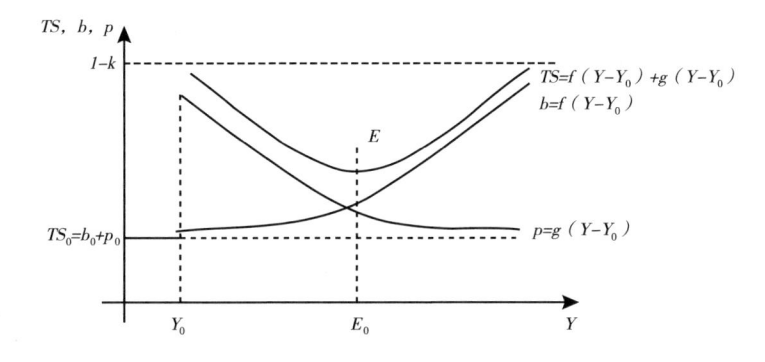

图 2-3 储蓄倾向与收入水平的关联性

图 2-3 的结果显示，总储蓄倾向随收入变化的曲线是一条马鞍线，而根据凯恩斯的消费理论，TS 应该是一条向上倾斜的单调曲线，遗赠和预防性储蓄动机的加入，使得这一单调关系被打破。若把收入按从低到高分出 4 个收入组群，则对应的储蓄倾向如图 2-4 所示。

依据消费和储蓄的互补关系，可知消费倾向为 $(1-TS)$，于是借助图 2-4 的结果可做以下分析。第一，$Y \leqslant Y_0$，处于该组群的居民几乎将其所有收入都用于基本生活消费支出，储蓄倾向极低，具有很高的消费倾向，但这是低级的、被动的高消费。第二，$Y_0 < Y \leqslant Y_1$，该组居民具有较

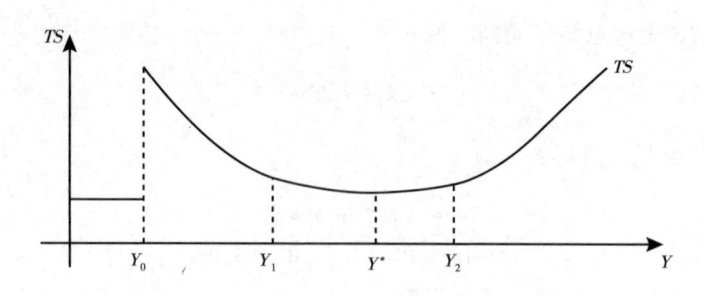

图 2-4 不同收入组群的储蓄倾向差异

高的储蓄倾向和较低的消费倾向，其额外的收入大部分转化为预防性储蓄，以规避未来的风险，但是其消费潜力很大，随着收入的提高，其消费支出的比重会逐渐增加。第三，$Y_1 < Y \leqslant Y_2$，该组居民的平均储蓄倾向最低，故其对应的平均消费倾向应最高。此外，该组的 TS 曲线先降后升，在其内部存在一个拐点 Y^*，在此处储蓄倾向最低，消费倾向最大。第四，$Y > Y_2$，该组群的储蓄倾向会由于遗赠动机的加强而逐渐升高，消费倾向进而走低。另外，该阶层居民具有较高的财富积累水平，其对一般商品甚至对汽车等高档商品的需求已经得到满足，消费热情不高。

至此，本节基于居民不同的储蓄动机分析了不同收入组群的消费倾向差异，这其实已打破了以往"代表性消费者"的约束，形成了收入分布变迁的消费市场效应产生的微观基础，也是收入分布变迁对消费影响的微观机制。例如，当总收入一定时，收入分布变迁若使得介于 Y_1 和 Y_2 的群体规模趋于壮大，或者收入分布变迁使得该组群的收入水平提高，则收入分布变迁便是向着有利于扩大消费的趋势发展，否则相反。

第二节 收入分布变迁的消费市场效应理论预期

与西方发达国家不同的是，我国经历了由计划经济向市场经济的重大转变，同时仍处于发展中国家阶段，存在诸多具有本国特色的经济现象和问题。因此，国内学者在面对这些问题时，通过借鉴西方经典理论，提出了一系列具有中国特色、符合现实经济发展状况的消费理论。

臧旭恒（1994）在西方经典消费理论的基础框架上加入了若干具有

中国特色的假设，并通过中国数据的实证检验发现，我国居民的消费行为具有明显的阶段性特征。具体表现为，改革开放之前由于我国处于计划经济时期，消费者基本没有选择自由，类似于凯恩斯框架下的消费者，其消费大多为短期行为。改革开放以后，在逐步建立起来的社会主义市场经济中，大量品种新、档次高的商品涌现，同时随着居民收入的逐步提高，居民的消费选择更为自由，这时的消费者更倾向于新古典理论框架下的假设。此外，由于存在明显的城乡二元经济结构，城乡居民的消费特征完全不同，因此对中国消费的研究应当城乡有别。袁志刚、宋铮（1999）通过对我国转型时期居民消费的研究指出，收入的增长、不确定性增强、差距的拉大、生命周期收入的大幅改变以及流动性约束的出现等，都是转轨时期城镇居民消费行为变异、消费需求疲软的主要因素。余永定、李军（2000）认为中国居民的消费函数具有与西方经典消费理论不同的两个特征：首先，中国居民并不是平滑其消费支出来追求一生的效用最大化，而是具有明显的阶段性消费特征，由于长期目标的不确定性、信息的不对称性等因素，中国居民大多追求阶段性的效用最大化；其次，中国信贷市场建设的不完善，使得消费者在整个生命周期中的各个不同阶段都会出现一个消费高峰。万广华、张茵和牛建高（2001）运用中国数据测试 Hall 的消费函数及其扩展模型，提出我国消费低迷的主要原因是不确定性不断增大以及流动约束型消费者比重上升。杭斌、郭香俊（2009）认为随着经济的快速增长，我国城镇居民已习惯于生活水平不断提高，因而其效用最大化的目标也从追求消费在各个时期的均匀分配转变为保持消费长期稳定增长，由此导致消费的各期效用是相互关联的，其在此基础上构建了我国居民消费习惯形成的缓冲储备储蓄消费函数模型。

实质上，消费函数就是消费与收入之间的数量关系，而函数的具体形式体现的则是对收入与消费内在影响关系的抽象与概括。正因为如此，消费函数的形式也会因为经济制度、市场状态和社会发展水平的不同而不断地发生改变，与此相对应的消费理论同样也在突破着固有的局限。

此外，由于我国的收入分配问题十分突出，近年来也出现一些从宏观消费函数入手来研究收入分配与居民消费的理论与实证研究成果。在理论方面，袁志刚、朱国林（2002）通过对消费理论中收入分配与总消费关系的探究，从理论角度提出了解决我国消费不振问题的对策；朱国林、范建勇和严燕（2002）建立了一个解释中国消费不振的理论框架，并结合数据提出了改善消费状况的政策建议；段先盛（2009）构建了一个收入分配对总消费影响的理论数学模型，并从理论上给出了提高总消费的条件。在实证方面，刘灵芝、马小辉（2010）运用分阶层的收入和消费数据，对农村居民收入分配的阶层结构及阶层平均消费倾向进行了研究；刘辉煌、李峰峰（2013）基于系统论和耦合理论分析了收入分配与消费需求之间的耦合度，结果表明较高的耦合度使收入分配在短时期内加速了消费结构的有效升级，进而促进了经济增长。收入分配与收入分布仅一字之差，却分别代表了不同的含义。收入分配是经济主体的主观行为，是过程；而收入分布是经济系统的客观表现，是结果。所谓收入分布变迁实质上可看作收入分配制度改革或收入分配格局改变后的客观结果，因此该领域的成果同样也为研究我国居民收入分布变迁的消费市场效应提供了良好的铺垫。

第一节中收入分布变迁对消费影响的微观机制本质上是基于西方预防性储蓄等消费理论来进行阐释的。如果考虑到中西方发展历程的差异，具体到我国特定经济环境下，收入和消费的关系是否符合这一运行机制仍有待考察。如若不然，我国居民收入对消费的影响又将存在怎样的内在规律呢？为解答这个问题，本节首先对近年来我国城镇居民的收入分布变迁及消费需求的演变进行初步的统计性描述，分析上述机制对我国收入和消费现状的适用性，而后结合我国的具体情况，给出针对我国一系列消费现象的理论预期。

一 居民收入与消费的统计分析

本节将从收入分布变迁视角出发，对我国城镇居民的消费需求现状进行初步的统计性描述，以把握近年来我国城镇居民收入和消费需求的演变动向，进而为后续的理论分析奠定基础。

首先，表2-1给出了我国1997~2016年城镇5个收入组的可支配收入数据，并且在图2-5对高低收入比的变化进行了描述。由表2-1和图2-5的结果可以看出，我国城镇居民整体收入水平近年始终处于快速增长中，经计算城镇居民收入的年均增长率高达 10.61%，其中 2008 年更是达到 16.94%。与此同时，居民收入差距也在拉大，虽然 2010 年以后收入分配制度改革初见成效，高低收入比稍有回落，但居民收入差距较大的局面并没有改变。

表 2-1　1997~2016 年城镇居民不同收入组的可支配收入

单位：元

年份	全国人均	低收入组(20%)	中低收入组(20%)	中等收入组(20%)	中高收入组(20%)	高收入组(20%)
1997	5323.536	2826.805	3966.23	4894.66	6074.17	8855.815
1998	5588.207	2889.96	4107.26	5118.99	6404.9	9419.925
1999	6038.752	3055.035	4363.78	5512.12	6904.96	10357.87
2000	6504.942	3143.265	4623.54	5897.92	7487.37	11372.62
2001	7285.41	3061.265	4946.6	6366.24	8164.22	13888.73
2002	8081.261	2720.355	4931.96	6656.81	8869.51	17227.67
2003	9003.34	2942.775	5377.25	7278.75	9763.37	19654.56
2004	10246.64	3252.315	6024.1	8166.54	11050.89	22739.36
2005	11583.56	3576.08	6710.58	9190.05	12603.37	25837.72
2006	12926	4067.89	7554.16	10269.7	14049.17	28689.07
2007	14439	5357.33	8900.51	12042.32	16385.8	29509.04
2008	16884.85	6058.435	10195.56	13984.23	19254.08	34931.93
2009	18395.07	6707.65	11243.55	15399.92	21017.95	37606.26
2010	20393.9	7616.68	12702.08	17224.01	23188.9	41237.81
2011	23289.56	8774.055	14498.26	19544.94	26419.99	47210.56
2012	26212.16	10351.86	16761.43	22419.1	29813.74	51714.69
2013	28414.58	9895.93	17628.14	24172.89	32613.81	57762.11
2014	30953.33	11219.28	19650.51	26650.59	35631.24	61615.03
2015	33287.36	12230.85	21446.16	29105.18	38572.43	65082.2
2016	35946.83	13004.13	23054.87	31521.77	41805.58	70347.78

资料来源：中经网统计数据库。

接下来我们依据各组的人口权重计算出各组收入总和占当年全国总收入的比重，结果见表 2-2。由表 2-2 的结果可清晰地看到，全国的财富分配趋势由低收入组流向高收入组，低和中低收入组收入比重整体呈下降趋势，中等和中高收入组基本平稳，但中等收入组稳中有降，中高收入组

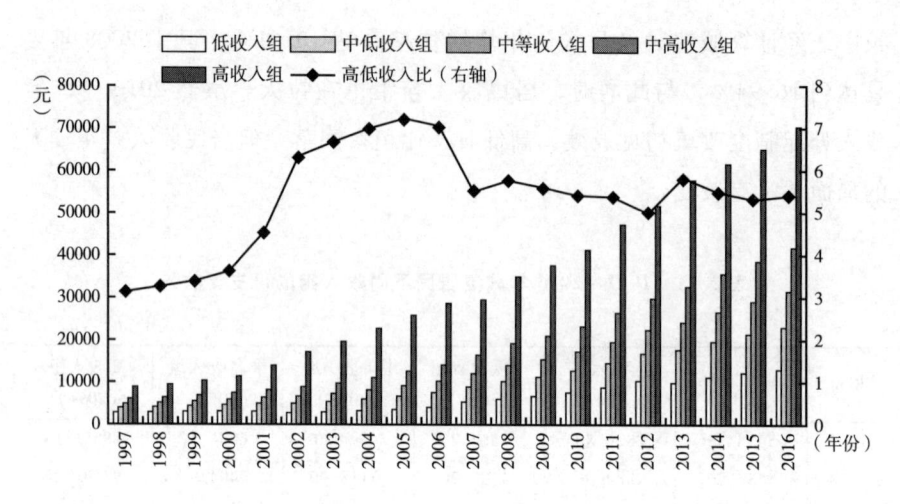

图 2-5　1997~2016 年城镇居民不同收入组的可支配收入和高低收入比变化

则稳中有升，高收入组收入比重虽然也有一定的下降，但在 2005 年一度高达约 45%，即使有所下降，其 2012 年收入比重仍高达 40%。

表 2-2　1997~2012 年各收入组总收入当年占全国总收入的比重

单位：%

年份	全国	低(20%)	中低(20%)	中(20%)	中高(20%)	高(20%)
1997	100	10.620	14.901	18.388	22.820	33.271
1998	100	10.343	14.700	18.321	22.923	33.713
1999	100	10.118	14.453	18.256	22.868	34.305
2000	100	9.664	14.216	18.133	23.020	34.966
2001	100	8.403	13.579	17.477	22.413	38.127
2002	100	6.732	12.206	16.475	21.951	42.636
2003	100	6.537	11.945	16.169	21.688	43.660
2004	100	6.348	11.758	15.940	21.570	44.384
2005	100	6.174	11.587	15.868	21.760	44.611
2006	100	6.294	11.689	15.890	21.738	44.390
2007	100	7.420	12.329	16.681	22.696	40.874
2008	100	7.176	12.077	16.564	22.806	41.377
2009	100	7.293	12.224	16.743	22.852	40.888
2010	100	7.470	12.457	16.891	22.741	40.441
2011	100	7.535	12.450	16.784	22.689	40.542
2012	100	7.898	12.789	17.106	22.748	39.459

进一步依据由中经网收集整理得到的 1997~2012 年城镇居民各收入组的支出数据，计算得到各组对应的平均消费倾向，结果见表 2-3。从时间上看，消费倾向处于持续下降的趋势，从收入组由低到高来看，高收入组的消费倾向低于低收入组，但各组的下降幅度基本相当，不存在高收入组下降幅度大的问题。由此，看似我国居民的消费服从凯恩斯的边际消费倾向递减规律，收入差距扩大会造成我国消费需求的下滑，但若细致分析我国的实际状况，尤其是局部单一市场轮番爆发式供不应求的非均衡现象频出，而且其中高收入人群表现出了极大的消费热情，便会发现上述的加总统计数据具有一定的欺骗性，由此便断定收入差距抑制需求的观点仍有待进一步的理论和实践验证。

表 2-3　1997~2012 年城镇居民按收入分等级的平均消费倾向

年份	全国人均	最低收入组（10%）	低收入组（10%）	中低收入组（20%）	中等收入组（20%）	中高收入组（20%）	高收入组（10%）	最高收入组（10%）
1997	0.811	0.960	0.898	0.864	0.830	0.794	0.765	0.714
1998	0.798	0.968	0.902	0.853	0.816	0.778	0.762	0.693
1999	0.789	0.964	0.898	0.847	0.804	0.774	0.746	0.684
2000	0.796	0.957	0.901	0.854	0.813	0.787	0.753	0.695
2001	0.774	0.960	0.923	0.849	0.806	0.764	0.681	0.651
2002	0.783	1.240	0.932	0.853	0.819	0.782	0.713	0.591
2003	0.769	0.989	0.931	0.848	0.803	0.773	0.691	0.665
2004	0.762	0.997	0.932	0.846	0.796	0.755	0.684	0.664
2005	0.757	0.993	0.923	0.831	0.795	0.747	0.680	0.666
2006	0.740	0.959	0.898	0.809	0.770	0.727	0.671	0.659
2007	0.725	0.959	0.866	0.800	0.755	0.706	0.688	0.634
2008	0.712	0.954	0.841	0.784	0.740	0.692	0.681	0.619
2009	0.714	0.933	0.826	0.777	0.734	0.712	0.679	0.619
2010	0.705	0.920	0.793	0.760	0.732	0.696	0.676	0.618
2011	0.695	0.935	0.797	0.750	0.718	0.687	0.672	0.598
2012	0.679	0.889	0.770	0.733	0.701	0.665	0.651	0.590

虽然整体上居民需求逐渐降低，但我国的局部市场反复出现消费热潮，从 20 世纪 80 年代的家电热到现今的数码产品热、汽车热和房地产热。表 2-4 给出了 1989~2012 年城镇居民对主要耐用消费品的消费数据，图 2-6 进一步直观地给出了其对应的增长曲线。

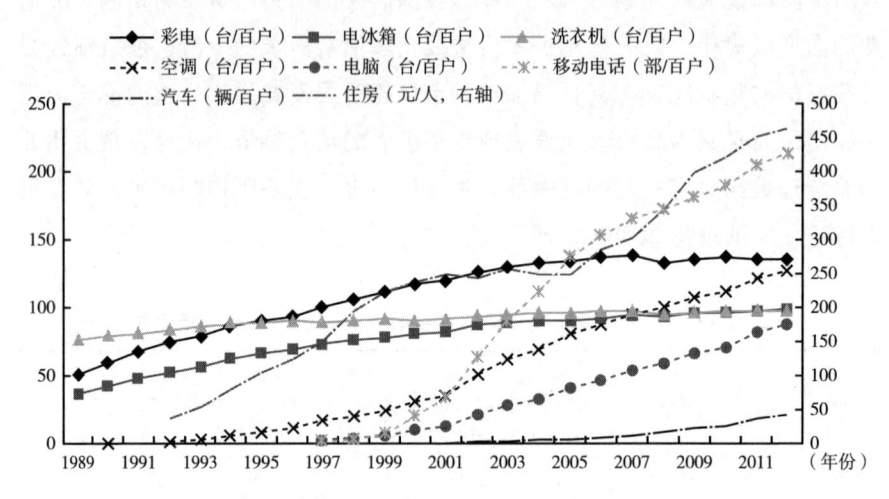

图 2-6　1989~2012 年城镇居民主要耐用品消费需求变化

资料来源：1990~2013 年《中国统计年鉴》。

由统计结果可清晰看到，温饱基本得到解决后，居民的消费点转移到与生活质量密切相关的彩电和洗衣机等家电商品上，不到 10 年的时间，1997 年彩电拥有量率先达到每百户 100.48 台的饱和状态，到 2000 年电冰箱和洗衣机也达到了每百户 80.1 台和 90.5 台的接近饱和状态，这可以算是第一波热潮。而后以电脑和手机为代表的数码消费成为第二波热潮，尤其是移动电话拥有率 2000 年开始爆发式增长，到 2004 年已达到每百户 111.4 部。随后，家用车热和房地产热构成了第三波热潮。由此可发现我国居民的消费具有很强的集中趋同性以及爆发时间的不确定性，这对我国的消费需求管控增加了很大的难度，而已有的西方消费理论对此的解释也存有疑义。正如余永定和李军（2000）指出的那样，西方传统理论对中国居民消费行为特点的解释是不全面的，其结果往往会顾此失彼。

表 2-4　1989~2012 年我国城镇居民主要耐用品消费状况

年份	彩电 (台/百户)	电冰箱 (台/百户)	洗衣机 (台/百户)	空调 (台/百户)	电脑 (台/百户)	移动电话 (部/百户)	汽车 (辆/百户)	住房 (元/人)
1989	51.47	36.47	76.21	—	—	—	—	—
1990	59.04	42.33	78.41	0.34	—	—	—	—
1991	68.41	48.70	80.58	—	—	—	—	—
1992	74.87	52.60	83.41	1.19	—	—	—	35.72
1993	79.46	56.68	86.36	2.33	—	—	—	52.93
1994	86.21	62.10	87.29	5.00	—	—	—	79.00
1995	89.79	66.22	88.97	8.09	—	—	—	103.62
1996	93.50	69.67	90.06	11.61	—	—	—	124.14
1997	100.48	72.98	89.12	16.29	2.60	1.70	0.19	148.66
1998	105.40	76.10	90.60	20.00	3.80	3.30	0.30	195.60
1999	111.57	77.74	91.44	24.48	5.91	7.14	0.34	222.10
2000	116.60	80.10	90.50	30.80	9.70	19.50	0.50	238.20
2001	120.50	81.90	92.20	35.80	13.30	34.00	0.60	249.50
2002	126.38	87.38	92.90	51.10	20.63	62.89	0.88	242.64
2003	130.50	88.73	94.41	61.79	27.81	90.07	1.36	256.45
2004	133.40	90.20	95.90	69.80	33.10	111.40	2.20	247.90
2005	134.80	90.72	95.51	80.67	41.52	137.00	3.37	249.30
2006	137.43	91.75	96.77	87.79	47.20	152.88	4.32	285.07
2007	137.79	95.03	96.77	95.08	53.77	165.18	6.06	302.19
2008	132.89	93.63	94.65	100.28	59.26	172.02	8.83	345.06
2009	135.65	95.35	96.01	106.84	65.74	181.04	10.89	396.95
2010	137.43	96.61	96.92	112.07	71.16	188.86	13.07	421.19
2011	135.15	97.23	97.05	122.00	81.88	205.25	18.58	451.25
2012	136.07	98.48	98.02	126.81	87.03	212.64	21.54	463.64

二　理论预期与思想框架

(一) 中国居民消费行为的理论分析

通过对城镇居民收入和消费数据的统计性描述可以发现，我国居民消费需求正处于一种整体疲软而局部市场火热的两个看似矛盾却共存的复杂局面。结合我国城镇居民收入分布变迁的现状，利用前文得到的结论，收入分布变迁中的收入差距扩大的确会促使居民增加储蓄而减少消费支出，进而使得整个社会的需求减退。但是这对另一种与之并存的局部单个市场轮流高涨的现象基本没有解释力，这本质上源于西方消费理论中"代表性消费者""一种代表性商品"等自身假设的一些不足①，以及对我国居民消费行为的刻画缺乏针对性，即使可以部分解释我国的消费现象，也往往是停留于表面，并不是对其本质性的阐释。

其实我国居民的消费（或者储蓄）行为远比图 2-4 所示不同组群居民的储蓄倾向复杂得多，很可能会体现出如图 2-7 所示的间歇性的周期性波动。首先，我国居民并不以一生为周期来最优化其效用，而是以婚前、婚后、子女出生后等时间点为间隔分为几个阶段，寻求阶段性的最优化；其次，每一阶段会存在一个消费高峰，对应之前较长的储蓄阶段，原因主要在于消费信贷市场落后，居民的消费几乎完全源于个人收入。再加上我国地域跨度大、人口众多等现实，因此我国微观个体的需求函数很难像西方一样得到一个代表性的结果，而把宏观消费作为代表性消费函数基于人口数量简单放大，即便所有居民面对的效用函数及其约束条件均相同，但每个个体或家庭对储蓄阶段和消费高峰点的选择是有差异的，对其加总是极其困难和难以实现的。

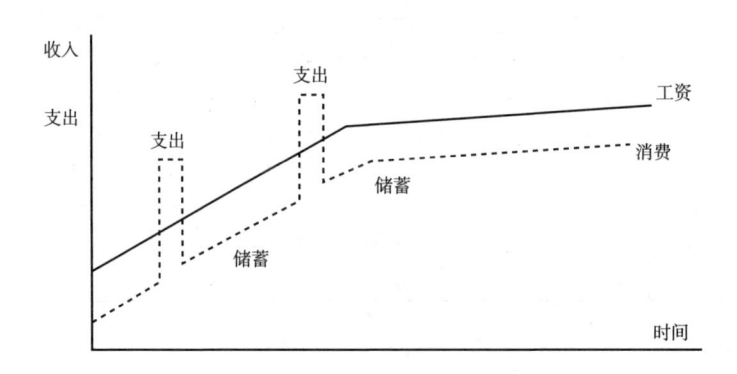

图 2-7 中国居民的消费和储蓄行为模式

（二）收入分布变迁的消费市场效应理论预期

中国居民消费行为的多样性和复杂性，一方面导致西方经典消费模型对我国需求问题的解释不尽如人意，另一方面也加大了拟合消费行为的难

---

① 对西方消费理论的评述可参考朱国林（2002）《消费理论最新发展动态》。

度。因此，本章拟换一种思维方式分析我国收入和消费两者间的关联机制，如图 2-8 所示。

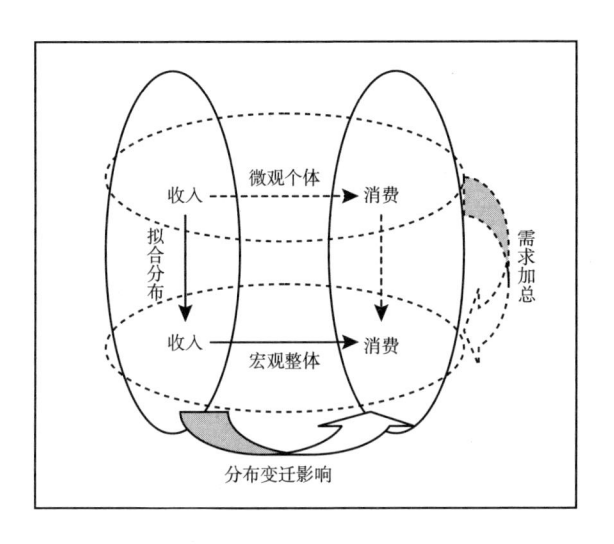

图 2-8　收入和消费关联机制

图 2-8 中虚线所示的是传统做法，基于"代表性消费者"的假设确认微观个体的消费行为及其结果，而后借助一定的需求加总规律得到宏观消费函数，如此得到的宏观函数和微观个体的消费函数是同质的。但通过前面的分析可知，我国居民消费的间歇性周期波动使得宏观、微观间的消费函数是截然不同的。因此，本章拟转换思路，从收入分布变迁的视角入手，之所以考虑收入分布变迁，是因为收入分布变迁能够充分体现居民收入及其财富分配的空间结构状态和时间演变趋势，是经济发展成果中收入和财富分配部分的具体表现，几乎包含收入的所有信息。具体思路如图 2-8 中的实线所示，首先对微观个体收入的整体分布特征予以度量刻画，而后研究居民收入分布变迁对消费的影响，避免对我国居民个体加总的复杂性。

其实，对收入和消费两者之间关系的探讨本质上是收入信息集合到消费信息集合的一个映射，西方相对成熟的经济环境和社会体系保证了其居民收入和消费的映射关系具有较大的同质性，而我国居民间歇性的周期波动导致这种映射关系极具阶段性和多样性，所以先个体后加总的方式对于我国居民消费的研究不适合。但若从分布的视角讨论，则作为收入信息集合的收入分布变迁对消费信息集合的映射具有单一性，无论中西方均存在一个映射，区别在于西方的映射可能更多地呈现线性，而我国可能会有非线性、阶段性等复杂情况出现。正是基于上述考虑，结合已有一些国内学者对我国经济的研究成果，总结得到如下能够解释中国消费现状的收入分布变迁的消费市场效应学说。

收入分布变迁的消费市场效应，是指在居民间歇性周期波动的消费行为基础上，从收入分布变迁的视角出发，在市场机制作用下，由居民收入水平及其分布的动态演化引致的居民消费需求偏好和档次的转变，以及在局部多个单一市场轮番呈现的供不应求、价格偏离等消费市场的非均衡现象。收入分布变迁对消费市场需求的影响方式，可从居民收入水平及其分布变化两个层面分析，收入水平的变化体现的是整体人均收入水平，其通常决定居民整体性的一个消费档次，而方差和偏度等分布的改变更多表示的是居民各个组群或者个体之间收入提高的不同步，其变化的直接效果是异质收入人群的出现，进而表现为在实际消费中的需求差异，从而导致消费分层的出现。居民收入分布变迁的消费市场效应可以结合图2-9给出进一步的解释。

图2-9中以两年的收入分布变迁和三个消费市场为例，来说明收入分布变迁消费市场效应的内在机制。其中，三种市场上的商品处于不同的消费阶段，市场1处于需求衰退阶段，市场2正处于最好的发展阶段，而市场3则处于刚刚起步阶段。收入分布变迁对各个市场的影响是不同的：对于市场1来说，收入水平的快速提高会加速衰退的进程，但收入差距拉大的收入分布变化则会延缓这一趋势；对于作为消费热点的市场2，收入水平的提高会使商品普及进程加快，同时收入差距仍起延缓作用，放慢市场需求的急剧膨胀；对于新兴市场3，收入水平的作用仍是促进需求增长，但与前两个市场不同，此时的收入差距、偏度等分布变化会使居民进入该市场的速度进一步加快，收入水平和分布的变化作用方向一致。因此，居民收入增长和差距拉大所带来的水平效应和分布效应在这三种不同的市场中是完全不同的。

由上可知，收入分布变迁中水平和分布两方面的影响，会随着具体市

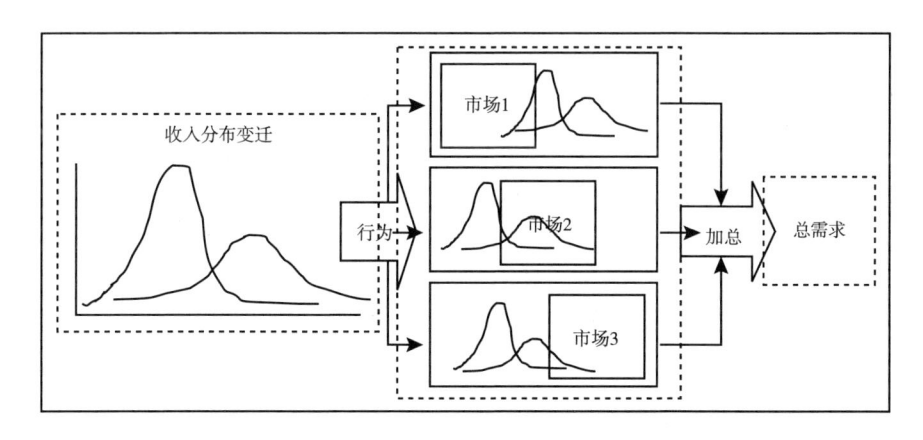

图 2-9 收入分布变迁消费市场效应的内在机制

场所处阶段的不同而不同，其作用可总结如表 2-5 所示。关于收入分布变迁对总消费需求的影响效应，理论上对各个市场的效应进行加总便可得到，由表 2-5 的结果可知，收入分布变迁对总消费需求的影响具有不确定性，若收入分布变迁的水平变化对处于不同阶段各个市场的影响效应总和大于 0，则收入水平提高对总消费需求起到促进作用，否则会抑制总消费，收入差距等分布改变也同理，进而两者加总的收入分布变迁对总消费的影响也具有不确定性。

表 2-5 收入分布变迁对消费市场的影响效应

		消费市场阶段		
		起 步	发 展	衰 退
收入分布变迁	水 平	+	+	—
	分 布	+	—	+

因此，结合前文描述的我国"整体需求不足、局部市场火热"的消费需求现状，可预期我国收入分布变迁的消费市场效应整体呈现抑制作用，即对单个市场火热的正向拉动作用要小于对其他需求萎缩市场的阻碍作用。但其中具体是收入水平还是收入差距起到决定性作用，或者是存在其他因素的影响，则仍有待进一步计量考证。

通过理论分析可以发现，居民收入分布变迁的内涵，不仅包含了收入差距的因素，同时也体现了收入增长的因素。如果脱离收入增长而单纯探讨收入差距，专注于居民收入的不均等问题，必将夸大收入差距产生的负面效应。因此，从收入分布变迁的角度来考虑消费问题更具现实性和合理性。在后续的理论分析中，我们将收入分布变迁具体描述为不同收入组群的收入水平及其组内人群规模的改变。

第三节 理论模型与数理分析

一 理论模型的数理推导

在异质性偏好假设下，假定经济中存在多个收入组群，每个组群中的个体数量为 N_i，$i = 1, 2, \cdots, n$，同时消费市场中存在 m 类商品，其价格分别为 P_j，$j = 1, 2, \cdots, m$。令第 i 个收入组群的平均收入为 Y_i，且 $Y_n > Y_{n-1} > \cdots > Y_2 > Y_1$，其效用为 $U_i(x_i^1, x_i^2, \cdots, x_i^m)$，其中 x_i^j 表示该第 i 个收入组群对第 j 类商品的消费量。同时假设居民的效用符合对数可加效用函数，其形式如式（2-1）所示：

$$U_i(x_i^1, x_i^2, \cdots, x_i^m) = \alpha_{1i} \ln x_i^1 + \alpha_{2i} \ln x_i^2 + \cdots + \alpha_{mi} \ln x_i^m \quad (2-1)$$

其中，$\alpha_{ji} > 0$ 且 $\sum_{j=1}^{m} \alpha_{1i} = 1$。

由此第 i 个收入组群的消费行为将表述为如式（2-2）所示形式：

$$\max\{U_i(x_i^1, x_i^2, \cdots, x_i^m)\}, \text{ s.t. } \sum_{j=1}^{m} P_j x_i^j \leq Y_i \quad (2-2)$$

通过拉格朗日乘数法求解上述最优化问题，令其一阶条件为零，可得：

$$x_i^j = \frac{\alpha_{ji} Y_i}{P_j}$$

其中，$i = 1, 2, \cdots, n$；$j = 1, 2, \cdots, m$。因此可以得出对于第 j 类商品的不同收入组群的平均消费倾向、边际消费倾向以及总消费支出状况，如式（2-3）、式（2-4）和式（2-5）所示：

$$AC_i^j = \frac{c_i^j}{N_i Y_i} = \frac{N_i P_j x_i^j}{N_i Y_i} = \frac{N_i \alpha_{ji} Y_i}{N_i Y_i} = \alpha_{ji} \quad (2-3)$$

$$MC_i^j = \frac{\partial c_i^j}{\partial N_i Y_i} = \frac{\partial N_i P_j x_i^j}{\partial N_i Y_i} = \frac{\partial \alpha_{ji} N_i Y_i}{N_i Y_i} = \alpha_{ji} \qquad (2-4)$$

$$C^j = \sum_{i=1}^{k} N_i P_j x_i^j = \sum_{i=1}^{k} N_i \alpha_{ji} Y_i \qquad (2-5)$$

由式（2-3）可发现一种特殊的情况，在对数可加效用函数中，各类商品的居民平均消费倾向等于边际消费倾向，且都等于该类商品的消费偏好。而在更一般的情形下，居民消费率应该是消费偏好的函数。因此不同偏好居民的消费水平是存在明显差异的，只有划分不同收入组群来进行分析才能准确描述居民的消费问题。根据式（2-4）可求得消费市场中第 j 类商品的消费份额，如式（2-6）所示：

$$\omega^j = \frac{C^j}{\sum_{j=1}^{m} C^j} = \frac{\sum_{i=1}^{k} N_i \alpha_{ji} Y_i}{\sum_{i=1}^{k} N_i Y_i} = \frac{\sum_{i=1}^{k} \alpha_{ji} \frac{N_i Y_i}{N_1 Y_1}}{\sum_{i=1}^{k} \frac{N_i Y_i}{N_1 Y_1}} \qquad (2-6)$$

令 $y_i = Y_i/Y_1$，$n_i = N_i/N_1$ 分别表示居民收入分布中不同收入组群相对于最低收入组的收入水平和人群规模。如果 y_i 和 n_i 同时增加，则表明居民收入分布中第 i 个收入组群的平均收入以及人群规模均呈现上升趋势。由此居民收入分布变迁对消费市场中各类商品的影响，将出现以下两种情形：第 i 个收入组群的平均收入变化所造成的影响以及人群规模变化导致的影响，具体形式如式（2-7）和式（2-8）所示：

$$\frac{d\omega^j}{dy_i} = \frac{\sum_{k=1}^{n} n_j y_j n_j (\alpha_{ji} - \alpha_{jk})}{\left(\sum_{k=1}^{n} n_j y_j\right)^2} (i \geq 2) \qquad (2-7)$$

$$\frac{d\omega^j}{dn_i} = \frac{\sum_{k=1}^{n} n_j y_j y_j (\alpha_{ji} - \alpha_{jk})}{\left(\sum_{k=1}^{n} n_j y_j\right)^2} (i \geq 2) \qquad (2-8)$$

根据上述理论推导的结果可以发现，消费市场中各类商品消费的发展趋势与居民各收入组群的平均收入水平及其人群规模相关，也就是与居民收入分布变迁相关。居民收入分布变迁对各类商品消费的影响方式，取决于不同收入组群的消费偏好。同时可以发现消费偏好也是由收入分布变迁状况所决定的。因此，可以得到如下命题：

命题1：如果第 i 个收入组群的居民对第 j 类商品的消费偏好强于其他收入组群，即 $\alpha_{ji} > \alpha_{jk}$，$i \neq k$，那么该类型商品消费市场具有成长潜力，而该收入组群的平均收入水平提高（降低）或者人群数量的上升（下降），将会促进（阻碍）该市场的成长态势。

命题2：如果第 i 个收入组群的居民对第 j 类商品的消费偏好弱于其他收入组群，即 $\alpha_{ji} < \alpha_{jk}$，$i \neq k$，那么该类型商品消费市场存在衰退风险，而该收入组群的平均收入水平提高（降低）或者人群数量的上升（下降），将会加速（减缓）该市场的萎缩态势。

命题3：如果第 i 个收入组群的居民对第 j 类商品的消费偏好恰好等同于其他收入组群，即 $\alpha_{ji} = \alpha_{jk}$，$i \neq k$，那么说明该市场处于缺乏活力的稳定状态，且无论该收入组群的平均收入及其人群规模如何变化都不会对此类商品消费市场产生影响，这种状态可能是有待开发的新兴商品市场，也可能是逐渐衰退的成熟商品市场。

根据上述命题可以发现这样一个事实，在一个新兴商品市场中，可认为高收入组群一般对新兴商品具有较强的消费偏好，即 $\alpha_{ji} > \alpha_{jk}$，因此能够促进新兴消费市场的形成。该市场形成后，则需要规模更大的较高收入组群来持续促进该市场的发展，从而推进整体居民消费的升级。随着居民整体收入水平的提高，该商品逐渐得到普遍满足后，该商品市场将经历稳定的发展状态，即 $\alpha_{ji} = \alpha_{jk}$。之后最终逐渐萎缩，即 $\alpha_{ji} < \alpha_{jk}$。这一循环便是收入分布变迁影响消费结构升级的过程，其中高收入组群将引领并促进市场形成新的消费热点，以带动新一轮的消费升级。由此可以说，首先，高收入组群是消费升级的先行者，也可理解为适度的收入差距是消费升级的最初动力；其次，高收入组群规模的扩大是促使整体居民消费升级完成的必要条件，但这部分并不能完全通过市场来实现，而更多的是通过政府行为来提升低收入组群的收入。上述两点应该是推动居民消费升级过程中需要重视的关键问题。同时，根据上述两点也可知，高收入组群规模扩大对消费结构影响的正负效果将从属于高收入组群收入提高所带来的作用方向。

基于上述理论分析可知，收入分布变迁所体现的不同收入组群的收入水平及其组内人群规模的改变，对各类商品消费市场的演化与发展趋势的影响将最终取决于不同收入人群的消费偏好,而消费偏好的不同又在很大程度上取决于收入水平的不同。如此一来,经过反推便可以清晰地发现收入分布变迁是如何影响消费市场演变的:首先,起始收入分布的状态决定了不同收入人群消费偏好的差异;其次,收入分布变迁导致组群收入和组群规模的变化程度,将根据已知的特定消费市场中不同收入组群消费者的偏好差异状况,最终决定该类商品市场的今后走势。

二 理论预期的进一步阐释

在上述理论预期以及数理模型推导的基础上,本节通过收入分布对消费分布作用关系的示意图,具体阐释收入分布变迁对不同发展阶段消费市场的作用机制,以及由此衍生出的收入分布变迁的消费市场效应的形成机制。

(一) 收入分布变迁对消费市场演变趋势的作用机制

收入分布变迁中的居民收入增长可以看作收入分布密度曲线的位置变化,表现为密度函数的有效定义域区间向右移动且各收入等级人群结构不变;而收入差距扩大则可以看作收入分布密度曲线的形状变化,是密度函数有效定义域区间向左右延伸的同时各收入等级的人群结构重新组合(此处为了简明,残差的形变影响暂不考虑)。接下来,将从上述收入分布变迁的密度曲线位置和形状变化这两个层面,分别对不同商品市场中居民消费分布的影响进行研究,进而深入了解收入分布变迁是如何影响消费市场演变的。此处并不赋予某个商品市场以具体的商品项目,而是通过该类商品市场所处的不同发展阶段来进行概括性划分。

如图2-10所示,图中给出了三列收入分布与消费分布的密度曲线对应图。以图Ⅰ为例,最上方为收入分布变迁图,而其下方的三个图分别为不同发展阶段商品市场中居民对该商品的消费分布图。在这里假定市场中所有消费者的消费与收入符合一定的对应关系,即假设在一定收入区间内消费者的消费支出情况基本相同,既不会出现通过无限举债而消费的情况,也不会出现无限储蓄而很少消费的情况。其实这一假定也与我国大多数消费者"量入为出"的消费观念基本吻合。如此一来,就可以将消费分布按照收入分布简单地划分为低、中、高三个收入组群。

而消费分布在三个收入组群中的不同形态特征,清楚地表明了该类商

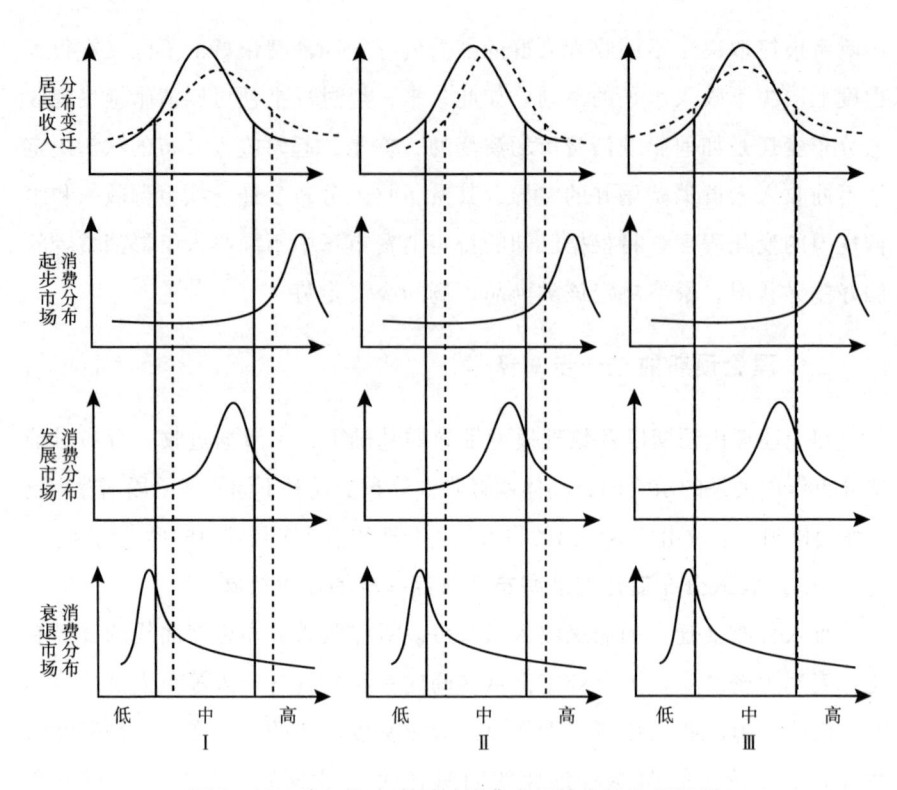

图 2-10 收入分布变迁对消费市场演变的作用机制

品市场所处生命周期的各个阶段。首先，处于起步阶段商品市场中的居民消费分布的右偏程度是非常大的，甚至超出了收入分布密度函数的有效定义域。这表明新兴商品一般最先被购买力最强的高收入组群中的一部分人所接受，而后才逐渐向整个高收入组群甚至其他收入组群扩散，就像手机、电脑和汽车等最开始都是昂贵且只有少数富裕人群才能够拥有的商品。其次，处于发展阶段的商品市场一般都在经历着由高收入水平的消费者向一般中等收入水平消费者过渡的阶段，该阶段商品开始逐渐被大众所接受，并形成了新的购买热潮。因此，发展阶段商品市场的居民消费分布形态与收入分布形态接近但又稍微右偏。最后，处于衰退期的商品对中等收入和高收入群体的吸引力已经完全丧失，但其低廉且功能相对完善的特点将吸引更多低收入群体的目光，由此衰退阶段商品市场中居民的消费分布形态是极度左偏的。综上可知，商品消费分布密度函数中面积比例最大的部分在收入区间上的不同位置，决定了该商品市场所处的发展状态，我们将这部分所对应的消费区间定义为该商品消费分布的核心消费区间。

在了解了处于生命周期不同阶段的商品市场消费分布密度曲线特点后，现在开始进一步分析收入分布变迁不同形态的改变对不同商品消费分布的作用效果，这将最终决定收入分布变迁对处于不同阶段的商品市场发展趋势的影响结果。

图 2-10 中 Ⅱ 和 Ⅲ 的"分布变迁"分别是从总体收入分布变迁中分解出来的密度曲线位置变化，Ⅱ 是收入水平提高的分布密度曲线平移，Ⅲ 是收入差距扩大的分布密度曲线的形状变化。图 2-10 中 Ⅱ 和 Ⅲ 的"消费分布"是收入分布变迁对各生命周期阶段消费分布的影响。首先，收入水平提高将导致收入分布密度曲线整体有效定义域区间右移，但低、中、高收入组的人群结构保持不变。这种改变将产生如下三种影响，第一，对于起步阶段的商品市场来说，有效收入区间的整体右移，使各收入组中更多的消费者进入该商品消费分布密度曲线的有效区间，可见高收入群体随着右移已经逐渐进入了消费分布中的核心消费区间，而中等收入群体的一部分也进入该区间，低收入群体则对该类商品的消费始终不敏感。由此可知，收入水平的提高将促进起步阶段商品市场的进一步发展。第二，对于发展阶段的商品市场来说，虽然高收入群体的消费水平有所下降，但人群基数最大的中等收入群体正在开始或已经全部进入该商品消费分布的核心消费区间，同时低收入群体也开始逐渐进入该区间。由此可以发现，收入水平的提高对于发展阶段的商品市场也存在促进作用。第三，对于衰退阶段的商品市场来说，虽然低收入群体已经完全进入该商品消费分布的核心消费区间，但高收入群体以及基数最大的中等收入群体已经开始走出该消费区间，对总消费的贡献率呈现降低趋势。因此可知，收入水平提高对衰退阶段的商品市场存在明显的抑制作用。

其次，收入差距扩大将导致收入分布密度曲线整体有效定义域区间的左右延伸，同时低、中、高收入组的人群结构将出现重新组合的情况，即中等收入人群密度下降，低、高收入人群密度上升。在这种变化下将产生如下三种作用效果，第一，对于起步阶段的商品市场来说，收入分布密度曲线有效区间的向右延伸，将通过提高高收入人群比例，来带动该新兴市场的商品需求，但低、中收入群体由于仍处于该商品的核心消费区间之外,因而对该商品市场的影响微乎其微。由此可知,收入差距扩大将对起步阶段的商品市场起到促进作用。第二,对发展阶段的商品市场来说,由于低、高收入群体均处在核心消费区间之外,因此收入有效区间的左右延伸对这两个收入群体的影响并不显著。但是原本基数最大的中等收入群体的密度下降,将导致该群体的整体消费能力下滑。由此可见,收入差距扩大对发展阶段的商品市场存在抑制作用。第三,对于处于衰退阶段的商品市场来说,收入分布密度曲线有效区间的向左延伸,将通过提高低收入人群的比例,进一步缓和该类商品的需求萎缩趋势,而中、高收入人群则处于核心消费区间之外,对该商品的消费影响甚微。因而可知,收入差距扩大能够缓和并促进处于衰退阶段商品市场的发展。

综上所述,收入水平提高和收入差距扩大对不同阶段商品消费市场的影响总和,便是收入分布变迁对消费市场演变的综合作用结果。其中,可以肯定的是收入分布变迁对起步阶段的商品消费市场具有促进作用,而对处于发展和衰退阶段的商品消费市场的作用效果并不确定,这要根据收入分布变迁中密度曲线位置及形状的变动程度来决定,因而需要对这个问题开展进一步的深入讨论。

(二) 收入分布变迁的消费市场效应

图 2-11 给出了与图 2-10 类似的居民收入和某个商品消费在六种不同状态下的分布密度曲线对应图,且同样被划分为低、中、高三个收入组群。图 (a) 至图 (f) 分别刻画了在该商品的整个生命周期中,消费分布密度曲线与收入分布密度曲线在有效收入区间内的对应关系。由于收入水平提高的消费市场效应要比收入差距扩大的影响大得多,为了分析的简明,这里只考虑了收入水平提高这一种变迁形式。图 (a) 到图 (f) 整体呈现的就是收入分布密度曲线逐渐右移,且与该商品的消费分布密度曲线在有效收入区间内,逐渐接近、重合以及掠过的收入分布变迁与商品消费分布关系的动态演变过程。

在此过程中,消费市场的非线性演变特征体现为如下三个方面。第一,图 (a) 和图 (f) 所示的状态为商品处于市场导入期和最终市场退出期两个生命周期阶段时,收入与消费分布密度曲线的位置形态特征。在这两种市场状态下,各收入组群的消费均处在极低水平且组间的差异很

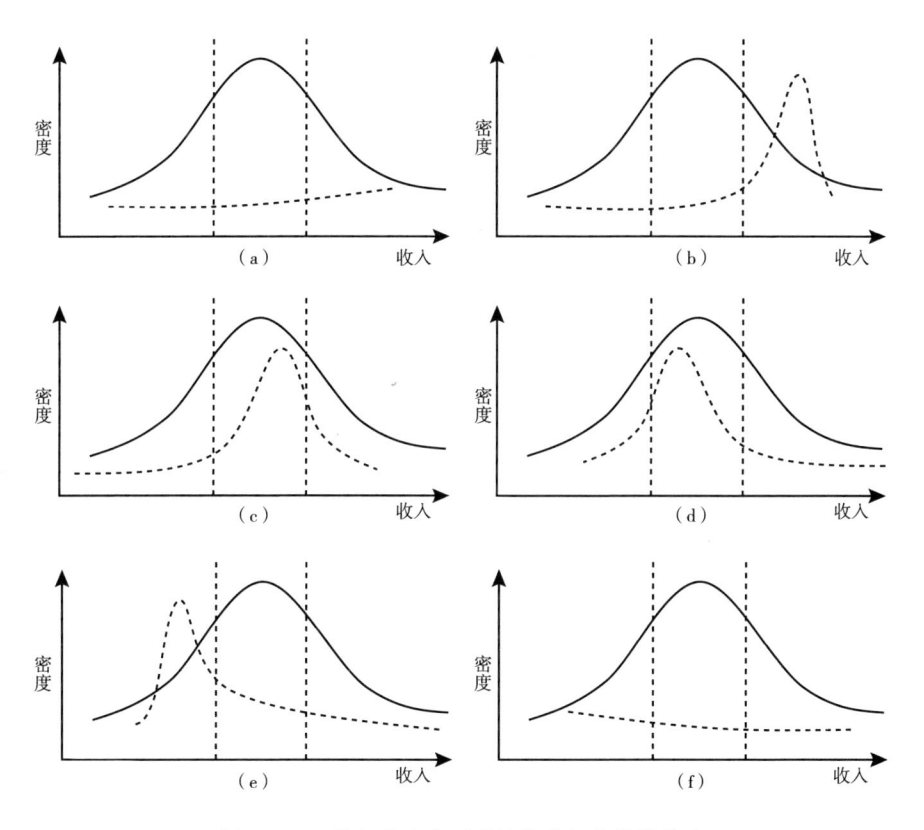

图 2-11　收入分布变迁的消费市场非线性效应

小，因此此时的非线性特征并不显著，也可以认为此时该商品的消费不存在收入门限。第二，图（b）和图（e）所示的市场状态为生命周期的起步阶段和衰退阶段，与图 2-10 中相应的状态类似。其中，图（b）的高收入群体已经进入该商品消费分布的核心消费区间，但是由于收入水平的局限，低收入和中收入群体还未能进入这一区间，其消费水平仍然较低且组间差距不大。而图（e）的情况正好相反，低收入群体的消费需求很大，而中收入和高收入群体的消费需求很低且基本无差异。由此可以发现，在这两种状态下居民的收入与消费呈现明显的非线性特征，存在一个显著的收入门限。第三，图（c）和图（d）所示均为发展阶段的市场状态，此时基数最大的中等收入群体正好处于该商品消费分布的核心消费区间，该群体的消费欲望和需求均处于较高水平。但是此刻低收入组群还未能进入该消费区间，对该类商品的消费需求极低；而高收入组群正处于逐渐退出该商品核心消费区间的过程中，因此对该类商品的需求正在逐步下降。通过上述三个收入组群各不相同的消费状况，可以认定该状态下的居民收入同样与消费存在显著的非线性关系，并应该具有两个收入门限。至此，我们完成了对收入分布变迁诱发的消费市场效应的理论分析。

需要补充说明的是，在实证研究中，通过上述收入分布变迁与消费市场发展状态之间的作用关系所体现出来的非线性特征，同样也可以反推出消费市场当时所处的发展状态。另外，上述分析中涉及的收入分布变迁对消费市场演变趋势及其非线性特征的作用机制，研究对象均为单一商品市场。因此，分析中的起步、发展与衰退阶段基本涵盖了该商品从进入市场到退出市场的整个生命周期过程。近年来伴随技术进步的加快和全球市场的一体化，已经完成整个生命周期过程退出市场的商品比比皆是。但是如果分析的对象并不是单一商品市场，而是一类消费领域，那么所说的起步、发展以及衰退阶段的含义将也随之发生改变。例如，对于家庭设备这个消费领域来说，起步阶段大约在 20 世纪 80 年代，发展于 90 年代中期，而在进入 21 世纪以后，该消费领域逐渐进入了衰退期。但是这种衰退并不意味着该消费领域的退出，而是指该消费领域进入一个冬眠期，等待着技术进步与革命、消费理念发展与革新等因素所带来的下一个发展周期。因此，对于某个消费领域来说，讨论各个发展时期的消费特征，本质上只是讨论在某一个波动周期内而并不是整个生命周期内的特征与规律。

上述理论分析框架，为这一领域的进一步研究提供了一个完整的思想体系和探索路径，提出了中国居民收入变迁对消费市场乃至国民经济影响机制研究的切入点和面向实证的理论预期。

第四节　本章小结

本章首先对西方经典的消费理论予以简单的回顾和评析，并在储蓄率不同的异质群体假设下分析了收入和储蓄之间的"马鞍形"关系，这一关系可作为西方模式下收入分布和消费相互作用的理论基础。但通过对我国城镇居民收入分布变迁和消费需求演变规律的统计分析发现，此规律并不符合我国居民特有的间歇性周期波动消费行为及其"整体需求不足、局部市场火热"的需求现状，很难实现西方式的由微观到宏观的过渡，因此，本章最终转换思路从收入分布视角出发，提出了收入分布变迁的消费市场效应理论预期。

该理论不仅预期居民收入水平及其分布的显著快速变化会成为以消费需求为主导的经济增长和转型升级的原动力，也预期由市场机制发挥主导作用的内需拉动会带来市场供求失衡、投资过热和产能过剩等一系列市场机制自身无法解决的经济问题。在上述预期的基础上，在异质性偏好假设下，构建了收入分布变迁的消费市场效应理论模型。根据数理推导的结果可知，收入分布变迁所体现的不同收入组群的收入水平及其组内人群规模的改变，对各类商品消费市场的演化与发展趋势的影响将最终取决于不同收入人群的消费偏好，而消费偏好的不同又在很大程度上取决于收入水平的不同。如此经过反推便能发现收入分布变迁是如何影响消费市场演变的：首先，起始收入分布的状态决定了不同收入人群消费偏好的差异；其次，收入分布变迁导致的组群收入和规模变化程度，将根据已知的消费市场中不同收入组群消费者的偏好差异状况，最终决定该类商品市场的今后走势。此外，通过分析还可发现收入差距的适度出现，能够促使高收入组群引领市场形成新的消费热点，以带动新一轮的消费升级。

在此基础上，进一步探讨了收入分布变迁对消费市场演变趋势的作用机制，发现收入分布变迁对消费市场演化的综合作用结果，取决于收入水平提高和收入差距扩大对不同阶段商品消费市场的影响总和。其中，可以肯定的是收入分布变迁对起步阶段商品消费市场具有促进作用，而对处于发展和衰退阶段的商品消费市场的作用效果并不确定，这就要根据收入分布变迁中密度曲线位置及形状的变动程度来决定。

最后，通过研究收入分布变迁背景下消费市场演化特征的形成机制，发现不同收入群体所在的收入区间与该商品消费分布的核心消费区间的位置差异，是导致收入分布影响消费的关键。另外还应注意的是，根据所分析对象是单一商品市场还是某个消费领域，所得出结论的内涵并不相同。一个讨论的是整个商品生命周期内的演化特征及规律，而另一个则是在某一个波动周期的范围内进行讨论。由此，本章构建出了一个系统且全面的研究收入分布变迁的消费市场效应的理论体系。

第三章
收入分布变迁的总体消费市场效应

改革开放40多年以来，我国经济的持续高速增长令世人瞩目。随着经济不断发展，在我国居民收入快速提升的同时，收入差距也在不断拉大。《中国统计年鉴》数据显示，我国GDP从1978年的3650.2亿元增长到2013年的588018.8亿元，在世界各国GDP排行榜上列第二位。同时居民收入水平也得到了显著提升，城镇居民家庭人均可支配收入从1978年的343.4元增长到2013年的26955.1元。若剔除城镇居民消费价格（1978年=100）因素，实际收入将从1978年的343.4元上升至2013年的4215.7元，增长超过11倍。同时，居民收入差距也随之拉大。《中国统计年鉴》数据显示，2012年城镇最高收入户的可支配收入是最低收入户的7.8倍。如果将这两个变化特征表现在收入分布密度曲线上，可以想象到坐标轴上的曲线将呈现如下运动轨迹，即收入分布密度曲线的中心位置持续向右移动，且曲线的形状逐渐扁平化。由如此的收入分布变迁引发的居民消费需求改变也必然会呈现相应的分布特征。消费是市场中居民真实需求的体现，同时也受到居民收入水平和当时市场供给能力和条件的限制。因此，从分布的角度去理解居民消费的演变特征，将是探究收入分布变迁的消费市场效应的基础与前提。随着供给侧产能过剩、过度投资等状况的出现，经济结构转型日渐提上日程，供给侧结构性改革已成为转型经济的主流态势，只有供给侧结构性改革的方向符合居民消费的变化和发展规律，才能够更好地发挥作用并解决问题。

在西方消费理论不断发展的过程中，收入始终被看作影响消费的最重要因素。关于中国居民收入变化对消费的影响，国内学者开展了一系列比较深入的研究工作。在收入增长对消费的影响方面，研究成果相对比较丰富，比如张继海和臧旭恒（2005）通过协整关系证实我国城镇居民的当期收入制约着当期实际消费，长期收入提升是促进居民消费提高的关键。在收入差距对消费的影响方面，也出现了一系列有价值的研究成果。朱国林、范建勇和严燕（2002）提出我国居民收入差距扩大是导致总体消费不振的关键因素，臧旭恒和张继海（2005）的研究同样说明收入差距对居民总消费存在抑制作用。收入分布变迁的消费市场理论则能够综合上述两方面，对我国的消费问题给出一个比较完整的诠释。在不同商品生命周期阶段和不同收入分布变迁特征下，消费市场的需求效应是不同的，同时存在着收入与消费的非线性演变特征。可以认为，研究我国居民收入对消费的影响，不应当仅考虑收入水平提高的因素，更应该将收入差距的状况包含在内，只有这样才能够更准确、更全面地了解我国居民收入与消费深刻的内在关系，这也是本章着重从分布变迁角度探讨收入对消费影响的出发点。

本章首先将对居民收入分布与消费分布的动态演变特征和发展趋势进行刻画；其次，为了能够细致地分析收入分布变迁过程对消费的不同影响特征，利用反事实分析的思想，将居民收入分布变迁分解为收入的均值变化、方差变化以及残差变化；最后，通过构建居民消费关于收入的无条件分位数回归模型，来探讨收入分布与消费分布之间的影响关系，从而给出收入分布变迁对消费分布演变的作用机制。

第一节 居民收入与消费分布的拟合

在研究收入分布变迁对消费分布的影响之前，需要对居民收入分布与消费分布进行拟合，即需要从收入与消费样本数据中估计出收入与消费总体的概率密度函数。如果将收入分布定义为居民收入分配结构状态的体现，那么收入分布变迁表现的则是收入分布随时间改变形态的重要指标，不同时点上收入分布所对应的消费分布变化，便体现了收入分布变迁是如何影响消费分布的改变的。

已有关于收入分布变迁的研究多集中于居民收入在地区、行业与收入等级间的不均等方面（陈宗胜、周云波，2002；王小鲁、樊纲，2005；王亚芬、肖晓飞、高铁梅，2007），而针对收入水平与分布同时变动的收入分布变迁问题，尚未见到专门的系统研究，而已有的收入分布相关理论方法和研究成果使本章的进一步研究成为可能。

对于收入分布的参数函数的拟合，在帕累托率先给出了收入的帕累托分布，开辟了这个新领域后，这一问题的研究很快成为学者关注的焦点。Ammon 和 March 先后于 1895 年和 1898 年用伽马分布来拟合居民收入分布曲线，Gibrat 也于 1931 年首次实现了对数正态分布对收入分布的拟合。其中，帕累托分布的局限性很大，仅能较好地拟合中高收入人群的收入分布状况，对数正态分布和伽马分布虽然可将拟合收入区间延展至整个收入区间，但是对两端的拟合结果略显粗糙，并不能让人满意。对于后两者，Salem 和 Mount（1974）对 20 世纪 60 年代美国居民收入的拟合结果表明，伽马分布要优于对数正态分布的拟合效果。

随着计算机技术的不断发展，计算能力得到极大的提高，使得对一些复杂模型的参数估计变得容易很多，于是学者们试图通过在分布函数中引入更多控制参数的方式来达到更好的拟合效果。Taillie（1981）的伽马分布、Singh 和 Maddala（1976）的 Singh-Maddala 分布及 Dagum（1977）的 Dagum 分布等 3 - 参数分布函数陆续涌现，Dagum 分布长期被认为是拟合最优的。更为复杂的 4 - 参数分布函数也不断出现，其中 McDonald（1984）接连给出了广义 beta1 分布（GB1）和广义 beta2 分布（GB2）及 Reed（2003，2004）给出的双帕累托对数正态分布模型（dPlN）的影响较大。虽然理论上多参数分布函数更为优越，但实证中其优势并不明显，目前在参数估计的实际应用中，帕累托分布、伽马分布和对数正态分布仍然占据主流地位。

计算机技术带来的第二个改变是非参数方法的出现。核密度估计等非参数方法因其不需要事先假设收入服从某种固定的函数形式，避免了设定偏误而导致的拟合结果偏差，进而得到越来越多学者的认可。该方法首先由 Parzen（1962）给出，其后又经过众多学者（Rudemo，1982；Wu，1996；Ahmad et al.，2005）的不断修正和改进，目前已经基本成熟。国外学者普遍采用的收入分布拟合方式也是选择非参数核密度估计法，通过刻画收入分布的演变特征，分析居民内部收入差距等收入分配格局随时间不断变化的来源，在这方面，Pittau 和 Zelli（2004）以及 Jenkins 和 Van Kerm（2005）等的研究较有影响力。然而，非参数核密度估计也有其自身的不足，突出的一点便是其结果过于依赖图形的输出，无法直接应用于后续更加深入的定量研究中。在这一点上参数方法就显得游刃有余，但结果的准确性会存在一定的损失，综合来看两者是可以互补的。

以往国内对收入分布变迁的测度多依赖于直方图、Q-Q 图及 P-P 图等图形上的描述，或是样本均值、方差和偏度等一般的描述性统计。定量研究随着国外成果的不断引入，也逐渐丰富起来，参数方法应用较有代表性的是：王兢（2005）首先用 P-P 图等统计方式，使用对数正态分布完成了对 2003 年郑州市居民收入调查数据的拟合，并进一步测算出了当年的贫困线和贫困率；王海港（2006）则用帕累托分布对我国 1988 年及 1995 年两年居民收入分布变化进行了比较，分析了该阶段居民收入分布格局的演变趋势。非参数方法也逐渐进入我国收入分布领域的研究中，其中徐现祥和王海港（2008）先对各省（自治区、直辖市）收入数据进行核密度估计，由此加总得到了全国整体的分布，结果显示收入分布整体逐渐有右移趋势，并出现了双峰特征的两极分化现象。陈云（2013）在实证分析中国居民收入分布变迁及其影响因素时，运用基于核密度估计的相对收入分布方法，得到了收入分布变迁的增长效应和分配效应。而孙巍和苏鹏（2013）则基于核密度反事实分析的方法，进一步将收入分布变迁分解为均值、方差和残差三个变化特征。

参数法和非参数法是估计分布函数的两种常用方法，其中参数法是在首先给定某种已知分布的情形下，通过参数估计的方式来得出分布函数的具体形式。参数法根据函数形式及其所含参数个数的不同分为多种，如传统的帕累托分布、伽马分布和对数分布，函数形式较为简单、估计较为便捷，而近年来新发展的如 Singh-Maddala 分布、Dagum 分布等，其函数形式以及估计步骤均较为复杂。由于参数方法的估计结果完全取决于事先的分布形态假定，而在实际应用中对分布形态的选择不可能十分准确。如果假定的函数形式与实际分布形态的偏差较大，那么根据假设所进行的统计推断就可能出现错误。

非参数法是一种能够有效解决上述问题的手段，它可以不考虑分布函数的具体形式，而仅依赖于数据自身得到与实际分布最为接近的分布函数。非参数法对数据信息处理技术的要求较高，随着现代计算机技术以及统计方法的不断发展和进步，需要处理大样本数据的非参数估计成为可能，而且其估计的可信度逐渐得到学术界的认可，并出现了大量的实证研究成果。

一 分布函数的非参数估计方法

非参数估计方法的发展主要经历了如下三个阶段。首先是直方图法，此方法为比较原始的非参数估计方法，该方法的本质思想是源于密度函数。假设样本总体 X 的密度函数为 $f(x)$，那么：

$$P(a \leqslant x \leqslant b) = \int_a^b f(x) \mathrm{d}x$$

其中，样本总体 X 的样本容量为 n，即 $X_1, \cdots, X_n$，则 $P(a \leqslant x \leqslant b)$ 可以用 $(i: 1 \leqslant i \leqslant n, a \leqslant X_i \leqslant b)/n$ 估计。因此，$P(a \leqslant x \leqslant b)/(b-a)$，也就是 $\int_a^b f(x) \mathrm{d}x/(b-a)$ 可以运用 $(i: 1 \leqslant i \leqslant n, a \leqslant X_i \leqslant b)/n(b-a)$ 进行估计。而当 $(b-a)$ 尽可能小时，$\int_a^b f(x) \mathrm{d}x/(b-a)$ 可近似地表示为密度函数 $f(x)$ 在区间 $[a, b]$ 上的取值，如此一来就得到了密度函数 $f(x)$ 的估计。

为了进一步体现直方图法与后来发展的核密度估计方法之间的联系，可将上述原理重新表达为，在长度为 h 的 n 个样本区间中随机选取某一区间 I，且 $x \in I$，那么密度函数 $f(x)$ 的估计为如下形式：

$$f_n(x) = \frac{(i: 1 \leqslant i \leqslant n, X_i \in I)}{nh}$$

上式估计所得到的密度函数图是 n 个边长为 h 的线段所构成的多个矩形，称之为直方图。假设事先选取任意的样本 x_0 为分割点，那么 $x_0 + mh$ 将用来表示所有分割点，区间 I 将因此变为 $[x_0 + mh, x_0 + (m+1)h]$，其中 m 可以是任意整数，初始值 x_0 以及区间 h 的选择对于决定直方图的形状具有重要作用。直方图的整体形状将由样本 x_0 的选择所直接决定,而直方图的细节则由区间 h 所控制,如果 h 过大将使图形过于粗糙进而不能捕捉到更多数据分布的细节,否则就会过于精细进而不能很好地表现数据分布的整体特征。因此对 h 的选择需要充分衡量上述两种情形,从而保证数据分布特征较好地呈现。同时该方法也存在明显的缺陷,即对边缘密度的估计较差、所得密度函数并非连续以及估计效率低下等。

为了克服上述对区间边缘密度估计较差的缺陷,Rosenblatt(1955)对上述方法提出了适当的改进。在确定区间的时候,将选取以 x 为中心,且左右距离为 h 的区间 $[x - \frac{1}{2}h, x + \frac{1}{2}h]$,将它表示为 I_x,用来替换上述直方图法中的 I,最终整理获得 Rosenblatt 估计如下所示:

$$f_n(x) = \frac{1}{nh}(i:1 \leq i \leq n, X_i \in I_x)$$

与直方图法不同,该估计方法中分割区间并不会被事先指定,而是会随着待估计的 x 的变动发生改变,为了获得较好的估计效果,将始终令 x 处于区间 I_x 的中心。尽管如此,Rosenblatt 估计仍属于非连续函数,其对 $f(x)$ 在 x 附近的估计更为有效。

随着非参数估计的发展,Parzen(1962)提出了核密度估计方法。Parzen 引入如下函数:

$$W(x) = I_{[-\frac{1}{2}, \frac{1}{2}]}(x) = \begin{cases} 1 \\ 0 \end{cases}$$

将 Rosenblatt 估计方法改进为如下形式:

$$f_n(x) = \frac{1}{nh_n}\sum_{i=1}^{n} W\left(\frac{x - X_i}{h_n}\right)$$

其中,W 是一个特殊的均匀密度函数。在此基础上,Parzen 进一步将其推广,允许 W 可以是一般的密度函数。假设给定概率密度函数 $K(\cdot)$,h_n 大于 0 且为常数,那么上式将转变为如下函数形式:

$$f_n(x) = \frac{1}{nh_n}\sum_{i=1}^{n} K\left(\frac{x - X_i}{h_n}\right)$$

其中，$K(\cdot)$ 则被称为核函数（Kernel Function），$h_n > 0$ 是带宽且与 n 相关，这里的带宽与直方图法中的边长 h 的意义相似。为了进一步确保 $f_n(x)$ 的合理性，既要保证函数值非负，又要满足其积分等于 1，即需要确保如下关系式成立：

$$K(x) \geqslant 0, \int_{-\infty}^{+\infty} K(x) \mathrm{d}x = 1$$

与上述直方图法中对区间 h 的选择一样，带宽 h_n 的选取在很大程度上决定了核密度函数效果的优劣。一般而言，h_n 随着 n 的增加而减小，当 n 趋于无穷时，h_n 趋近于 0。h_n 过大会使 x 过度平均化，反之则会变得更具随机性。综上所述，在确定样本后核密度估计的效果将主要取决于核函数的选择以及带宽的选取。

二 核函数与带宽的选取

（一）关于核函数的选择

从理论上讲，核函数 $K(\cdot)$ 的作用主要是为了获取局部平均，因此在实际处理中可以对其放松限制，也就是可以允许 $K(\cdot)$ 不是密度函数，同时也不一定需要满足函数值非负的条件。但是从适用性的角度来看，如果待估计的 $f(x)$ 是密度值，那么最好也将估计量 $f_n(x)$ 设为密度函数。因此，将核函数 $K(\cdot)$ 构建成一个概率密度函数将更具合理性。如果 $K(\cdot)$ 为密度函数，那么很容易证明 $f_n(x)$ 同样也将满足密度函数的约束条件，并且还应具有一些与 $K(\cdot)$ 类似的特性，比如连续性、有界性等。

在实际应用中，一些常用核函数的形式有如下几种：

a. Uniform 核　　　$K(u) = \frac{1}{2} I(|u| \leqslant 1)$

b. Triangle 核　　　$K(u) = (1 - |u|) I(|u| \leqslant 1)$

c. Epanechnikov 核　$K(u) = \frac{3}{4}(1 - u^2) I(|u| \leqslant 1)$

d. Triweight 核　　　$K(u) = \frac{35}{32}(1 - u^2)^3 I(|u| \leqslant 1)$

e. Gaussian 核　　　$K(u) = \frac{1}{\sqrt{2\pi}} e^{-\frac{u^2}{2}}$

f. Cosinus 核　　　$K(u) = \frac{\pi}{4} \cos\left(\frac{\pi}{2} u\right) I(|u| \leqslant 1)$

一般来说，核函数形式的选择对非参数估计效果的影响较为关键。而针对这个问题，国内外众多学者也给出了各自不同的观点。Colin（1997）通过比较收敛速度，得出 Epanechnikov 核为最佳核函数。李玉忍、高社生和张学源（2008）的研究发现在一定条件下核密度的随机加权估计具备有效性，并且随机加权估计比 Bootstrap 估计的精度更高。进一步，许建华、张学工和李衍达（2002）给出非线性感知器算法，且与普通的核函数线性算法相比精度更高。吴涛、贺汉根和贺明科（2003）提出利用散乱数据插值法来确定特征空间的内积值从而构造出新的核函数，以此代替传统核函数的作用。Ahmad（1995）通过理论研究表明，只要数据样本量足够大，那么与选取哪一种核密度函数的形式无关，其最终估计结果都会收敛于待估计的密度函数。也就是说，在样本充足的情况下，核函数的具体形式与估计结果不相关。

（二）关于带宽的选取

虽然通过扩大数据样本能够克服核函数形式的不同所造成的估计结果差异，但是带宽的选取对结果的影响依然非常重要。目前常见的带宽选择方法主要有插入带宽法、交叉验证法以及适用性核密度带宽法。

首先，插入带宽法的思想主要来自均方误差分析。该方法是通过估计误差及方差的渐进式来寻找最适合的带宽。假定 $K(\cdot)$ 为如下形式的密度函数：

$$\int uK(u)\,\mathrm{d}u = 0, \quad k_2 \stackrel{\Delta}{=} \int u^2 k(u)\,\mathrm{d}u \neq 0$$

在 $f(x)$ 二阶连续可导，且 h_n 趋于零时，根据泰勒公式以及控制收敛定理，整理可得如下形式：

$$Var[f_n(x)] = (nh_n)^{-1} f(x) \int K^2(u)\,\mathrm{d}u + o(n^{-1})$$

进一步，当 $f(x)$ 同时还满足 $f''(x) \in L_2(R^1)$ 时，上式将继续变形为如下形式：

$$\int Var[f_n(x)]\,\mathrm{d}x = (nh_n)^{-1} \int K^2(u)\,\mathrm{d}u$$

进一步整理得到：

$$MISE(f_n) \approx (nh_n)^{-1} \int K^2(u)\,du + \frac{1}{4}h_n^4 k_2^2 \int [f''(x)]^2\,dx$$

关于上式中 h_n 求函数的最小化问题，便可得到最佳带宽如下所示：

$$h_{opt} = \left\{ \frac{\int K^2(u)\,du}{k_2^2 \int [f''(x)]^2\,dx} \right\}^{1/5} n^{-1/5}$$

其次，交叉验证法是由 Rudemo（1982）和 Bowman（1984）提出的。它是一种纯粹依靠数据自身的带宽选取手段。假定密度函数及其核估计量分别为 $f(x)$ 和 $f_n(x)$，那么存在如下表达式：

$$MISE[f_n(x)] = \int [f_n(x) - f(x)]^2\,dx = \int f_n^2(x)\,dx - 2\int f_n(x)f(x)\,dx + \int f^2(x)\,dx$$

为进一步获得平均误差最小的积分，相当于求解如下式子的最小化问题：

$$R(f_n) = \int f_n^2(x)\,dx - 2\int f_n(x)f(x)\,dx$$

这就是通过交叉验证方法进行最优带宽选择的主要思路。同时，因为存在等式 $\int f_n(x)f(x)\,dx = Ef_n(x)$，所以 $n^{-1}\sum_{i=1}^{n} f_n^{(-i)}(X_i)$ 为 $\int f_n(x)f(x)\,dx$ 的无偏估计，其中 $f_n^{-i}(x)$ 的表达式如下所示：

$$f_n^{-i}(x) = \frac{1}{(n-1)h_n} \sum_{j \neq i}^{n} K\left(\frac{x - X_i}{h_n}\right)$$

在此基础上，若再定义

$$M_0(h_n) = \int f_n^2(x)\,dx - \frac{2}{n}\sum_{i=1}^{n} f_n^{(-i)}(X_i)$$

那么，该方法的最优带宽将如下所示：

$$h_{opt} = \min_{h>0} M_0(h_n)$$

尽管如此，以上这两种最优带宽的选择方式并不能满足实际应用中的复杂要求。从理论上讲，只有最优带宽的选择随样本量的增加而逐渐减少，才能够确保最终核密度估计的一致性条件。但 Burkhauser 等（1999）

指出在一般情况下，数据分布不同位置的状态并不相同。分布两侧的样本信息大大低于中间部分，指定带宽通常不能很好地反映分布的真实状况，进而使其结果产生偏离。Jenkins（1995）同样认识到了这一问题并设计出了一种较为合理的处理方案，就是反其道而行之，在分布稀疏的尾部采用较宽的带宽，而在密度函数较为密集的中间采用相反带宽。

为了实现上述目标，Burkhauser 等（1999）提出了适应性核密度估计。此方法需要通过两阶段来完成，首先得出粗略的适应性带宽，再根据相应的调整因子加权得出最优带宽。

假定 x_i，$i = 1, \cdots, n$ 为观测样本，λ_i 为带宽调整因子，w_i 为样本权重，因此核密度估计函数如下所示：

$$\tilde{f}_n(x) = \frac{1}{n}\sum_{i=1}^{n}\frac{1}{h_n}\frac{1}{\lambda_i}w_i K\left(\frac{x-x_i}{h_n\lambda_i}\right)$$

而将带宽调整因子 λ_i 定义为如下形式：

$$\lambda_i = \left\{\frac{\exp\left[\frac{1}{n}\sum_{j=1}^{n}w_j\ln\tilde{f}_n(x_j)\right]}{\tilde{f}_n(x_i)}\right\}^{1/2}$$

这里的 $\tilde{f}_n(x)$ 则是关于固定带宽 h_n 的试验性估计。

三 收入分布变迁的拟合与测度

（一）收入分布变迁的拟合

拟合居民收入分布选用的数据来自中国家庭健康和营养调查（China Health and Nutrition Survey，CHNS）数据库。该数据库是由美国北卡罗来纳大学的卡罗来纳人口中心、美国营养食品安全局以及中国疾病预防控制中心合作完成的，该数据涵盖了我国东、中、西部 9 个省（自治区、直辖市），截至目前分别于 1989 年、1991 年、1993 年、1997 年、2000 年、2004 年、2006 年、2009 年、2011 年、2014 年及 2018 年共进行了 11 次考察。采用 CHNS 数据的原因是，该数据的样本容量大、调查范围广，因此极具代表性，且数据的时序跨度也比较理想，CHNS 数据自 1989 年至 2011 年跨越了 22 年，基本涵盖了转轨时期我国经济的整个发展阶段。

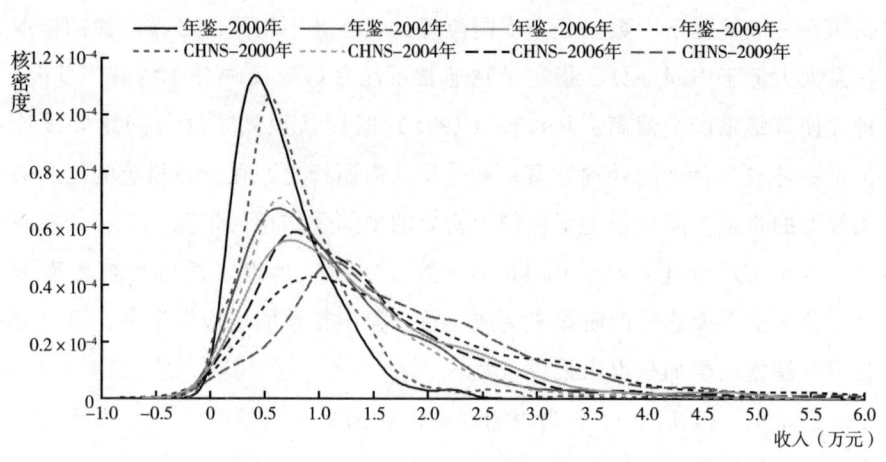

图 3-1　年鉴分组数据和 CHNS 数据的非参数核密度拟合结果对比

注：收入采用 2009 年不变价。

将《中国统计年鉴》和 CHNS 数据中均包含的 2000 年、2004 年、2006 年和 2009 年数据进行核密度估计的对比，见图 3-1。由对比结果可以看出，CHNS 数据均略微比年鉴收入分组数据估计曲线整体偏右，基于 CHNS 数据拟合的收入分布曲线的双峰、多峰趋势更加明显，而年鉴收入分组数据拟合结果基本上是单峰形态，但总的来说两个数据库数据的估计结果基本上是相似的。Minoiu（2006）研究发现，当收入分布单峰时，参数方法能够得到不错的结果；分布呈现多峰时，参数方法就略显不足。所以，用参数方法拟合收入分布时选取年鉴收入分组数据进行。

表 3-1　收入分组数据三种参数分布函数估计结果

帕累托分布	k	σ	伽马分布	k	θ	对数正态分布	μ	σ
2000 年	-0.3690	8960.9	2000 年	3.1580	2150.9	2000 年	8.6570	0.5867
2001 年	-0.2891	10755	2001 年	2.9363	2930.3	2001 年	8.8802	0.6078
2002 年	-0.2355	11986	2002 年	2.1668	4536.6	2002 年	8.9450	0.7197
2003 年	-0.2394	12916	2003 年	2.3296	4542.8	2003 年	9.0373	0.6893
2004 年	-0.2724	13958	2004 年	2.4557	4547.4	2004 年	9.1035	0.6684
2005 年	-0.2933	15560	2005 年	2.3870	5123.6	2005 年	9.1878	0.6827
2006 年	-0.3009	17264	2006 年	2.4393	5533.0	2006 年	9.2914	0.6736
2007 年	-0.3289	19879	2007 年	2.5016	6086.9	2007 年	9.4178	0.6653
2008 年	-0.3093	20944	2008 年	2.3453	6929.1	2008 年	9.4678	0.6917
2009 年	-0.3486	23141	2009 年	2.4201	7208.4	2009 年	9.5462	0.6809

注：广义帕累托分布估计结果没有给出位置参数 θ 的估计值，一般而言，$\theta = \min(x)$。

接下来将从帕累托分布、伽马分布和对数正态分布三种分布函数（其中帕累托分布采用3-参数广义帕累托分布）中选取拟合各年年鉴数据最好的分布函数。表3-1给出三种分布对年鉴收入分组数据的拟合参数估计结果。对于各分布拟合的优劣，依据非参数核密度结果完全依赖于数据本身和包含样本几乎所有信息的特点，拿选取的参数分布函数与之比较，构造一定的拟合度量指标来选取适合的参数分布，具体构建指标过程如下：

选取某一收入数列 x_1, x_2, ···, x_n，利用核密度估计，计算出它们所对应的非参数核密度估计值，记为 $\hat{f}_i$, $i=1, 2, ···, n$，设其对应的参数收入分布函数密度估计值为 $\tilde{f}_i$, $i=1, 2, ···, n$，则

$$\Delta = \sum_{i=1}^{n} |\tilde{f}_i - \hat{f}_i|, \quad i = 1,2,···,n$$

便可作为参数分布对数据拟合程度的一个度量指标，Δ 值越小说明该参数分布函数拟合的效果越接近核密度估计拟合结果，拟合效果也就越好。计算三种参数分布2000~2009年的拟合度，表3-2给出了相应的计算结果，在图3-2中更加直观地给出了2008年年鉴数据核密度估计和三种分布函数的拟合结果。

表3-2 分布函数拟合度（Δ 值）比较

分布类型	2000年	2001年	2002年	2003年	2004年	2005年	2006年	2007年	2008年	2009年
伽马分布	0.1070	0.0966	0.0999	0.0900	0.0959	0.0903	0.0974	0.1028	0.0956	0.1879
对数正态分布	0.1813	0.1708	0.1578	0.1542	0.1589	0.1778	0.1743	0.1631	0.1667	0.1521
帕累托分布	0.3625	0.3725	0.2700	0.3071	0.3083	0.2805	0.2927	0.3000	0.2689	0.3263

注：x 取 1, 2, ···, 60000。

从表3-2和图3-2的结果可以看出，以核密度估计结果为参照标准，对于年鉴数据库中2000~2009年城镇居民收入分组数据，广义帕累

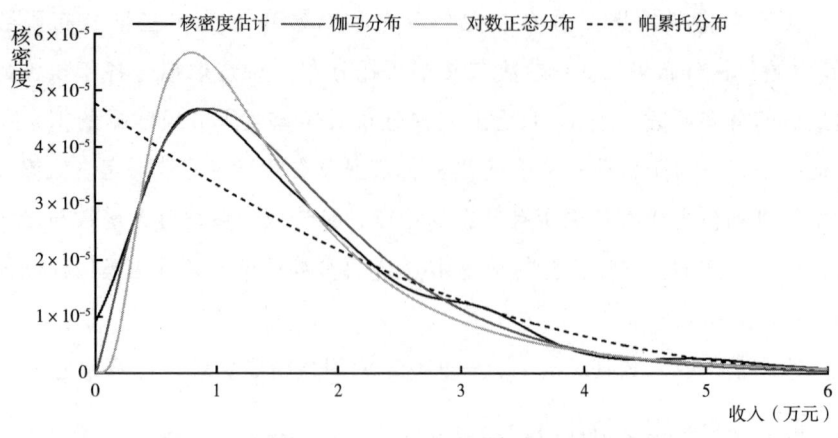

图 3-2 核密度估计和不同分布函数对 2008 年年鉴
数据拟合结果的比较

托分布对整个分布的拟合效果最差，尤其是对低收入的拟合，伽马分布与对数正态分布都可以对整个收入区间进行拟合，但从表 3-2 中每年的拟合度计算结果可知，除了 2009 年，伽马分布的拟合效果要明显优于对数正态分布。于是，对于三种参数收入分布来说，我国城镇居民 2000～2008 年的年鉴数据服从伽马分布，而 2009 年对数正态分布拟合效果更好。为了更好地理解我国的收入分布变迁趋势，仅通过图 3-2 的非参数拟合在整体上会略显不足，因此接下来使用得到的参数分布拟合结果，定量比较分析各收入水平的人群密度变化。

参考中国社会科学院社会学研究所 2006 年处理全国抽样调查收入数据时划分收入等级的方法，选择年人均收入线作为参照基准，把低于平均收入线 50% 及以下的收入组群定义为"低收入者"，把低收入的上限到平均线之间者定义为"中低收入者"，把平均线以上到平均线 2.5 倍的人群定义为"中等收入者"，把高于这个平均收入线 2.5 倍及以上的收入组群定义为"高收入者"。另外，利用 CHNS 中 2009 年数据计算得到我国城镇居民个人平均收入约为 2.16 万元，而年鉴收入分组数据计算结果约为 1.8 万元，为了研究的便捷性，本章选取 2 万元为参照基准。分区间人口密度计算结果见表 3-3，依据计算结果画出各区间收入分布变迁趋势折线图，见图 3-3。由于高收入人群密度相对较小，为了比较明显地观察高收入组群的变化，单独给出其收入变化趋势图（图 3-3 下）。

表 3-3 参数分布计算区间人群密度结果

年份	0~10000 元（低）	10000~20000 元（中低）	20000~50000 元（中等）	50000 元以上（高）
2000	0.8204	0.1734	0.0061	3.4e-08
2001	0.6763	0.2922	0.0314	5.6e-06
2002	0.6000	0.3191	0.0806	2.8e-04
2003	0.5539	0.3483	0.0974	3.8e-04
2004	0.5185	0.3693	0.1118	4.9e-04
2005	0.4680	0.3818	0.1489	0.0013
2006	0.4105	0.3960	0.1909	0.0026
2007	0.3436	0.4016	0.2491	0.0057
2008	0.3224	0.3848	0.2824	0.0104
2009	0.3109	0.3892	0.2692	0.0307

从表 3-3 和图 3-3 的结果可以看出我国整体居民收入由低到高向上转移的趋势十分明显，低收入人群进入 21 世纪后持续减小，由 80% 以上降到 31%；中低收入人口密度 2001~2007 年则持续增长，2007 年达到顶部的 40%，2008 年开始出现下降趋势，2009 年受危机影响人数有所反弹；中等收入人群在此阶段中也基本处于平稳增长的扩张态势，在 2009 年略有减小；高收入人群则始终处于增长的状态，以接近指数的速度猛增。

（二）收入分布变迁的计量指标构建

在完成收入分布拟合的基础上，通过前面的分析已对我国近年来的收入分布变迁得到了一个初步判断，但为了进一步刻画收入分布变迁的深层次含义，有必要对收入分布变迁进行分解。设 $f(x)$ 为收入的概率密度函数，则基期 0 和报告期 1 之间的总体收入分布变迁可表示为：

$$\Delta f(x) = f_1(x) - f_0(x) \qquad (3-1)$$

对于收入分布变迁的分解方法，国外学者 Pittau 和 Zelli（2004）、Jenkins 和 Van Kerm（2005）等的研究影响较广，其中 Jenkins 和 Van Kerm（2005）利用反事实分析方法将收入分布变迁分解为三部分：一是在保持其他条件不变的情况下，只有均值变化即收入水平的提高造成的各个收入水平下人口密度的变化（均值变化）；二是在保持其他条件不变的

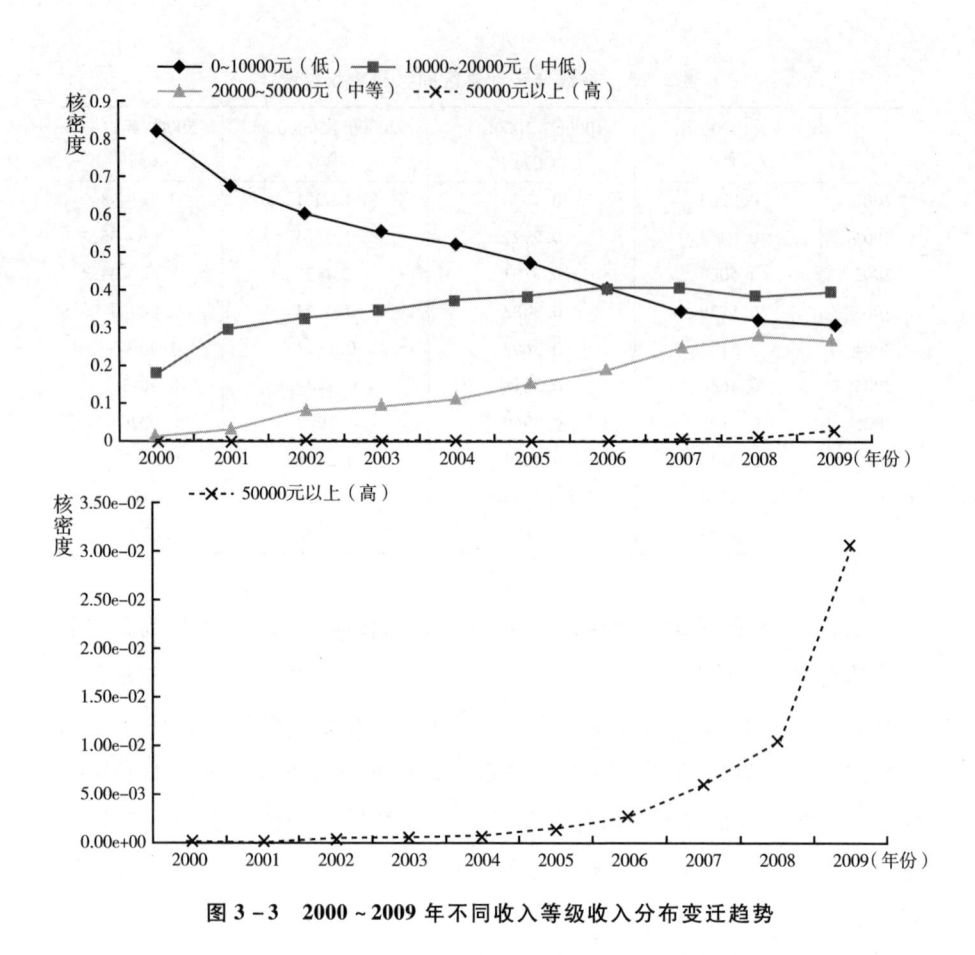

图 3-3 2000~2009 年不同收入等级收入分布变迁趋势

情况下，只有方差变化带来的各个收入水平下人口密度的变化（方差变化）；三是保持其他条件不变，只有偏度、峰度等高阶矩变化造成的各个收入水平下人口密度的变化（残差变化）。

所谓反事实分析就是为了度量某一因素的个别影响，采用比较静态分析的思路，假定其他因素保持不变，分析某一因素变化引起的变量的变化，这样便可逐一评估各因素的影响作用大小。下面依据反事实分析方法，构造两个"潜在收入变量"，完成对收入分布变迁中收入水平、收入差距及异质性差异三个因素的度量，具体分解过程如下。

假设基期 0 和报告期 1 的调查收入数据样本分别为 x_0 和 x_1（不考虑价格因素），且假设它们服从同一分布，$x_0 \sim F(\mu_0, \sigma_0^2)$，$x_1 \sim F(\mu_1, \sigma_1^2)$，则分布变迁的分解过程示意如下：

$$x_0 \xrightarrow{\text{均值变化}} \xi_1 \sim F(\mu_1, \sigma_0^2) \xrightarrow{\text{方差变化}} \xi_2 \sim F(\mu_1, \sigma_1^2) \xrightarrow{\text{残差变化}} x_1 \quad (3-2)$$

假设两期数据关系的收入转换函数为 $g(x)$，即 $x_1 = g(x_0)$，则两个时期的密度函数之间有如下关系：

$$f_1(x) = \left| \frac{\mathrm{d}[g^{-1}(x)]}{\mathrm{d}x} \right| f_0[g^{-1}(x)] \quad (3-3)$$

因此，通过选取不同的转换函数 g，我们可以构造出反映各种收入变化特征的函数。假设两期的收入关系为 $x_1 = \alpha + \beta x_0$，于是依据式（3-3）可以有：

$$\zeta(x) = \left| \frac{1}{\beta} \right| f_0\left(\frac{x - \alpha}{\beta} \right) \quad (3-4)$$

通过改变式（3-4）中 α 和 β 的值，就可以构造出不同的反事实分布函数。

1. 均值的变化

令式（3-4）中的 $\alpha = a$，$\beta = 1$，则此时式（3-4）反映的变化是原来的密度函数沿收入轴的水平移动。调节 a 使得转换函数的期望值 $E(\zeta_1)$ 等于报告期的分布期望 $E(f_1)$，则：

$$a = E(f_1) - E(f_0) \quad (3-5)$$

此时的转换函数为 $\zeta_1(x, \mu_1, \sigma_0)$，$\mu_1$、$\sigma_0$ 分别为报告期的收入均值和基期收入的方差。

2. 方差的变化

如果把报告期收入 x_1 看作基期收入和基期收入均值的线性组合，即：

$$x_1 = s x_0 + (1-s) E(f_0) \quad (3-6)$$

这时线性变换参数 $\alpha = (1-s) E(f_0)$，$\beta = s$。均值保持不变，但方差以 s^2 的速度减小。应用该变换且调整 s 使得 $Var(\zeta_1) = Var(f_1)$，即：

$$s = \sqrt{\frac{Var(f_1)}{Var(f_0)}} \quad (3-7)$$

此时的转换函数为 $\zeta_1(x, \mu_0, \sigma_1)$，$\mu_0$、$\sigma_1$ 分别表示基期的收入均值和

报告期收入的方差。

3. 均值和方差的联合变化

令 $\alpha = E(f_1) - sE(f_0)$，$\beta = s$，则表示的转化函数为 $\zeta_1(x, \mu_1, \sigma_1)$，具有和第二期一样的均值和方差：$E(\zeta_1) = E(f_1)$，$Var(\zeta_1) = Var(f_1)$。综上所述，我们可以得到如下收入分布变迁的分解方程：

$$\Delta f(x) = \underbrace{\eta[\zeta_1(x;\mu_1,\sigma_0) - f_0(x)] + (1-\eta)[\zeta_1(x;\mu_1,\sigma_1) - \zeta_1(x;\mu_0,\sigma_1)]}_{C_1(x)}$$
$$+ \underbrace{\eta[\zeta_1(x;\mu_1,\sigma_1) - \zeta_1(x;\mu_1,\sigma_0)] + (1+\eta)[\zeta_1(x;\mu_0,\sigma_1) - f_0(x)]}_{C_2(x)}$$
$$+ \underbrace{f_1(x) - \zeta_1(x;\mu_1,\sigma_1)}_{C_3(x)}$$

$$(3-8)$$

其中，参数 η 决定在 C_i（$i=1$，2）中引入的不同变化的权重，一般情况下 $\eta=1$ 或 $\eta=0$，本章选取 $\eta=1$，$C_1(x)$、$C_2(x)$ 和 $C_3(x)$ 分别表示分解得到的收入分布变迁的均值、方差和残差变化。

（三）收入分布变迁的测度结果

通过对收入分布变迁的反事实分析过程可以看出，各收入区间人口密度的变化可分解为两大部分：一部分是由经济发展带动的整体收入提高（均值变化），另一部分是由分配体制及个体异质性因素等造成的收入提高的不均等（方差与残差变化）。因此，该部分将采用 CHNS 数据中 1991年、2000 年和 2009 年三年的城镇居民收入，之所以如此选择，也是考虑到时间上的等间隔性，以保证两期间结果的可比性，进而分析比较 2000年前后各十年的收入分布变迁动态特征。

首先，借助 2000 年、2009 年及构造的两个反事实收入分布的非参数核密度拟合结果，从整体上了解上文描述的收入分布变迁的反事实分析过程，见图 3-4。其中反事实分布 1 与 2000 年收入分布的人口密度的差异反映的是"均值变化"，两个反事实分布之间的人口密度差异代表的是"方差变化"，而反事实分布 2 与 2009 年收入分布的人口密度差异则是"残差变化"。

然后，使用反事实分析对我国 1991~2000 年和 2000~2009 年两个时期的收入分布变迁进行分解，结果见图 3-5 和图 3-6。图 3-5 是 1991~

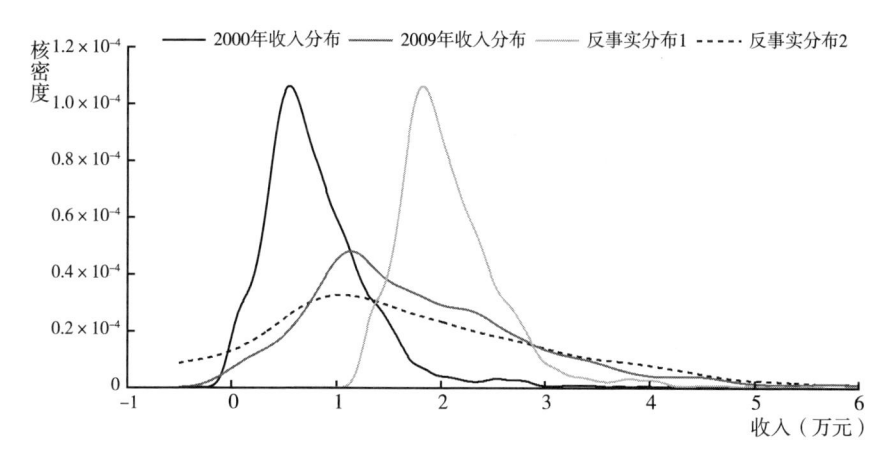

图 3-4　基于 CHNS 数据的 2000 年、2009 年收入分布变迁分解过程

2000 年、2000~2009 年两个阶段我国城镇居民个人收入分布整体变迁情况，即对应的各收入水平下人口密度变化。虽然存在少数返贫现象，但是从两条曲线与 0 基准线的右交点大幅右移可看出我国城镇居民整体收入向上趋势明显，尤其是高收入人群不断壮大，这一点与之前的结果是一致的。另外，我国城镇居民收入分布的变迁有放缓趋势，进入 21 世纪后的十年收入分布变迁的程度并没有 20 世纪 90 年代剧烈。

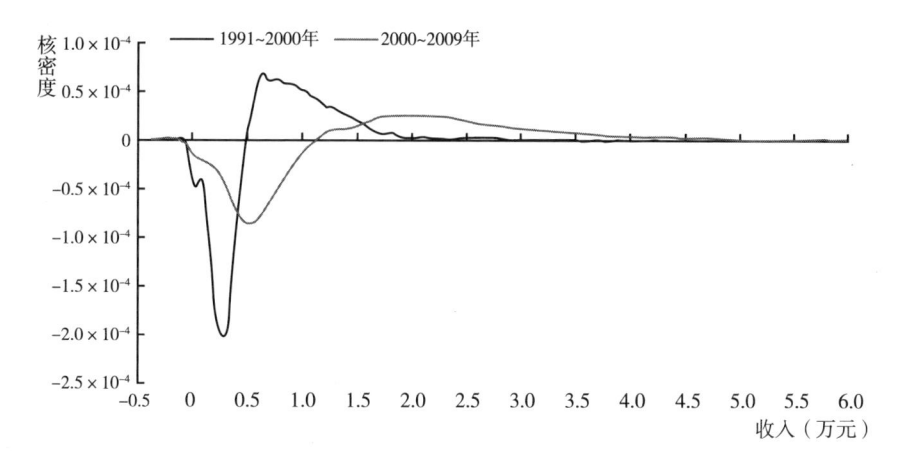

图 3-5　基于 CHNS 数据的收入分布总变迁

图 3-6 中给出的分别是 1991~2000 年、2000~2009 年两个阶段的收入分布变迁分解图，两张图的结果基本是一致的：在变迁的过程中，均值

效应最大，其次是方差效应，残差效应最小；大部分区间内方差效应与均值效应相互抵消，但在高收入区间其与均值效应的作用方向一致。均值效应最大说明我国的经济发展整体上是人民普遍受益的，虽然起反作用的方差效应使这种受益变得不均等，从而造成内部收入差异变大，但是我国经济发展过程中的整体收入增长依然是主体。值得注意的是在高收入阶段，均值和方差两种效应共同促进人群扩张，使其扩张速度比其他人群快，正如前面参数估计方法的结果所指出的那样，高收入人群在以接近指数的速度增长。

(a) 1991~2000年

(b) 2000~2009年

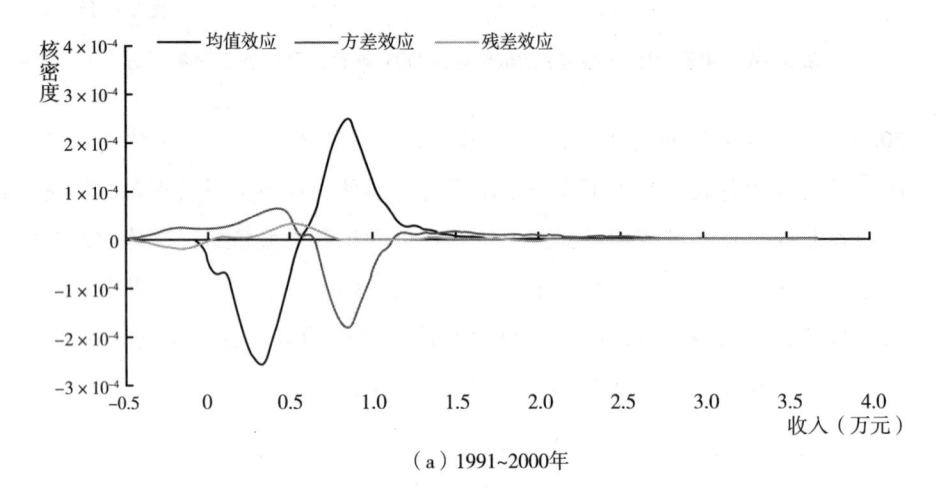

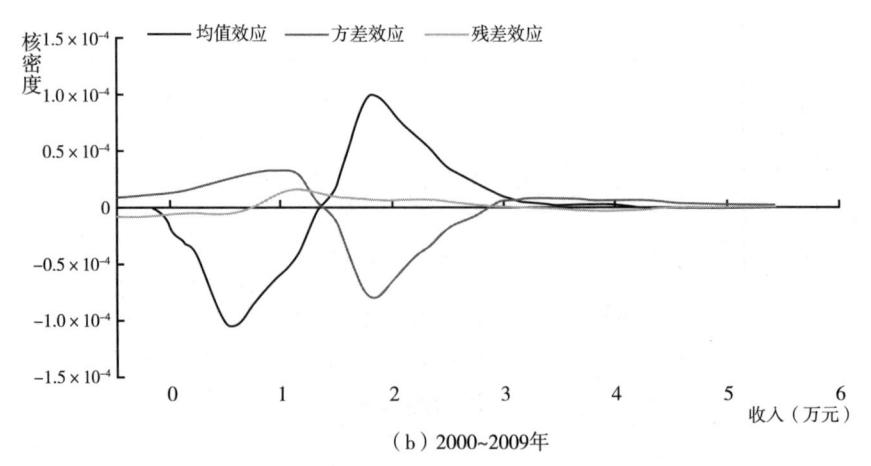

图3-6 收入分布变迁分解结果

四 消费分布的拟合与分析

本节对居民消费分布的拟合将选用中国家庭收入调查项目（Chinese Household Income Project，CHIP）的数据，该数据来源于中国社会科学院经济研究所收入分配课题组所进行的中国农村和城镇居民家庭收入分配调查。

这里并没有采用 CHNS 数据进行拟合的原因在于，CHNS 数据中的消费信息主要包含的是耐用品消费信息及以食品为代表的非耐用品消费信息，其中对于耐用品的消费信息，该数据只给出了每年调查时家庭拥有某种耐用品的估值，这并不能准确地反映家庭耐用品消费的真实信息；而对于非耐用品消费的食品消费，其情况更为复杂，食品的消费支出需要根据数据给出的食品代码数据所对应的自由市场价格与所消耗食品数量的乘积来确定，在这里食品代码需要通过 1991 版的《食品成分表》和《中国食品成分表 2002》两个数据库进行查询，但这两个标准在食物的分类方法、代码方式以及各类营养成分数据等方面均存在较大差异，且食品代码在 2004 年前后的数据也存在很大不同。这样一来尽管能够通过复杂的步骤粗略地计算出食品消费支出的数据，但因为耐用品拥有量估值数据基本不能反映耐用品消费的现实状况，因此最终得到的 CHNS 的消费数据可能与真实的居民消费之间存在巨大的误差，而基于这样的数据所进行的拟合的意义并不大。

因此，本节选取 CHIP 2007 年和 2013 年的城镇居民家庭总消费支出数据，并根据《中国统计年鉴》中城镇居民消费价格指数以 1999 年为基期进行平减，以剔除价格因素的影响。与上一节相同，选择 Epanechnikov 核函数以及插入带宽法来完成对居民消费分布的核密度估计。

如图 3-7 所示，近年来我国城镇居民消费分布变化趋势可以概括为：消费分布密度曲线逐渐向右移动，表明消费水平正在逐步整体上升；消费分布密度曲线随时间推移趋于平缓，即中间分布的人群密度逐渐下降，其他人群密度正在进一步上升，充分表明居民消费的异质性特征正在逐渐凸显；消费分布密度曲线的右端有变厚的趋势，表明高消费人群密度出现增长势头，随着收入的提升，居民的消费热情不断高涨。

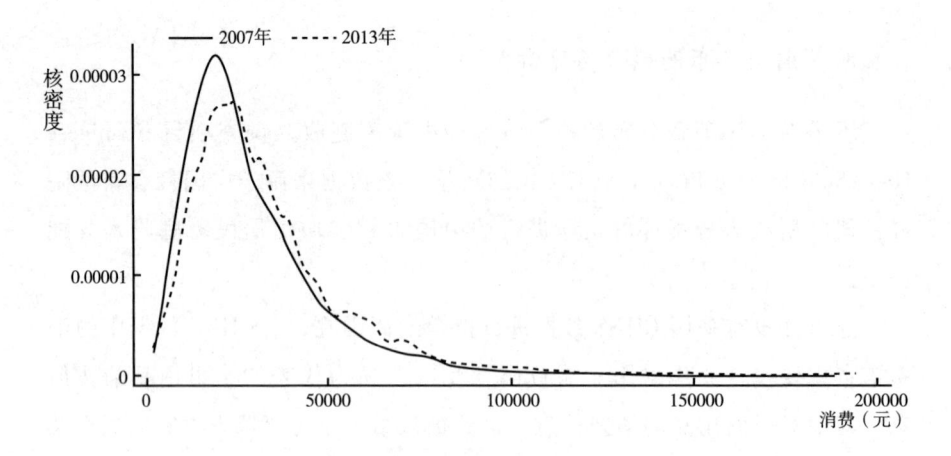

图 3-7　基于 CHIP 数据的城镇居民消费分布核密度拟合结果

为了进一步呈现居民收入分布与消费分布之间的直观联系，这里将 CHIP 数据中 2007 年和 2013 年的城镇居民家庭收入数据，同样以 1999 年为基期进行平减后，拟合成收入分布密度曲线，如图 3-8 所示。从图 3-8 可以发现，各年的收入分布密度曲线与图 3-7 中的消费分布密度曲线的趋势与形状基本相同，只是在数值上有所区别，这说明居民消费分布的变化确实是依赖于收入分布的改变，消费分布中不同人群密度的异质性特征也同样依赖于收入分布中不同收入组群的收入水平。这样的直观证据将为接下来研究收入分布变迁对消费分布的影响，以及后续基于收入分布变迁思想的消费市场演化特征研究奠定基础。

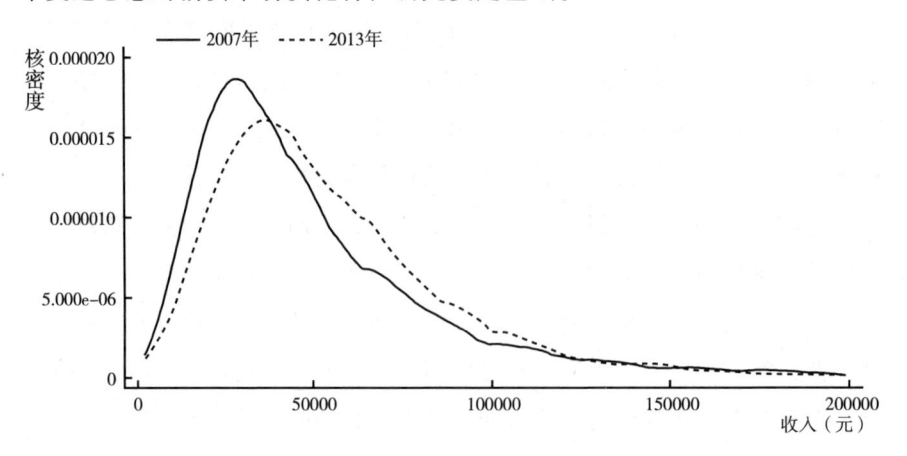

图 3-8　基于 CHIP 数据的城镇居民收入分布核密度拟合结果

第二节 收入分布变迁的总体消费市场效应模型

一 无条件分位数回归模型

（一）分位数回归方法综述

传统的普通最小二乘法对随机扰动项的条件约束过强，实际应用中的数据分布常常出现尖峰或者厚尾的形态并可能存在明显的异方差，这种情况下最小二乘法估计的结果将不再具有稳健性并会出现较大偏差。为了弥补这种缺陷，Koenker 和 Bassett（1978）提出了分位数回归（Quantile Regression，QR）。分位数能够捕捉条件分布的尾部特征，且当因变量为偏态分布时也能够全面地刻画其条件分布的特征，进而反映出关于因变量条件分布的全部信息。对于分位数回归参数估计，Barrodale 和 Roberts（1973）给出了估计的单纯形算法（Simplex Method）；Karmarker（1984）给出了运算速度远快于单纯形算法的内点算法（Interior Point Method）；Madsen 和 Nislsen（1993）提出了兼顾运算效率和速度的平滑算法（Smoothing Method）。此后，Green 和 Silverman（1994）以及 Yu 和 Jones（1998）分别给出了分位数回归的半参数和非参数估计方法。Koenker（1994）给出了估计分位数回归系数置信区间的 Bootstrap 方法。最终，Koenker 和 Machado（1999）根据最小二乘法中拟合优度的思想，给出了分位数回归拟合优度的计算方法，使得分位数回归的体系基本完善。另外，Chernozhukov 和 Hansen（2004）提出了带有工具变量的分位数回归模型。在截面数据分位数回归的基础上，Koenker（2004）通过加权最优化的思想，开始讨论固定效应的面板数据分位数回归模型。Karlssom（2007）利用面板分位数回归模型对非线性数据进行拟合，并得到了良好的效果。由于分位数回归能够刻画分布特征的独特优点，因而在各个经济领域得到了广泛的应用。在劳动经济学领域，越来越多的学者意识到分位数回归对于劳动力市场研究的适用性（Buchinsky，1994；Schultz, Mwabu, 1998；Montenegro, 1998；Fithzenberger, Kurz, 2003）。在该领域中最值得一提的是，Machado 和 Mata（2005）通过分位数回归模拟边际分布，提出了一种扩展的

Oaxaca 分解法。本章将该方法的思想移植到消费领域，进而对收入分布变迁假设下的城乡消费分布差异进行深入分析。而在消费领域中，Deaton (1997) 首先在需求分析中引入分位数回归。随后，Hendricks 和 Koenker (1991) 以及 Manning、Blumberg 和 Moulton (1995) 分别通过分位数回归探讨了电力消费和酒精需求的情况。Ronning 和 Schulze (2004) 及 Hansen (2008) 分别利用分位数回归技术对微观家庭的消费特征以及丹麦居民的果蔬类食品消费进行了实证研究。在金融领域，分位数回归非常适合刻画具有"尖峰厚尾"特征的金融时间序列分布，因而得到了大量的实证应用 (Bassett, Chen, 2000; Barnes, Hughes, 2002; Engle, Manganelli, 2004; Ma, Pohlman, 2008)。

随着国外相关分位数回归应用的文献层出不穷，近年来国内消费领域的分位数回归研究逐渐发展起来。陈娟等 (2008) 基于分位数回归对中国居民消费进行研究，结果发现不同消费量下各变量的消费影响率有所不同且城乡有别；陈建宝等 (2009) 发现城乡不同收入阶层居民的边际消费倾向存在很大差异；张世伟等 (2011) 通过对城镇居民消费支出方程的研究发现，收入是决定家庭消费支出的最主要因素，并且边际消费倾向随消费水平的提高呈现先上升后下降的倒 U 形趋势，资产与家庭消费支出正相关且影响逐渐增强；段玉 (2011) 认为普通最小二乘法得到的是社会平均化水平，不能反映各种消费阶层的消费倾向，同时发现随着收入的增加，低和高消费水平居民的消费增加幅度大于中等消费水平居民，且城镇居民的边际消费倾向和平均消费倾向都要高于农村居民。

此外，关于分位数回归的最新进展可以说是对无条件分位数回归 (Unconditional Quantile Regression, UQR) 的继续探索。Koenker 和 Bassett (1978) 提出的回归方法精确地说应属于条件分位数回归 (Conditional Quantile Regression, CQR)。而无条件分位数回归相对于条件分位数回归的优点就是其对因变量分布的刻画并不需要依赖过多甚至不必要的个体特征信息，从而给出自变量对因变量分布影响的总效应。目前发展的无条件分位数回归方法主要有三类，分别为 Firpo、Fortin 和 Lemieux (2009) 通过构造无条件分位数偏效应而提出的再中心化影响函数 (Recentered Influence Function, RIF) 方法，Frolich 和 Melly (2013) 提出的只能处理自变量为（0，1）虚拟变量的分位数处理效应（Quantile Treatment Effect，QTE），以及 Powell（2011）提出的更具一般性的无条件分位数回归模型。在这方面，国内学者朱平芳和张征宇（2012）针对以上三种方法给出了一个相对完整的文献综述，并基于再中心化影响函数方法进行了一次具有示范意义的实证分析。这对本章所要揭示的收入分布变迁对整体消费分布影响的刻画具有重要借鉴意义。

（二）无条件分位数回归模型

起初，分位数回归方法仅仅被看作一种用来代替最小二乘估计的稳健估计方法。但事实上，在现今的实证研究中，分位数回归方法特别能受到经济研究者的青睐，尤其是在基于微观调查数据的研究中。原因并不在于该方法所具有的稳健特性，而是能够借此方法进一步了解在被解释变量分布的不同分位数上解释变量对其产生的影响。例如，在工资方程中，人们可以通过分位数回归，了解到不同收入水平劳动者所具有的可观测个体特征对其收入的影响程度。

通过工资方程的例子，可以发现 Koenker 和 Bassett（1978）提出的分位数回归方法属于条件分位数回归。而条件分位数回归所给出的结果实际上只能体现出具有相同观测特征（如年龄、性别、婚姻状况、受教育程度等）的个人，其不可观测的能力差异对其收入水平所产生的异质性影响。因此，条件分位数所表达这种的经济学意义就包含过多的甚至是不必要的个体特征信息，这样的实证结果可能并不是人们所关心的问题。

那么，假设政策制定者只想了解受教育年限对收入水平的一般边际影响，但并不考虑个体特征，这实质上体现了收入关于教育程度的无条件分位数回归的思想。无条件分位数回归方法正是对条件分位数回归方法的拓展和补充，在基于微观调查数据的实证研究中具有十分重要的意义。

假设存在被解释变量 Y 以及能够影响 Y 的 k 维解释变量 X 的观测值，那么通过条件分位数回归可得到条件分位数偏效应（Conditional Quantile Partial Effects，CQPE）的估计值，如式（3-9）所示：

$$CQPE(X,\tau) = \frac{\partial q_\tau(Y \mid X)}{\partial X} \quad (3-9)$$

一般而言，如果想要了解解释变量 X 分布的微小改变对被解释变量 Y

的无条件分布 τ 分位数所产生的影响，相当于计算如下所示的无条件分位数偏效应（Unconditional Quantile Partial Effects，UQPE）：

$$UQPE(\tau) = E_x \frac{\partial q_\tau(Y)}{\partial X} \quad (3-10)$$

其中 $q_\tau(Y)$ 表示被解释变量 Y 的 τ 分位数，E_x 表示对解释变量 X 求期望。一般来说，对条件分位数求期望并不能得到其无条件分位数，因此就无法在得到条件分位数偏效应后，通过计算如下积分

$$\int CQPE(X,\tau)\mathrm{d}F_x = \int \frac{\partial q_\tau(Y\mid X)}{\partial X}\mathrm{d}F_x$$

以获得无条件分位数偏效应的估计。Firpo、Fortin 和 Lemieux（2009）借助稳健估计中关于影响函数的基本思想解决了这一难题，并构建了无条件分位数偏效应估计的一般步骤，其基本思想如下。

首先，通过统计学中关于稳健估计的基本知识，可获得如式（3-11）所示的恒等式。

$$q_\tau(Y) = \int RIF(q_\tau,y,F_Y)\mathrm{d}F_Y(y) \quad (3-11)$$

其中，$RIF(q_\tau,y,F_Y)$ 就是所谓 F_Y 的 τ 分位数的再中心化影响函数（Re-centered Influence Function，RIF）。按该函数的定义计算可得如下式子：

$$RIF(q_\tau,y,F_Y) = q_\tau + \frac{\tau - 1(y \leqslant q_\tau)}{f_Y(q_\tau)} \quad (3-12)$$

其中，q_τ 为被解释变量 Y 的无条件分位数，且满足 $F_Y(q_\tau) = \tau$，而 $f_Y(\cdot)$ 为被解释变量 Y 的密度函数。进一步根据条件期望的迭代法则，可将式（3-12）改写成：

$$q_\tau(Y) = \int \mathrm{E}[RIF(q_\tau,y,F_Y) \mid X = x]\mathrm{d}F_x(x) \quad (3-13)$$

为了明确式（3-13）等号右边 F_x 的边际变化给等号左边 $q_\tau(Y)$ 所带来的影响，Firpo、Fortin 和 Lemieux（2009）提出将 X 的每一个分量均进行一次无穷小的平移变换，由此式（3-13）等号右边将变成如式

(3-14) 所示的形式：

$$q_\tau(Y') = \int E[RIF(q_\tau,y,F_Y) \mid X = x]dF_x(x - \Delta x) \qquad (3-14)$$

再对式（3-14）与式（3-13）等号右边的式子进行相减运算，并除以增量 Δx 并令 $\Delta x \to 0$，便可获得解释变量 X 的单位平移变换对被解释变量 Y 的 τ 无条件分位数的边际影响，也就是无条件分位数偏效应，其具体形式如式（3-15）所示：

$$UQPE(\tau) = \int \frac{\partial E[RIF(q_\tau,y,F_Y) \mid X]}{\partial X} dF_x \qquad (3-15)$$

在得到无条件分位数偏效应后，需要通过如下步骤得到一致估计。

首先，在通过样本次序统计量以获得 q_τ 的一致估计 $\hat{q}_\tau$ 后，利用 $1(y \geq \hat{q}_\tau)$ 关于 x_i，$i = 1, 2, \cdots, n$ 进行 Probit 回归或者 Logit 回归，来完成 $E[1(y \geq q_\tau) \mid x] = \Phi(x'\beta)$ 中对 β 的一致估计，其中 $\Phi(\cdot)$ 根据所使用回归方法的不同可以代表正态分布函数或 Logistic 分布函数。

其次，通过计算式（3-15）中偏导数 $\left.\dfrac{\partial E[RIF(q_\tau,y,F_Y) \mid x]}{\partial x}\right|_{x = x_i}$ 的一致估计 $\left.\dfrac{\partial E[R\hat{I}F(\hat{q}_\tau,y,F_Y) \mid x]}{\partial x}\right|_{x = x_i}$，在 $E[1(y \geq q_\tau) \mid x] = \Phi(x'\beta)$ 的条件下，将获得如下结果：

$$\left.\frac{\partial E[R\hat{I}F(\hat{q}_\tau,y,F_Y) \mid x]}{\partial x}\right|_{x = x_i} = \frac{\Phi'(x'\hat{\beta})\hat{\beta}}{\hat{f}_Y(\hat{q}_\tau)} \qquad (3-16)$$

其中，$\hat{f}_Y(\cdot)$ 为被解释变量 Y 密度函数的非参数一致估计。

最后，只需要计算如下公式，

$$\frac{1}{n}\sum_{i=1}^{n}\left.\frac{\partial \hat{E}[R\hat{I}F(\hat{q}_\tau,y,F_Y) \mid x]}{\partial x}\right|_{x = x_i} = \frac{1}{n}\sum_{i=1}^{n}\frac{\Phi'(x'\hat{\beta})\hat{\beta}}{\hat{f}_Y(\hat{q}_\tau)} \qquad (3-17)$$

便可以获得被解释变量 Y 的 τ 无条件分位数偏效应的一致估计。

二 收入分布变迁的反事实变量设计

通过前面对居民收入分布曲线的拟合，已对近年来我国居民的收入分布变迁趋势有了一个初步的整体判断，为了进一步刻画收入分布变迁的深刻含义，进而回答收入分布变迁过程是如何影响居民消费分布改变这一问题，则有必要首先对收入分布变迁的过程进行分解分析。

针对收入分布变迁的分解方法，根据前文所提及的 Jenkins 和 Van Kerm（2005）的反事实分析思想，通过构建反事实假设收入变量，来体现收入分布变迁过程中均值变化、方差变化以及残差变化所导致的收入分布的改变。

均值变化反映的是整体居民收入水平的改变。假设两期收入样本基期 x_0 和报告期 x_1 之间只发生了整体均值的改变，且 $x_0 \sim F(\mu_0, \sigma_0^2)$，$x_1 \sim F(\mu_1, \sigma_1^2)$，那么报告期 x_1 在均值变换作用下的反事实收入如式（3-18）所示：

$$\eta_0 = x_0 + \Delta x = x_1 + (\mu_1 - \mu_0) \tag{3-18}$$

方差变化反映的是个体收入关于分布均值的两极化改变，根据上述反事实分析的思想，在式（3-18）的基础上，只允许收入分布的方差改变，也就是在保持期望不变的情况下，使 η_0 的方差变换至 x_1 的方差 σ_1^2，基于方差的性质，使式（3-18）与某一正数 n 相乘，得如下式子：

$$Var[n(x_0 + \Delta x)] = n^2 Var(x_0 + \Delta x) = n^2 \sigma_0^2 = \sigma_1^2$$

由此可知 $n = \sigma_1/\sigma_0$。为保证期望不变可加上一个常数 m，同时方差也不会因此而改变，令

$$E[n(x_0 + \Delta x) + m] = m + n\mu_1 = \mu_1$$

可得 $m = (1-n)\mu_1$，由此 η_1 进一步在方差改变后的反事实假设收入如式（3-19）所示：

$$\eta_1 = \mu_1 + \frac{\sigma_1}{\sigma_0}(x_0 - \mu_0) \tag{3-19}$$

如此一来，收入分布变迁的过程就可以分解为如下形式：

$$x_1 - x_0 = (\eta_0 - x_0) + (\eta_1 - \eta_0) + (x_1 - \eta_1) \tag{3-20}$$

其中，$(\eta_0 - x_0)$ 表示收入分布变迁中的均值变化，$(\eta_1 - \eta_0)$ 表示方差变化，$(x_1 - \eta_1)$ 则表示残差变化。

三 总消费关于收入分布变迁的无条件分位数回归模型

在上述收入分布变迁分解的基础上，选用 CHIP 数据中 2007 年和 2013 年居民家庭可支配收入与总消费支出的样本，从各年份中随机抽取 4000 个样本后按收入排序，使每年中经过反事实变换的收入数据能够与消费数据准确对应。由此，建立如下无条件分位数回归模型，来阐释收入分布变迁是如何影响居民消费分布演变的。

$$q_\tau(y_{2007}) = \alpha_1 + \beta_1(\tau)x_{2007} + \varepsilon_1 \quad (3-21)$$

$$q_\tau(y_{2013}) = \alpha_2 + \beta_2(\tau)\eta_{2007}^0 + \varepsilon_2 \quad (3-22)$$

$$q_\tau(y_{2013}) = \alpha_3 + \beta_3(\tau)\eta_{2007}^1 + \varepsilon_3 \quad (3-23)$$

$$q_\tau(y_{2013}) = \alpha_4 + \beta_4(\tau)x_{2013} + \varepsilon_4 \quad (3-24)$$

其中，y_i 和 x_i（$i = 2007, 2013$）分别表示 i 年城镇居民的总消费支出和可支配收入，η_{2007}^0 表示在 x_{2007} 上只进行均值变化的反事实假设收入，η_{2007}^1 则表示在 η_{2007}^0 的基础上又进行方差变化的反事实假设收入。满足 $x_{2013} - x_{2007} = (\eta_{2007}^0 - x_{2007}) + (\eta_{2007}^1 - \eta_{2007}^0) + (x_{2013} - \eta_{2007}^1)$。$\alpha_i$ 和 $\beta_i(\tau)$，$i = 1, 2, 3, 4$ 为待估计参数。那么上述各式之间 τ 分位数上的解释变量系数差异，体现的就是收入分布变迁的不同形式对居民消费分布所带来的影响。例如，式（3-21）和式（3-22）之间 0.5 分位数的解释变量系数差异，所表现的是如果整体居民收入分布只发生均值的改变，即仅存在收入水平整体提高的情形下，这种收入分布变迁形式对居民消费分布在 0.5 分位数上的消费水平的影响效果。

第三节 收入分布变迁对消费市场演化的总体影响

为了分析我国城镇居民 2007~2013 年收入分布变迁带给消费分布的影响效果，需要对式（3-21）至式（3-24）进行无条件分位数回归，并采用自助抽样法自助抽样 200 次来计算标准差,以确定置信区间,具体估计结果如表 3-4 所示。

表 3-4 2007~2013 年收入分布变迁对消费分布影响的估计结果

变迁过程	2007 年原始状态		2007 年经历均值效应	
系数	$\beta_1(\tau)$	α_1	$\beta_2(\tau)$	α_2
0.1	0.0694 ***	7342.88 ***	0.0844 ***	7640.88 ***
0.2	0.0915 ***	10186.96 ***	0.1136 ***	10670.21 ***
0.3	0.1142 ***	12067.53 ***	0.1344 ***	13836.45 ***
0.4	0.1409 ***	13814.48 ***	0.1613 ***	14688.68 ***
0.5	0.1864 ***	14904.30 ***	0.2139 ***	16861.21 ***
0.6	0.2467 ***	15987.78 ***	0.2715 ***	18064.86 ***
0.7	0.3166 ***	18203.62 ***	0.2890 ***	20302.89 ***
0.8	0.4074 ***	20511.83 ***	0.4245 ***	20925.02 ***
0.9	0.6146 ***	23369.61 ***	0.5787 ***	27852.94 ***
变迁过程	2007 年经历均值、方差效应		2013 年收入分布变迁完成	
系数	$\beta_3(\tau)$	α_3	$\beta_4(\tau)$	α_4
0.1	0.0984 ***	6848.12 ***	0.1190 ***	5692.59 ***
0.2	0.1326 ***	9602.81 ***	0.1576 ***	8194.69 ***
0.3	0.1569 ***	12573.15 ***	0.1831 ***	11099.54 ***
0.4	0.1883 ***	13172.68 ***	0.2165 ***	11582.58 ***
0.5	0.2496 ***	14851.39 ***	0.2829 ***	12980.23 ***
0.6	0.3169 ***	15512.87 ***	0.3532 ***	13473.61 ***
0.7	0.3373 ***	17586.85 ***	0.3697 ***	15762.91 ***
0.8	0.4954 ***	16935.52 ***	0.5315 ***	14906.61 ***
0.9	0.6755 ***	22413.84 ***	0.7047 ***	20769.44 ***

***、**、* 分别表示在 1%、5% 和 10% 的置信水平下显著。

在表 3-4 中,可以看到所有收入的系数 $\beta_i(\tau)$,$i = 1, 2, 3, 4$ 均在 1% 的置信水平下显著,该系数所代表的含义是城镇居民的边际消费倾向,而各分位数上的边际消费倾向将主导今后整个消费分布形态的变化趋势。可以发现在收入分布变迁过程中各分位数上的边际消费倾向差异十分明显,表明在不同收入分布状态下,收入的变动将带给消费分布各分位数不同程度的影响。换句话说就是收入分布变迁对消费分布演变的影响。

为了更清楚地看到收入分布变迁中的均值变化、方差变化以及残差变化对居民整体消费分布产生的影响，首先，通过对收入分布变迁过程中各种变化的反事实收入分布进行核密度估计，以更直观地把握收入分布变迁的动态过程，如图3-9所示。然后，再将表3-4中各个变迁状态下$\beta_i(\tau)$, $i=1,2,3,4$的估计结果两两作差，以得到收入分布变迁对消费分布的均值效应、方差效应和残差效应，如表3-5所示。根据上述两个步骤，就可以清晰完整地体现收入分布变迁是如何影响消费分布演变的。

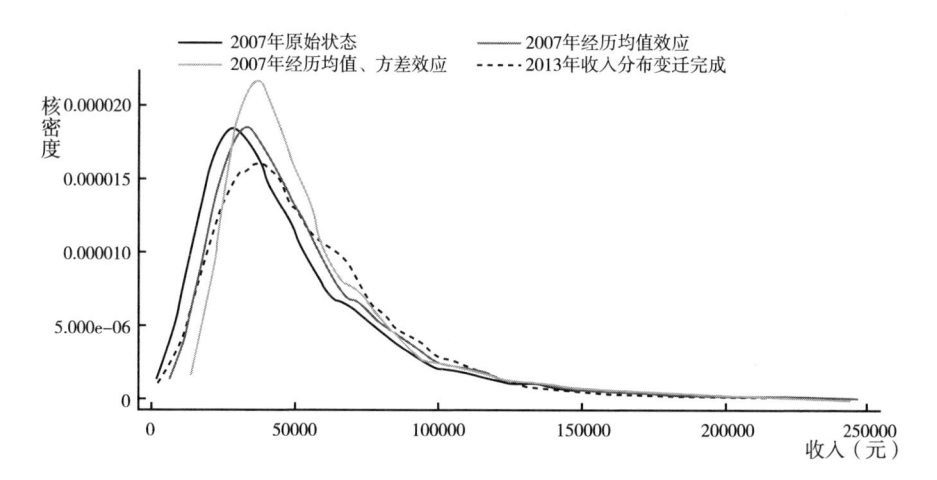

图3-9　2007~2013年收入分布变迁各分解效应的核密度曲线

表3-5　2007~2013年收入分布变迁各分解效应对消费分布的影响

状态	变迁前	变迁过程			变迁后
		均值效应	方差效应	残差效应	
0.1	0.0694	0.0149	0.0141	0.0205	0.1190
0.2	0.0915	0.0221	0.0190	0.0250	0.1576
0.3	0.1142	0.0202	0.0225	0.0262	0.1831
0.4	0.1409	0.0204	0.0270	0.0283	0.2165
0.5	0.1864	0.0275	0.0357	0.0333	0.2829
0.6	0.2467	0.0249	0.0454	0.0363	0.3532
0.7	0.3166	-0.0276	0.0483	0.0324	0.3697
0.8	0.4074	0.0171	0.0709	0.0361	0.5315
0.9	0.6146	-0.0359	0.0967	0.0292	0.7047

根据表3-5可以发现，在2007~2013年的收入分布变迁过程中，均值效应对居民消费分布绝大多数分位数上的边际消费倾向起到了促进作用且效果几乎相同，但对于0.7和0.9分位数上的边际消费倾向产生了抑制作用。例如，在0.5分位数上的边际消费倾向较变迁前上升了0.0275，而0.9分位数上的边际消费倾向较变迁前下降了0.0359。这表明如果在其他条件不变的情况下，只发生居民收入整体水平的提高，可以提高大多数居民的消费热情，但对于进一步提升高消费群体的消费欲望是远远不够的。方差效应对消费分布各分位数上的边际消费倾向同样产生了促进作用，随着分位数的提高而不断加强，且效果较均值效应更为明显。例如，在0.5分位数上的边际消费倾向比之前上升了0.0357，而0.9分位数上的边际消费倾向上升了0.0967。由于2007~2013年居民收入分布的方差呈现缩小趋势，因此表明在其他条件不变的情况下，如果居民收入差距缩小，同样会促进居民消费分布各分位数（各消费层次）群体消费欲望的增强，且这种效应明显要强于均值效应。最后，残差效应对消费分布各分位数上的边际消费倾向均存在正向影响，且对高消费群体的效果要显著高于低消费群体。残差效应是在反事实收入分布进一步向真实收入分布过渡的最后调整修正过程中，出现的收入分布变化对消费分布所造成的影响。它体现的是不同收入个体之间的收入增长差异性，因此可以认为是个体特征的异质性对消费分布的影响，且这种效应几乎和均值效应相当。

综上所述，可以发现收入分布变迁中的方差效应和残差效应对消费分布的影响均要强于均值效应，单纯通过提升居民的整体平均收入来提升整体消费水平已经出现瓶颈。其中方差效应对消费的促进得益于收入差距的缩小。从收入分布变迁的角度来看，其实这种结果可以通过调控群体的收入水平增长速度差异来实现，即加快低收入人群的收入增长速度，而减慢高收入人群的收入增长速度。

第四节 本章小结

为了准确地从分布角度把握我国消费市场的演变特征，首先需要从源头上精确地刻画居民收入分布变迁的基本规律及其动态特征。其次，才能够进一步给出由居民收入分布变迁驱动的消费分布演变趋势与规律。

鉴于此，本章通过对年鉴收入分组数据和 CHNS 数据进行非参数核密度估计的对比研究，发现两者的核密度估计结果整体上是相近的。在对收入分布变迁的定量研究方面，通过伽马分布（2000~2008 年）和对数正态分布（2009 年）对收入分组数据进行拟合，结果显示：低收入人群进入 21 世纪后持续减小（从 80% 以上降到 31%）；中低收入人口密度 2007 年达到最大的 40% 后出现下降趋势，步入减小阶段；中高收入阶层 2000~2009 年基本保持持续增长态势，尤其是高收入人口以接近于指数的速度猛增。这是整体收入水平提高的直接体现，也是我国经济持续快速发展的必然结果，而各收入阶层的不同步变化，进一步导致了剔除水平增长后相对收入分布演进的差异化。

进一步，通过对收入分布变迁的反事实分析发现，上述参数方法刻画的各收入区间的人口密度变化正是收入分布变迁的直接体现，各收入区间的人口密度变化可分解两大部分：一部分是由经济发展带动的整体收入提高（均值效应），另一部分是分配体制等因素所导致的整体收入提高的不均等（方差效应与残差效应）。在变迁过程中，均值效应作用最大，其次为方差效应，残差效应作用最小；大部分区间内方差效应与均值效应相互抵消，但在高收入区间方差效应与均值效应的作用同向，这导致高收入人群扩张的速度高于其他收入组。可以发现，我国收入分布变迁确实很显著，由此可能带来的两个方面的效应值得关注：一个是收入分布变迁的社会效应，即不断有越来越多的居民脱贫进入小康和富裕生活状态，这是改革开放的成果，是需要巩固的成果，因而无论是各级政府部门还是社会舆论关注的视角，都应该是采取什么样的措施，用什么样的态度来引导和应对居民富足生活状态下的消费需求，并合理消除片面的仇富心态，削弱贫富分化的危害；另一个是收入分布变迁的消费市场效应，即伴随中高收入各层次人群的迅速扩张，必然会因为各种中高档消费品需求的持续快速扩张而出现波动性显著的供求非均衡现象，某些商品可能会因为供不应求而价格显著上升，比如房地产和一些基础性生产资料的价格暴涨，且有继续上涨的趋势，如何科学引导和预测居民生活水平快速提高所带来的市场需求变迁，便是整个国民经济和各主要行业亟待解决的一个关键问题。

此外，本章采用 CHIP 数据，从实证的角度探讨了居民收入分布变迁对消费分布的作用机制。首先，通过对消费分布的拟合结果发现：消费分布密度曲线逐渐向右移动，表明消费水平正在整体逐步上升；消费分布逐渐趋于平缓，表明居民消费的异质性特征正在凸显；消费分布密度曲线的右端有变厚趋势，表明高消费人群的规模出现增长势头。进一步利用反事实分析的思想将居民收入分布变迁分解为收入的均值变化、方差变化以及残差变化，并在此基础上构建收入分布变迁与消费分布之间的影响关系模型。通过对居民消费的无条件分位数回归，得到了收入分布变迁各分解效应带给消费分布的影响效果。实证结果表明 2007~2013 年收入分布变迁中的方差效应和残差效应对消费分布的影响均要强于均值效应，由此表明单纯通过提升居民的整体平均收入来提升总体消费水平已经出现瓶颈，更加需要探索从调整收入差距以及关注消费者异质性特征等方面入手的拉动消费的新途径。此外，在关注提升居民整体收入水平的同时，不能忽视收入差距的作用。虽然收入差距的缩小有利于促进总消费水平的提升，但根据本章的理论与实证分析结论，可知高收入组群也能够引领并促进市场形成新的消费热点，说明收入差距的适度存在，将在一定程度上有助于激发市场活力，从而带动消费结构的升级。这一点从高收入组群对国外奢侈品、数码产品等消费品持续高涨的消费热情中可见一斑。另外，国内供给侧相关产业产品结构落后，不能满足居民消费升级的诉求，也是造成国内消费不足、消费外流的重要因素。

第四章
收入分布变迁的消费市场非线性效应

中国经济体制改革历经 40 多年,基本完成了由计划经济向市场经济的转型,2010 年左右又启动了由粗放型经济向低碳化、集约化经济的转型。转型经济带来了经济的高速增长、居民收入水平的显著提高和市场消费需求的非线性演进。由此,本章将以居民收入的快速增长、收入分配结构的变化等收入分布变迁特征为切入点,采用 CHIP 微观数据,进一步度量并分析我国居民收入分布变迁对消费需求的非线性影响,以期从微观层面揭示中国居民消费需求演变的主要动因。

第一节 总体消费市场的非线性效应模型

我国经济的一个突出问题是社会总需求持续低迷,进入 21 世纪后我国消费率不断下降。居民收入增长与消费率下降并存的矛盾是我国转型经济过程中的特殊现象。由图 4-1 可知,最终消费率由 2000 年(虚线处)的 0.62 下降到 2011 年的 0.49,剔除了政府消费后的同期居民消费率更是从 0.46 下降到 0.35。尤其是在后金融危机时代,我国出口贸易遭受冲击后,国内消费需求对经济拉动作用的削弱,直接导致了我国经济增速的放缓。因此,如何有效把握我国居民消费的演变轨迹和特征,寻求促进经济平稳增长的长效机制并有效带动经济转型,已经成为决定我国经济能否进一步腾飞的关键。

本节正是基于上述背景,对我国居民收入分布变迁的消费需求影响进行分析。与以往的收入分配和总消费关系研究不同(臧旭恒、张继海,

图 4-1　1978~2011 年我国消费率变动趋势

注：数据来源于中国社会科学院金融统计数据库，消费率经计算所得。

2005；王小鲁，2007；程磊，2011；张屹山、陈默，2012），收入分布变迁视角下的消费市场效应，同时包含收入水平影响效应和收入分配影响效应两方面。已有对收入分配和总消费关系的探讨，多借助基尼系数、泰尔指数等反映收入分配的不平等指数，并利用相关计量工具直接度量收入分配对总消费的影响，这种基于总量数据的讨论存在一定的粗略性，也缺乏严谨的理论基础支持。

因此，收入分布变迁的消费需求市场效应研究，理论上将在消费异质性偏好下从微观层面出发构建个体消费行为模型，并加总到宏观层面讨论收入分布变迁的非线性影响效应；实证上将选用 Hansen（2000）给出的门限回归模型，其优点是能够准确抓住居民收入与消费之间的非线性特征，对人群进行内生性的划分，从而排除人为因素导致的偏差，提高估计结果的准确性。最后，采用 CHIP 数据，量化分析我国收入分布变迁引发的非线性消费特征，进而对我国消费率下降的成因等问题予以讨论。

一　非线性影响机制的数理分析

（一）数理模型推导

假设个体消费者的消费行为主要受偏好、收入和价格三个因素影响，且其消费的目的是最大化其效用。社会中存在 m 类异质性偏好的消费组群，组群内具有同质性，组群的人口规模记为 N_i，消费者面对 n 类商品，其中 j 类商品的价格为 p_j，第 i 类消费者的收入均值用 y_i 表示，将第 j 类商品的消费量记为 x_{ij}。效用函数设为常见的可加对数效用，即 $u_i(x_{i1}, x_{i2}, \cdots, x_{in}) = \sum_{j=1}^{n} \alpha_{ij} \ln x_{ij}$，效用函数可加且形式相同，相当于对各商品独立偏好的一个加权，对系数进行标准化处理，即设 $\sum_{j=1}^{n} \alpha_{ij} = 1$，故对于第 i 类消费者的效用最大化问题表述如下：

$$\max u_i = \sum_{j=1}^{n} \alpha_{ij} \ln x_{ij}$$

$$\text{s.t.} \sum p_j x_{ij} \leq y_i$$

显然，效用函数 u_i 的最大值应该在约束条件取等号时成立，故构建拉格朗日方程：

$$L = \sum_{j=1}^{n} \alpha_{ij} \ln x_{ij} + \lambda (y_i - \sum p_j x_{ij})$$

一阶条件为：

$$\frac{\partial L}{\partial x_{ij}} = \frac{\alpha_{ij}}{x_{ij}} - \lambda p_j = 0, \quad j = 1, 2, \cdots, n$$

于是解得最优消费束为：

$$x_{ij} = \alpha_{ij} y_i / p_j, \quad j = 1, 2, \cdots, n \qquad (4-1)$$

由式（4-1）可看出表征偏好的参数 α_{ij} 实质上是剔除价格后的消费倾向，而且可得对商品 j 的 m 个群体的总消费额：

$$C_j = \sum_{i=1}^{m} N_i p_{ij} x_{ij} = \sum_{i=1}^{m} N_i \alpha_{ij} y_i$$

于是，社会总消费额为：

$$C = \sum_{j=1}^{n} C_j = \sum_{j=1}^{n} \sum_{i=1}^{m} N_i \alpha_{ij} y_i = \sum_{i=1}^{m} \left(\sum_{j=1}^{n} \alpha_{ij} \right) N_i y_i \qquad (4-2)$$

第 i 组群对各类商品的总消费倾向记为 α_i，式（4-2）两边除以社会总收

入 Y，得社会消费率：

$$\beta = C/Y = \Big(\sum_{i=1}^{m} \alpha_i N_i y_i\Big) \Big/ N\bar{y} = \sum_{i=1}^{m} \alpha_i \rho_i (y_i/\bar{y}) \quad (4-3)$$

其中，N 为全国总人口，$\bar{y}$ 为全国人均收入，则 $\rho_i = N_i/N$ 为第 i 组群的人口占总人口的比重，$y_i/\bar{y}$ 表示第 i 组群相对于全国收入水平的位置。进一步对式（4-3）两端取差分，则两期消费率变动可进一步分解如下：

$$\Delta\beta = \sum (\Delta\alpha_i)\rho_i(y_i/\bar{y}) + \sum (\Delta\rho_i)\alpha_i(y_i/\bar{y}) + \sum \rho_i\alpha_i\Delta(y_i/\bar{y}) \quad (4-4)$$

由式（4-4）的数学表达式及其各变量的经济含义可得，在异质性偏好存在的前提下，且仅考虑收入、价格对个体消费的影响时，社会总消费率的变动等于由各异质组群的偏好变化、人口规模变化和相对收入变化所引起的三部分效应的加总。

（二）基于收入分布变迁的进一步解释

上述理论推导出的对总消费率变化的分解，即各异质组群的偏好变化、人口规模变化和相对收入变化引起的三部分效应，本质上体现的正是收入分布变迁对总消费的影响效应。对此进行说明之前，需首先给出收入分布变迁结果的具体表现形式。图4-2中三条收入分布曲线，其中"2002年反事实分布"是假设2002年收入保持分布形状不变达到2007年收入水平的反事实收入分布，每条分布曲线均被两条垂线分为三段，假定中间部分是要研究的异质人群，内部的黑点代表该组群的中心，中心的变化轨迹由箭头示出。

整体上2002~2007年收入分布变迁体现为收入水平和分布形状的改变。具体来说，2002年收入分布及其反事实收入分布的差异体现了收入水平的变化，而2002年反事实收入分布和2007年收入分布差异体现的是分布形状或分配状况上的改变。若对应于同质的固定组群，其收入分布变迁的过程亦可从收入水平和收入分配状况两方面予以说明，由图4-2中间组群的中心变化轨迹可明显看出这一点，第一个箭头体现的正是该组群收入水平的变动，第二个箭头则表示组群规模和组群所处的收入阶层（相对收入水平）等收入分配状况的改变。

式（4-4）的分解结果表达的正是收入分布变迁对居民消费的影响

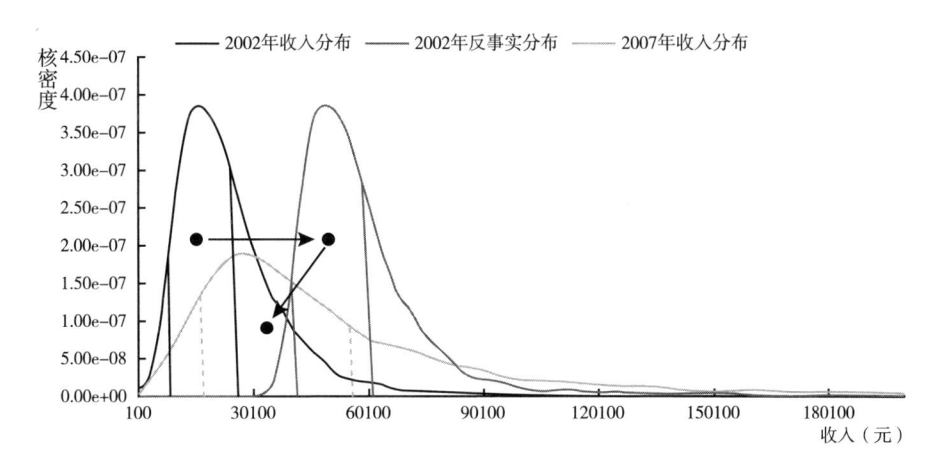

第四章　收入分布变迁的消费市场非线性效应 | 075

图 4-2　异质组群的收入分布变迁表现

效应。其中，组群偏好由该组群的收入水平决定，由异质组群偏好变化导致的总消费率变化反映的是收入分布变迁中的"水平效应"；剩余两项组群自身的规模变化和组间的相对收入变化体现了收入分布变迁中分配状况的改变对总消费的影响结果，即"分配效应"（包括组内"规模效应"和组间"相对分配效应"）。其实，从单个消费者角度分析更加容易理解，其收入水平决定其偏好（异质性假设下收入和消费是非线性的关系），组群规模是其在市场中面临的与其具有相同偏好的消费者规模，相对收入水平体现了其在社会中的经济地位。

二　计量模型的选择和研究方案设计

由于现实的经济变量之间往往呈现非线性的关系，而简单的线性回归方法并不能准确地描述这种情形，因此，Tong（1978）首次提出了门限自回归（Threshold Auto Regression，TAR）以刻画时间序列从一种机制向另一种机制转换的离散性跳跃过程。门限回归模型对数据的拟合程度较好，但由于模型发展起始阶段构建的步骤较为复杂而被搁置，直到 Tsay（1989）提出相对简便的排列回归方法（Arranged Regression）后，该模型才被更多的学者所注意。尽管如此，门限自回归模型依然存在天生的缺陷，即模型解释变量中不可能存在除其自身滞后项以外的其他变量，因而该模型始终局限于时间序列分析的领域中。Hansen（1996）重新给出了门限自回归模型的估计，为了解决传统检验统计量不再服从卡方分布，且非标准分布的临界值又无法得到的问题，通过自助抽样方法转换统计量本身的样本分布函数，进而得到检验模型是否存在门限效应的置信区间。Hansen（1999）采用非动态平衡面板数据，建立了一个固定效应的面板门限模型（Panel Threshold Regression，PTR），并给出了该模型估计与检验的方法。这标志着门限模型开始突破了自身的不足，由门限自回归模型向多元门限回归模型转变，由以时间分割样本向以其他解释变量来分布样本发展，随后Hansen（2000）提出了基于样本分割的门限回归方法。为了估计方法的进一步完善，Caner和Hansen（2004）提出了针对含有内生变量的门限模型估计的工具变量法。近年来，门限模型的发展更多地偏重于动态面板数据的研究。Kremer（2013）在采用前向正交离差法消除个体效应以及改进了Caner和Hansen（2004）估计方法的基础上，给出了一个较为完善的动态面板门限模型（Dynamic Panel Threshold Model，DPTM）的估计及检验方法。

国内有关的门限模型研究同样从门限自回归模型逐渐发展到多元门限回归模型。并且，门限模型的应用起初多见于气象科学、海洋环境科学等自然科学领域，如曹杰和张万诚（1993），宋心远和邓集贤（1994），徐家良（1996），金菊良、丁晶和魏一鸣（1999）等。近年来随着我国学者对经济理论复杂性的认识日益深刻，门限回归这一类刻画非线性的方法逐渐进入了经济学领域。张宇（2008）运用门限回归方法检验了FDI技术外溢影响的门限特征；封福育（2009、2010）分别对我国名义利率与通货膨胀率，以及汇率波动与贸易出口的关系进行了门限特征的检验；张五六（2010）和俞毅（2010）分别采用门限回归模型探讨了能源消费与经济增长间的非线性关系；白仲林和赵亮（2011）运用两阶段合并最小二乘法对面板数据的动态门限回归模型进行估计；王燕和徐妍（2012）、郑丽琳（2012）分别采用面板门限回归模型对我国制造业的要素使用效率进行了实证研究。以上成果均为本章研究收入分布变迁背景下居民收入水平给各类消费市场带来的非线性影响的作用路径及效果，搭建了可行且合理的检验与实证的平台。

接下来只需证明我国居民消费和收入间存在非线性关系,即偏好存在差异。那么,在完成组群划分的基础上,就可以进一步检验收入分布变迁对居民组群消费的三个影响效应,这其中包含对收入分布变迁下组群规模变动的度量和相对收入水平的计算。对相对收入水平的测度比较容易,在分组完成后便可计算得到,而对组群规模变动的测度仍将借助反事实分析方法来完成。

(一) 面板门限回归模型

这里首先需要解决的问题是如何确定门限估计值及门限个数,进而完成对样本异质组群的划分。此处对异质性群体的划分,主要是期望得到偏好不同的组群,偏好用边际消费倾向来表征,换句话说即期望刻画消费和收入间的非线性作用机制。而 Hansen (2000) 提出的门限回归模型的一个重要应用便是基于连续分布变量对实证样本进行分割,进而度量因变量和自变量在门限变量下的非线性关系。同时门限回归模型是以内生的方式,即完全依赖于样本数据本身的信息来确定门限值及其个数,避免人为经验划分造成的不一致性,使得模型更为稳健和可信。

1. 门限值的估计

对于样本 $\{y_{it}, x_{it}, q_{it}\}_{it=1}^n$,门限变量 q_{it} 为连续标量,也可是自变量 x_{it} 本身,一般单门限模型形式如下:

$$y_{it} = \mu_i + \beta_1' x_{it} I(q_{it} \le \gamma) + \beta_2' x_{it} I(q_{it} > \gamma) + e_{it} \quad (4-5)$$

其中,$I(\cdot)$ 为 Heaviside 示性函数,当门限变量 $q_{it} \le \gamma$ 时,$I(q_{it} \le \gamma) = 1$,$I(q_{it} > \gamma) = 0$,则 $y_{it} = \mu_i + \beta_1' x_{it} + e_{it}$;反之则相反。式 (4-5) 可进一步改写为如下紧凑形式:

$$y_{it} = \mu_i + \beta' x_{it}(\gamma) + e_{it} \quad (4-6)$$

其中,$x_{it}(\gamma) = [x_{it}I(q_{it} \le \gamma) \quad x_{it}I(q_{it} > \gamma)]'$,$\beta = (\beta_1' \quad \beta_2')'$。对任意给定的 γ,通过最小二乘估计便可得到式 (4-6) 中待估参数 β 的估计值:

$$\hat{\beta}(\gamma) = [X(\gamma)'X(\gamma)]^{-1}X(\gamma)'Y \quad (4-7)$$

其对应的残差平方和记为 $S_1(\gamma)$。

门限值 γ 的确定则把门限变量 q_{it} 的每一个取值作为准门限值，分别对式（4-5）或式（4-6）进行最小二乘估计，认为其中使得残差平方和 $S_1(q_{it})$ 最小的 q_{it} 为真实门限值 γ 的估计值，即：

$$\hat{\gamma} = \underset{q_{it}}{\arg\min} S_1(q_{it}) \qquad (4-8)$$

其残差方差 $\hat{\sigma}_1^2$ 为：

$$\hat{\sigma}_1^2 = S_1(\hat{\gamma})/(n-k-1) \qquad (4-9)$$

其中，k 为包含 x_{it} 在内的模型自变量个数，残差序列自由度为 $(n-k-1)$ 的原因是最小二乘估计中对残差序列施加了 $(k+1)$ 个约束。

2. 门限检验及个数确定

对门限效应的检验，构造以下 LR 统计量：

$$LR_1 = (S_0 - S_1)/\hat{\sigma}_1^2 \qquad (4-10)$$

假设检验为 $H_0: \beta'_1 = \beta'_2$，$H_1: \beta'_1 \neq \beta'_2$，$S_0$ 表示门限不存在情况下的残差平方和。在初始假设 H_0 成立的情况下，该检验分布不是标准的，门限值 γ 并未参与回归，是不可识别的。使用在 H_0 假设下回归得到残差 $\{\hat{e}_{it}\}_{it=1}^n$，通过多次自助抽样法计算似然比统计量式（4-10）的模拟值，而后计算其大于临界值的概率 p 值，如果该值小于给定的显著水平，便拒绝 H_0 不存在门限效应的初始假设。

对于门限个数的确定，重复使用上述方法检验第二个门限值的显著性，此时 LR 统计量为 $LR_2 = (S_1 - S_2)/\hat{\sigma}_2^2$，初始假设 H_0 有一个门限值，备选假设 H_1 有两个门限值，其中，S_2 和 $\hat{\sigma}_2^2$ 分别是以下双门限回归模型的残差平方和与残差方差估计值。

$$y_{it} = \mu_i + \beta'_1 x_{it} I(q_{it} \leq \gamma_1) + \beta'_2 x_{it} I(\gamma_1 < q_{it} \leq \gamma_2) \\ + \beta'_2 x_{it} I(q_{it} > \gamma_2) + e_{it}$$

依次可检验三门限、四门限模型等，直至门限值不再显著，进而确定最终的门限个数。

对于门限估计值的一致性检验，Hansen（2000）认为最好的方式是通过构造"不拒绝区间"来构造门限估计值的渐进可信区间。在初始假设

$H_0: \gamma = \gamma_0$ 下，似然比统计量为：

$$LR_1^*(\gamma) = [S_1(\gamma) - S_1(\hat{\gamma})]/\hat{\sigma}_1^2$$

Hansen 证明了对于给定的显著水平 α，当 $LR_1^*(\gamma) \leq -2\ln(1-\sqrt{1-\alpha})$ 时接受初始假设，求解不等式便得到其渐进"不拒绝区间"。

（二）研究方案设计及数据说明

1. 研究方案设计

异质性偏好人群确定之后，就要完成式（4-4）的分解效应度量。拟分如下三步进行：计算组群人口规模的变化，进而估计规模效应的影响；计算组群的偏好及其变化，完成对水平效应的度量；计算组群相对收入水平变动值并估算组间相对分配效应的大小。

以上三个步骤均涉及跨期变化，但数据的不连续性无法保证组群的跨期可比性。因此，这里将采用反事实分析的方法予以解决。先选择对数正态分布对收入进行拟合，对数正态分布的密度函数为：

$$y = f(x \mid \mu, \sigma) = \frac{1}{x\sigma\sqrt{2\pi}} e^{-\frac{(\ln x - \mu)^2}{2\sigma^2}}$$

以 2002 年和 2007 年为例，通过逆密度函数转换得到的 2007 年门限值在 2002 年反事实收入分布中的值为：

$$\xi = e^{\left(\frac{\ln x - \mu_2}{\sigma_2}\sigma_1 + \mu_1\right)} \quad (4-11)$$

在 2 参数-对数正态分布的拟合下，相当于假设收入分布仅发生对数收入值的均值和方差变化，由式（4-11）得到 2007 年门限值在 2002 年对应的收入值，保证了组群间的可比性。使用 2002 年的分布函数可计算各组群的人口密度，进而得到两期组群人口规模的变化值，完成第一步。由两期既定门限模型的回归，可得到各组群的边际消费倾向，相当于得到了各年的偏好分布。在 2002 年的偏好分布下，依据人口密度进行加权加总得到 2007 年反事实分布下各组群的偏好大小，与 2007 年实际偏好的差异便是期望得到的结果，到此完成第二步。第三步最为简单，计算 2007 年反事实分布和实际分布下各组群的收入水平，只需要将整个分布的均值相比较即可实现。

2. 数据说明

本章主要使用 CHIP 中 2002 年和 2007 年的城镇家庭调查数据。CHIP 2002 年的数据包含北京、山西、江苏、辽宁、四川、甘肃等共 13 个省（自治区、直辖市）。CHIP 2007 年数据包括上海、江苏、浙江、广东、河南、湖北、安徽、四川和重庆共 9 个省市。

此处在剔除少量信息缺失的家庭后，最终筛选出 2002 年 6834 户和 2007 年 4962 户进行实证研究。考虑到我国家庭消费的集体性，使用的数据以"家庭"为基础单位。同时考虑家庭人口、户主性别、户主年龄、户主受教育程度、户主婚姻状况及家庭分布地区（按东、中、西划分）等家庭主要特征信息。相关价格指标则使用中经网（http://db.cei.gov.cn/）综合年度数据库中对应省（自治区、直辖市）的价格指数数据，以 "2002 年全国 = 100" 进行折算。

第二节 总体消费市场非线性效应模型的估计与分析

一 模型的参数估计及结果

（一）不同消费偏好组群的划分

通过改编的 R 软件门限回归程序对 2002 年和 2007 年门限值的估计及个数确定结果见表 4-1 和表 4-2。结果显示，CHIP 数据中 2002 年和 2007 年家庭消费行为具有非线性特征，且在 1% 水平下存在显著的三重门限效应，并依据各年所得 3 个门限把各年的家庭按其消费倾向的不同分为 4 类组群。图 4-3 对应地给出了 2002 年和 2007 年收入分布的非参数核密度估计和对数正态分布的拟合结果，并标出了组群划分区间。

表 4-1 2002 年门限值和个数的确定及检验结果

	估计值	门限效应检验		似然比	P 值（自助抽样 300 次）
γ_1	11180.9	H_0:无门限	H_1:一个门限	21.559	0.000
γ_2	18327.4	H_0:一个门限	H_1:两个门限	18.922	0.001
γ_3	49550	H_0:两个门限	H_1:三个门限	14.579	0.006

注：共分为 4 个区间 (0, 11180.9]、(11180.9, 18327.4]、(18327.4, 49550] 和 (49550, ∞)，样本数分别为 905、1868、3688 和 373。

第四章 收入分布变迁的消费市场非线性效应 | 081

表 4-2 2007 年门限值和个数的确定及检验结果

	估计值	门限效应检验		似然比	P值(自助抽样300次)
γ_1	56864.5	H_0:无门限	H_1:一个门限	26.109	0.000
γ_2	99552.7	H_0:一个门限	H_1:两个门限	26.527	0.000
γ_3	146678.5	H_0:两个门限	H_1:三个门限	19.918	0.004

注:共分为 4 个区间 (0, 56864.5]、(56864.5, 99552.7]、(99552.7, 146678.5] 和 (146678.5, ∞),样本数分别为 3493、1020、308 和 145。以价格指数 P = 112.9 (2002 年全国 = 100) 折算后的结果,未列出估计不显著的第四门限有关结果。

图 4-3 2002 年 (左) 和 2007 年 (右) 收入分布的
非参数核密度估计和对数正态分布拟合及组群划分

(二) 组群人口规模的变化

由图 4-3 所示,非参数核密度估计和对数正态分布的拟合曲线非常接近,非参数对分布函数事先未加设定,是收入信息的完整体现,这表明对数正态分布对我国居民收入的拟合度很高,进一步通过 Shapiro-Wilk 检验我国收入是否服从对数正态分布,2002 年的检验 P 值为 0.053,2007 年为 0.004,在 0.1 的水平下均认为是显著,故选择对数正态分布进行反事实分析。表 4-3 给出通过式 (4-11) 计算得到的 2007 年门限的反事实收入值。根据表 4-3 中的 2007 年及其反事实收入数据,利用 R 软件中对数正态分布函数计算的各组群人口密度及与 2007 年异质组群对应的反事实分布人口规模变化结果见表 4-4。

表 4-3 2007 年门限的反事实收入值估计

单位：元

	门限 1	门限 2	门限 3
2002 年	11180.9	18327.4	49550.0
2007 年反事实	24495.6	39004.1	53816.8
2007 年	56864.5	99552.7	146678.5

表 4-4 异质性偏好组群人口规模及变化

	组群 1	组群 2	组群 3	组群 4
2002 年	0.1384	0.2750	0.5235	0.0631
2007 年反事实	0.6145	0.2517	0.0868	0.0470
2007 年	0.6930	0.2139	0.0636	0.0295
$\Delta \rho$	0.0785	-0.0378	-0.0232	-0.0175

（三）组群偏好的估计结果及变动

由门限模型的异质性偏好人群划分结果，下面进行各组群偏好的估计。考虑到本章使用大样本的横截面数据，为保证回归系数和标准差估计的一致性，故对各组群偏好的估计使用"最小二乘估计 + 稳健标准差"的估计方式。

对各组群回归方程设定如下：

$$C_i = \alpha_i + \beta_i Y_i + \eta_i P + \theta'_i H_i + \varepsilon_i$$

其中，C 为家庭消费性支出，Y 为家庭总收入，P 为价格（2002 年全国 = 100），H 为家庭特征变量构成的向量，其中包括家庭人口、户主性别、户主年龄、户主受教育程度、户主婚姻状况及家庭分布地区等。

由表 4-4 给出的 2002 年和 2007 年反事实收入分布组群人口密度，可确定计算反事实分布下的偏好权重，进而计算其偏好值①。2002 年和 2007 年既定组群的偏好估计结果见表 4-5，其中只给出了所关心的系数 β 的估计值，同时给出 2007 年反事实分布的组群偏好并计算其变动值。

---

① 如组群 1 的偏好为：$\beta_1^{2007反事实} = (0.1384/0.6145)\beta_1^{2002} + (0.2750/0.6145)\beta_2^{2002} + [(0.6145 - 0.1384 - 0.2750)/0.6145]\beta_3^{2002}$。

由表 4-5 的计算结果可知，2007 年 4 个组群相对于其在 2002 年的边际消费倾向均有所下降，2007 年前两组和后两组形成了显著的消费断层。

表 4-5　组群偏好的估计及变化

	组群 1	组群 2	组群 3	组群 4
2002 年	0.5438	0.5094	0.6240	0.4580
2007 年反事实	0.5547	0.6240	0.5932	0.4580
2007 年	0.4564	0.4209	0.0869	-0.0371
$\Delta\alpha$	-0.0983	-0.2031	-0.5063	-0.4951

注：2002 年和 2007 年所估系数均在 1% 水平下显著。

二　非线性冲击的度量结果及分解分析

各组相对收入水平及其变动的计算比较简单，其结果不再给出，直接给出依据式（4-11）得到的收入分布变迁对消费影响效应的度量结果，见表 4-6。表中各值表示的是各组对应效应导致的总需求变化，不表示组群自身需求的改变。

表 4-6　收入分布变迁的消费影响效应分解

	组群 1	组群 2	组群 3	组群 4	效应合计
水平效应	-0.0388	-0.0639	-0.0807	-0.0700	-0.2534
组内规模效应	0.0280	-0.0295	-0.0253	-0.0241	-0.0509
组间分配效应	-0.0306	0.0047	0.0114	0.0144	-0.0001
组群合计	-0.0414	-0.0887	-0.0945	-0.0798	-0.3044

整体上看，收入分布变迁导致总消费下降了 0.3044，这比图 4-1 中 2007 年和 2002 年的消费率下降程度大了很多，但与本章所用 CHIP 数据在不考虑门限时整体的估计结果是一致的，2007 年的平均消费倾向为 0.2339，2002 年为 0.5469，两者相差 0.3130。

水平效应在三个效应中起主导作用，对总消费率的下降贡献率最大，而且其各组综合效应更是高达 80% 以上（0.2534/0.3044 = 0.8325），说明收入水平仍是总消费需求的决定性影响因素，所以在推进供给侧结构性改革的过程中，仍应着力保证居民收入的增长。结合表4-5中发现的组群偏好断层现象，可初步判断我国消费率下降很有可能源于目前我国消费结构和收入分配结构的失衡，高收入组的消费结构已经完成升级，新的消费结构尚未形成，中低收入阶层目前正处于消费结构的升级阶段，但其更多地处在住宅和乘用车等高档耐用品的消费阶段，尤其是房价持续上涨，加之我国居民有"先积累，后消费"的习惯因素，所以水平效应对总消费率起抑制作用。因此，在制定相关产业政策时，一方面，要优化生产结构，满足和培育居民的新需求，尤其是已完成消费结构升级居民的新需求；另一方面，对正处于升级阶段的居民，其消费倾向的降低更多是计划性的，稳定物价和房价，将更有利于促进其消费升级的完成。

对于组内规模效应，由表4-4可发现第一组群规模有所扩大，其他相对高收入组群人口密度均有所下降，我国居民的收入分布呈现出高、低收入组群的分化现象。由此不难理解表4-6中规模效应的估计结果，第2~4组群的人口减少必然导致该组群的整体消费减弱，而第1组群对总消费虽起正向作用，但这不是我们所期望看到的，因为该组的高消费率更多是源于基础生存性消费的高比例。所以在注重水平提高的同时，也必须考虑收入增长的受益面积，即扩大中等和高收入组群的人口比例，扭转目前收入分布的非均衡演变趋势。

对于组间的分配效应，虽然其对总消费的总效应几乎可忽略不计，但由各组的效应来看还是相当明显。2002~2007年，高收入组（第2~4组）对总消费有正向的促进作用，而第1组的负向作用也很大，所以导致组间分配总效应存在微小的负向作用。这说明该阶段各组间的收入差距对总消费的抑制作用没有想象中那么大，其抑制作用主要是源于低收入组群，而该组群的自我增收能力较差，所以在收入再分配过程中，在保障较高收入组群收入增长的前提下，要关注低收入组的增收问题，并适当缩小现有差距，同时注意切不可矫枉过正。

第三节 细分消费市场的非线性效应模型

我国城镇居民的各类消费支出总体上经历了一个从低层次到高层次、

从不合理到合理、由单一向多样的三重转变。即使如此，国内整体消费需求不足依然是亟待解决的难题。那么如何进一步从居民消费需求偏好出发，通过不同收入组群的典型消费特征，发现居民收入分布变迁背景下我国消费市场所呈现的发展规律，并有效避免局部单一市场过冷或过热的风险呢？本节将首先在第2章相关理论预期模型的基础上，运用样本分割的门限回归模型（Hansen，2000；卞志村、杨全年，2010），通过刻画城镇居民收入与各类消费支出间的非线性关系，来体现不同消费市场的非线性演化特征；其次，通过不同时点的非线性特征差异，判断各类消费市场所处的发展阶段以及未来趋势；最后，进一步深入探讨不同组群收入水平以及人群规模的改变，即收入分布的变迁，对各类消费市场产生的不同影响。

一　样本分割的门限回归模型

门限回归模型的一般形式如式（4-12）所示：

$$y_i = \beta'_1 x_i I(q_i \leq \gamma) + \beta'_2 x_i I(q_i > \gamma) + e_i \qquad (4-12)$$

其中，y_i是因变量，x_i是自变量，q_i为门限变量（门限变量可以为自变量x_i自身），e_i为残差项。$I(\cdot)$为示性函数，当门限变量$q_i \leq \gamma$时，$I(q_i \leq \gamma) = 1, I(q_i > \gamma) = 0$。式（4-12）可进一步写成如式（4-13）所示形式：

$$y_i = \beta' x_i(\gamma) + e_i \qquad (4-13)$$

其中，$x_i(\gamma) = [x_i I(q_i \leq \gamma) \quad x_i I(q_i > \gamma)]'$，$\beta = (\beta'_1 \quad \beta'_2)'$。对任意给定的$\gamma$，进行最小二乘估计便可获得式（4-13）中待估参数β的估计值以及残差平方和$S_1(\gamma)$，如式（4-14）和式（4-15）所示：

$$\dot\beta(\gamma) = [X(\gamma)'X(\gamma)]^{-1} X(\gamma)'Y \qquad (4-14)$$

$$S_1(\gamma) = \dot e'_i(\gamma) \dot e_i(\gamma) \qquad (4-15)$$

对于门限回归模型来说，关键在于门限值γ的确定，Chan（1993）、Hansen（1999）建议将门限变量q_i的全部取值均作为备选门限值，并通过最小二乘估计，使得残差平方和$S_1(\gamma)$最小的γ即为估计的门限值，如式（4-16）所示。在对横截面数据进行分析时，有可能存在异方差的情况，这时则需采用怀特异方差修正来得到稳健的回归系数标准误（稳健标准误或怀特异方差一致标准误）：

$$\hat{\gamma} = \arg\min S_1(\gamma) \qquad (4-16)$$

在得到门限估计值后，为保证模型的准确性，需要进一步检验以下两个问题：其一，检验门限效应的显著性和门限值的个数；其二，检验门限估计值的一致性，验证在大样本情况下所估计的门限值 γ 是否与真实门限值 γ_0 一致。

对于单门限模型，检验是否存在门限效应的假设检验为 $H_0: \beta'_1 = \beta'_2$，$H_1: \beta'_1 \neq \beta'_2$，对应的拉格朗日乘子（Lagrange Multiplier，LM）检验的 F 统计量如式（4-17）所示：

$$F_1 = [S_0 - S_1(\hat{\gamma})]/\hat{\sigma}_1^2 \qquad (4-17)$$

其中，S_0 表示零假设条件下，即不存在门限效应情况下的残差平方和；S_1 表示备择假设条件下，即存在门限效应情况下的残差平方和。在零假设成立的条件下，门限值无法识别，导致传统检验统计量的分布是非标准的。为此，Hansen（1996）通过自助抽样法来计算式（4-17）的 P 值，如果小于给定的显著水平，则拒绝零假设。

要确定门限值的个数，可重复上述方法，在得到第二个门限估计值 $\hat{\gamma}_2$ 的基础上检验其显著性，此时的零假设为 H_0：存在唯一门限值，备选假设为 H_1：存在两个门限值。对应的 LM 检验的 F 统计量如式（4-18）所示。其中，S_2 和 $\hat{\sigma}_2^2$ 分别是式（4-19）的残差平方和，以及残差方差的估计值。由此得到的双门限模型可表示为式（4-19）的形式。

$$F_2 = [S_1(\hat{\gamma}_1) - S_2(\hat{\gamma}_2)]/\hat{\sigma}_2^2 \qquad (4-18)$$

$$y_i = \beta'_1 x_i I(q_i \leq \gamma_1) + \beta'_2 x_i I(\gamma_1 < q_i \leq \gamma_2) + \beta'_2 x_i I(q_i > \gamma_2) + e_i \quad (4-19)$$

在获得第二个门限后，还需要重新检验第一个门限值，因为第一个门限值是在零假设为不存在门限的条件下得到的，并不具备一致性。由此可利用如下方式重新估计第一个门限值，即反过来先假设 γ_2 为第一个门限 γ_2^*，从而获得使残差平方和最小的另一门限值 $\hat{\gamma}_1^*$，以及对应的残差平方和 S_1^*

(γ_1),如式(4-20)和式(4-21)所示。重复上述步骤可依次检验三门限、四门限甚至更多门限的模型,直至不再拒绝零假设为止,从而最终确定门限个数。

$$\hat{\gamma}_1^* = \arg\min S_1^*(\gamma_1) \quad (4-20)$$

$$S_1^*(\gamma_1) = \begin{cases} S(\gamma_1, \hat{\gamma}_2^*) & \text{if } \gamma_1 < \hat{\gamma}_2^* \\ S(\hat{\gamma}_2^*, \gamma_1) & \text{if } \gamma_1 > \hat{\gamma}_2^* \end{cases} \quad (4-21)$$

最后,需要关注上述所有门限估计值的一致性检验问题,这里是通过极大似然法来检验门限值 γ。假设检验为 $H_0: \gamma = \gamma_0$,$H_1: \gamma \neq \gamma_0$,似然比统计量如式(4-22)所示:

$$LR_n(\gamma) = [S_n(\gamma) - S_n(\hat{\gamma})]/\hat{\sigma}_n^2 \quad (4-22)$$

Hansen(2000)证明了对于给定的置信水平 α,当 $LR_n(\gamma) \leq -2\ln(1-\sqrt{1-\alpha})$ 时,不能拒绝零假设,从而通过求解不等式便可得到其渐进置信区间。而如果在分析横截面数据时存在异方差的情形,则需要定义一个新的似然比统计量,如式(4-23)所示:

$$LR_n^*(\gamma) = LR_n(\gamma)/\hat{\eta}^2 = [S_n(\gamma) - S_n(\hat{\gamma})]/\hat{\sigma}_n^2\hat{\eta}^2 \quad (4-23)$$

式(4-23)中的 $\hat{\eta}^2$ 可以通过计算 Nadaraya-Watson 核估计量得到,其形式如式(4-24)所示:

$$\hat{\eta}^2 = \frac{\sum_{i=1}^n K_h(\hat{\gamma} - q_i)(\hat{\beta}'x_i)^2 \hat{e}_i^2}{\sum_{i=1}^n K_h(\hat{\gamma} - q_i)(\hat{\beta}'x_i)^2 \hat{\sigma}^2} \quad (4-24)$$

其中,$K_h(u) = h^{-1}K(u/h)$ 是带宽为 h 的核函数,如 Epanechnikov 核函数 $K_h(u) = \frac{3}{4}(1-u^2)\{|u| \leq 1\}$,而带宽 h 的选择应遵循最小均方误差准则(Hardle,Linton,1994)。

二 消费的门限回归模型

城镇居民各类消费的支出方程如式(4-25)所示:

$$Expenditure_i = \beta_{0i} + \beta_i Income + \sum_{j=1}^{n} \delta_j Family_j + \varepsilon_i \qquad (4-25)$$

其中，$Expenditure_i$ 表示城镇居民消费中的第 i 类消费支出；$Income$ 表示城镇居民的真实收入；$Family_j$ 表示家庭特征的控制变量，如家庭所在省（自治区、直辖市）、户主年龄、家庭是否发生重大事件等；β_i 表示第 i 类商品的边际消费倾向，它是划分收入组群的重要依据；ε_i 为残差项；β_{0i} 和 δ_j 为待估参数。

各收入组群偏好差异导致其边际消费倾向完全不同，所以本节同样选择收入作为门限变量，通过刻画收入对消费影响的非线性特征来完成组群划分以体现"收入分布"的思想。当城镇居民的第 i 类消费仅存在一个收入门限时，式（4-25）将转变为式（4-26）所示的形式：

$$Expenditure_i = \beta_{0i} + \beta_{1i} Income \cdot I(Income \leq \gamma_i) + \beta_{2i} Income \cdot I(Income > \gamma_i) + \sum_{j=1}^{n} \delta_j Family_j + \varepsilon_i \qquad (4-26)$$

其中，γ_i 为第 i 类消费的收入门限值。这只是举一个简单的例子，当然不同类型消费的收入门限个数是存在差异的，有可能更多，也有可能不存在门限。这要根据具体情况来分析，同样，门限个数的确定及其估计值的一致性检验都要严格遵从上述步骤进行。

三　数据说明与整理

CHIP 2002 年和 2007 年的截面数据是具有详尽消费支出信息的微观大样本数据集，这对于准确划分组群以及细致刻画组群消费特征具有重要价值。选取我国城镇居民家庭收入、七大类消费支出（食品、衣着、家庭设备、医疗保健、交通通信、教育娱乐、居住）以及家庭特征数据，并通过提取《中国统计年鉴》中的价格指数数据，以 2002 年不变价对收入和消费支出数据进行平减，以消除价格的影响。同时，将每年数据按收入的每 0.02 分位数为间隔，构造一个包含收入分布信息的新的收入门限数据集，以代替原数据集进行门限的搜索，两年的样本容量均为 500。通过这种方式，可以极大地降低搜索门限过程中回归的次数（Hansen, 1999），从而优化程序的运行。

第四节 细分消费市场非线性效应模型的估计与分析

一 收入门限估计与检验

表 4-7 和表 4-8 给出了对 2002 年和 2007 年我国城镇居民消费结构中各类型消费的收入门限估计结果，相关结果是基于 Hansen（2000）编写的程序包，并运用 STATA13.0 软件估计得到。其中，门限估计值包含在 95% 的置信区间内，表示其估计值在 95% 以上的置信水平通过了一致性检验。而 LM 检验以及由自助抽样法模拟得出的 P 值，则是用来检验门限效应是否具有显著性，在这里自助抽样的重复次数设定为 500 次，且根据 Hansen（1999）的建议剔除了样本前后各约 15% 的观测值以确保门限存在的意义。以交通通信消费为例，2002 年该消费存在一个门限值为 23575.85 元，其 95% 的置信区间范围为 [23512.54, 23575.85]，因而估计得到的为真实门限值；检验门限效应的 LM 统计量为 13.24，P 值为 0.00，因此拒绝不存在门限的零假设。同样 2007 年也存在一个门限值为 34728.41 元。该类型消费 2002 年和 2007 年门限回归的似然比曲线以及置信区间如图 4-4 和图 4-5 所示。

表 4-7 2002 年城镇居民消费的收入门限估计与检验结果

项目	门限估计值	95% 置信区间	LM 检验	P 值
食品	14956.10	[5584.94, 19754.10]	13.99	0.01
	20466.46	[12103.39, 20646.70]	35.09	0.00
衣着	25363.49	[25363.49, 25363.49]	49.49	0.00
家庭设备	13409.92	[2527.94, 14460.88]	12.32	0.04
医疗保健	—	—	—	—
交通通信	23575.85	[23512.54, 23575.85]	13.24	0.00
教育娱乐	12942.54	[4805.28, 16777.31]	11.79	0.03
居住	—	—	—	—

表 4-8 2007 年城镇居民消费的收入门限估计与检验结果

项目	门限估计值	95% 置信区间	LM 检验	P 值
食品	54333.93	[54333.93,54333.93]	19.57	0.00
衣着	24787.36	[2850.04,56387.55]	11.30	0.03
	67993.37	[67624.06,88934.01]	12.22	0.01
家庭设备	—	—	—	—
医疗保健	23995.70	[23995.70,23995.70]	11.12	0.02
交通通信	34728.41	[34728.41,34728.41]	13.35	0.01
教育娱乐	—	—	—	—
居住	24549.96	[24549.96,24549.96]	10.86	0.02

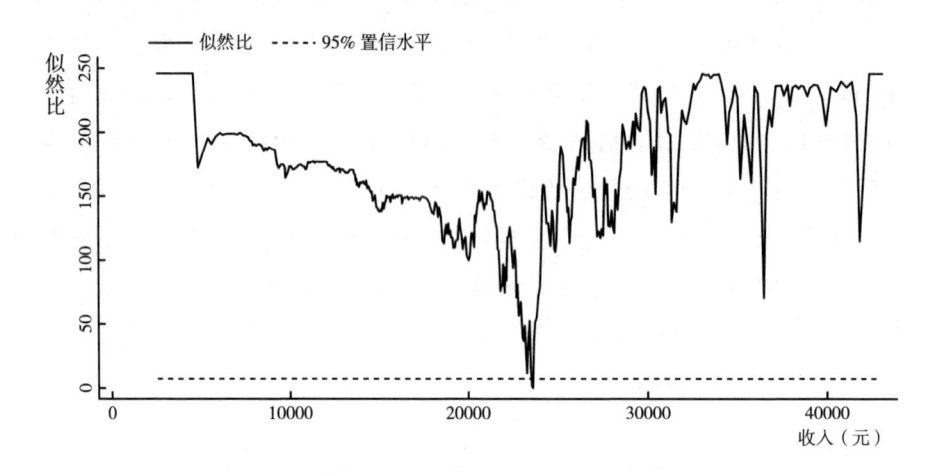

图 4-4 2002 年交通通信消费门限回归的似然比曲线与置信区间

表 4-7 和表 4-8 中各收入门限值的检验指标均表明其估计结果具有较好的显著性和稳定性，这充分说明了我国城镇居民的收入与消费存在十分明显的非线性特征。可以发现，各类消费的收入门限数量会随着时间的推移而发生变化，如从 2002 年至 2007 年食品消费的门限数量由两个减少至一个，衣着消费的门限数量从一个增至两个等，这种门限数量的变动本质上暗含着消费者组群的分化与融合。同时，也可看到有些消费在特定时期内并不存在门限特征，如 2002 年的医疗保健和居住消费以及 2007 年的家庭设备和教育娱乐消费，说明这些市场中的消费者具有一致的消费偏好，所以收入对其消费的影响并不存在非线性特征。

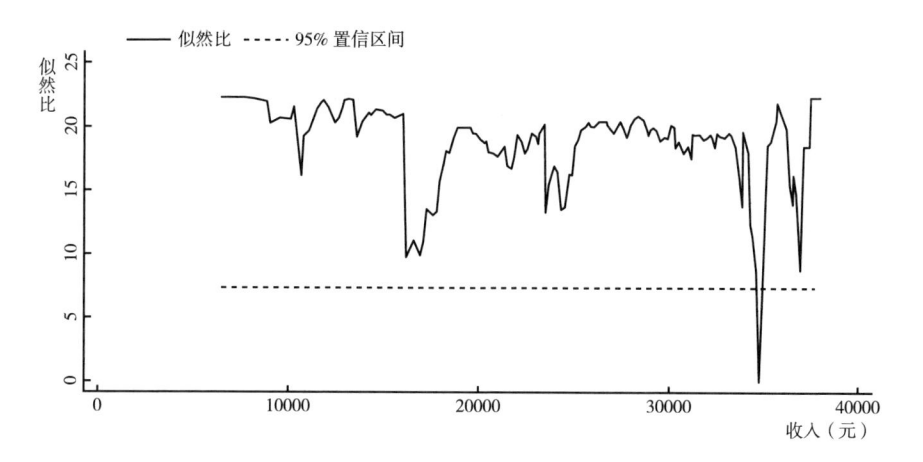

图 4-5 2007 年交通通信消费门限回归的似然比曲线与置信区间

二 细分消费市场的收入组群分析

上述各收入门限估计将各类消费的人群划分为若干个具有相同偏好特征的组群，在这里值得注意的是对居民消费进行分析时，不仅要关注平均消费倾向，也要考察边际消费倾向，因为这个指标刻画了消费进一步的动向，同时还要适当兼顾居民的人均绝对消费支出。以上三个指标均由表4-9和表4-10给出。从整体上看，首先，城镇居民各类消费的人均支出这个绝对量，都伴随着收入组群等级的提高而有所提升，即高收入组群的各类消费支出均大于低收入组群，这表明居民消费确实存在等级划分，或者说高档的商品更容易得到高收入组群消费者的青睐。其次，伴随收入组群等级的提高，居民各类商品的平均消费倾向的变化方向存在非一致性，如食品的平均消费倾向随着组群等级的提高而下降，而交通通信却恰恰相反，且边际消费倾向也呈现类似的性质。可见居民平均消费倾向并没有出现整体下降的情况，由此本章下面将主要探讨居民各类消费与收入关系的组群特征，以及收入水平的提升将对各类消费产生怎样的影响。

首先，关注食品和衣着两类消费。在两个观察期内高收入组群的平均消费倾向以及边际消费倾向均低于低收入组群，这说明食品和衣着消费占收入的比重，会随着收入水平的提高而降低，居民将更多的收入用来满足

表 4-9　2002 年我国城镇居民各收入组群的消费状况

项目	组群	人均消费支出(元)	平均消费倾向	边际消费倾向
食品	低	4382.78	0.4023	0.2864
	中	5971.75	0.3380	0.2965
	高	8666.90	0.2534	0.1264
衣着	低	1293.42	0.0809	0.0827
	高	2607.50	0.0664	0.0314
家庭设备	低	356.36	0.0359	0.0352
	高	1402.34	0.0496	0.0494
医疗保健	无组群	1273.57	0.0523	0.0407
交通通信	低	1032.78	0.0676	0.0705
	高	2953.72	0.0789	0.0806
教育娱乐	低	1055.15	0.1094	0.0702
	高	3198.21	0.1144	0.1221
居住	无组群	1832.45	0.0753	0.0596

表 4-10　2007 年我国城镇居民各收入组群的消费状况

项目	组群	人均消费支出(元)	平均消费倾向	边际消费倾向
食品	低	8484.74	0.2704	0.1752
	高	15822.68	0.1671	0.0353
衣着	低	1286.81	0.0742	0.0515
	中	3164.52	0.0755	0.0663
	高	7092.92	0.0651	0.0134
家庭设备	无组群	2268.46	0.0441	0.0272
医疗保健	低	1656.42	0.0982	0.0565
	高	2707.64	0.0448	0.0098
交通通信	低	1338.36	0.0580	0.0431
	高	5012.94	0.0703	0.0512
教育娱乐	无组群	3809.32	0.0741	0.0408
居住	低	1068.88	0.0623	0.0269
	高	3150.63	0.0519	0.0281

其他类型的消费需求。同时也会发现在这两项消费中存在中等收入组群出现或消失的情况，这是商品内部结构升级过程的体现，如衣着消费在2007 年出现了中等收入组群，且该群体的平均消费倾向及边际消费倾向分别为 0.0755 和 0.0663，均高于其他收入组群。这是由于随着整体居民

收入的不断提升,其中一部分收入组群对衣着类消费的观念发生了改变,由原来的"穿得暖"转变为"穿得好",这种偏好的变化及其诱发的大量消费支出使我们看到了中等收入组群的出现。这对拉动国内消费具有重要启示意义,中等收入组群其实属于一个潜在的消费群体,只有当某类商品市场出现消费升级或品质提升且其收入水平能够满足该商品的消费时,才会引发该群体表现出强大的购买力,而当商品市场缺乏活力时,该群体便会隐藏起来。

其次,关注家庭设备、教育娱乐和交通通信三类消费。2002年高收入组群的平均消费倾向和边际消费倾向均高于低收入组群,说明高收入组群并没有因为收入的增长而降低对这三类商品的消费热情,反而会投入更多的支出,这在一定程度上表明该三类消费正处于初始成长阶段。但随后出现了一个比较特殊的现象,即家庭设备和教育娱乐消费到2007年时组群效应消失了。其原因在于伴随居民整体收入的提升,至2007年低收入组群对这两类消费已经完全跨越了收入不足所导致的消费门槛,同时随着市场的逐渐成熟,高收入组群的消费倾向出现了下滑,高、低收入组群的消费偏好逐渐趋于一致,共同导致了组群融合,可发现2007年这两类消费的整体平均消费倾向为0.0441和0.0741。但这两类消费的边际消费倾向大幅下降,甚至低于2002年的低收入组群,表明家庭设备和教育娱乐市场的稳定发展状态中还存有需求萎缩的风险。而交通通信消费并没有发生类似的现象,在2007年高收入组群的平均消费倾向及边际消费倾向依然高于低收入组群,并且高收入组群的人均消费较2002年提高69.72%,而低收入组群仅提高29.59%,市场继续呈现成长态势且具有巨大上升空间。另外,在2002年的家庭设备和教育娱乐消费,以及整个观察期内的交通通信消费中,均没有出现中等收入的消费群体,这主要是因为当时的收入水平还不足以使中等收入组群形成相应的购买能力,而随着收入水平的提升,消费结构升级的重点正由已经稳定发展的家庭设备和教育娱乐消费转向交通通信消费,呈现一种渐进式升级的态势,由此可见,中等收入组群收入水平的提高对消费结构的顺利转型与升级具有重要意义。

最后,余下的医疗保健和居住消费是城镇居民各类消费支出中受改革政策影响最大的两类消费，伴随着改革进程的不断推进，开始逐步展现出活力。该两类消费均从原有的单一消费群体衍生出了高、低收入组群这两个消费群体。其中，对于2007年的医疗保健消费来说，低收入组群的平均消费倾向及边际消费倾向分别为0.0982和0.0565，均明显高于高收入组群，由此可见低收入组群对医疗保健的迫切需求，该组群应该被列为医疗改革的重点关注对象。而对于2007年的居住消费来说，虽然高收入组群的平均消费倾向低于低收入组群，但其边际消费倾向要高于低收入组群。这样的数量分析结果展示了如下一种情形：低收入组群的居住消费占收入的比例较高且需求较低，在满足了基本居住需求后希望增加对其他商品的消费；而高收入组群的居住消费占其收入的比重较低，且边际消费倾向为0.0281，高于低收入组群，表明其是一个兼有需求和购买能力的消费群体。在这种情况下，我国政府实施的保障住房和商品住房双管齐下的发展政策是比较合理的。

三 非线性冲击的作用效果及分析

在对居民组群消费特征以及收入影响状况分析的基础上，结合第2章中的理论模型进行定量分析，将视角聚焦于收入分布变迁导致的居民消费内部各类消费份额的变化趋势，有助于准确把握我国居民消费结构转变与升级的方向。表4-11给出的结果是通过第2章的模型推导结果计算得到的，其中收入分布变迁即各收入组群收入水平和人群规模变化，对我国城镇居民各类消费市场存在两种作用效果，分别称之为组群收入效应和组群规模效应。其中，组群收入效应指的是表4-11中所显示的组群相对于低收入组群的收入比例发生变化时，该收入组群消费份额的变动情况；同理，组群规模效应指的是对应组群与低收入组群的人群规模比发生变化时，该组群消费份额的变动情况。

首先，从整体上看，各组群的收入效应和规模效应对同类消费的作用方向具有一致性，这一点与理论模型的分析结果相符。接下来的分析将重点关注高收入组群的收入效应和规模效应，根据理论分析，该组群的收入效应体现的是整体居民收入差距的扩大，是消费结构转变的先决条件；而规模效应表现为低收入组群向高收入组群的转变，即体现的是居民收入的

表 4-11 我国城镇居民收入分布变迁对各类消费支出份额的影响

单位：%

项目	2002 年			2007 年		
	组群	收入效应	规模效应	组群	收入效应	规模效应
食品	中	2.90	4.91	高	-1.60	-10.23
	高	-3.09	-5.35			
衣着	高	-0.70	-3.07	中	0.31	1.28
				高	-0.51	-1.47
家庭设备	高	0.41	0.33	无组群	—	—
医疗保健	无组群	—	—	高	-1.13	-1.08
交通通信	高	0.16	0.58	高	0.17	0.37
教育娱乐	高	1.52	1.10	无组群	—	—
居住	无组群	—	—	高	0.03	0.03

增长，是完成消费结构升级的必要条件。消费结构的转变与升级，标志着居民消费热点的更新与转换，进而表现在消费市场上就是不同类型消费的非线性增长或下降。因此，通过探讨收入分布变迁对居民消费结构转变的影响，可以有助于把握未来消费市场的发展方向和规律。通过表 4-11 所列出的各类消费份额的定量分析结果，可归纳收入分布变迁的影响具体有如下几个方面。第一，将持续降低食品和衣着类消费占总消费的份额，转而增加其他消费领域的支出。第二，家庭设备和教育娱乐等初级享受发展型消费的份额持续上升，并逐渐趋于平稳；而交通通信的消费份额则始终处于上升态势，成为消费热点。第三，在改革的助力下，居住消费占整体的消费份额开始上升；而在医疗保健领域，新的需求并未产生，相反却使其消费份额出现下滑，这种发展态势并不利于该消费市场的发展，应该继续深化医疗体制改革使其转变成为具有成长性的市场。综上所述，从消费结构的角度来看，收入分布变迁正在将居民的消费重心由生存型消费（食品、衣着）过渡到初级享受发展型消费（家庭设备、教育娱乐），并进一步向高级享受发展型消费（交通通信、医疗保健和居住）升级。在这种结构升级的驱使下，各类消费市场也呈现类似的非线性发展趋势与特征。

第五节 本章小结

本章首先基于居民收入与消费间的非线性特征,建立了一个收入分布变迁对消费影响的数理模型,并使用CHIP2002年和2007年的城镇居民收入消费数据,对收入分布变迁的影响效应分别从水平效应、组内规模效应和组间分配效应三方面进行了分解分析。其次,进一步运用样本分割的门限回归模型,通过刻画细分市场中城镇居民收入与各类消费支出间的非线性关系,来体现不同消费市场的演化特征。通过不同时点非线性特征的差异,判断各类消费市场所处的发展阶段以及今后趋势。最后,深入探讨了不同组群收入水平以及人群规模的改变,以及收入分布变迁对各类消费市场产生的不同影响。以此期望从需求管理的角度助力供给侧改革的有效实施,平稳推进我国的经济转型。相关结论如下。

针对收入分布变迁对总消费的非线性效应,首先,采用门限回归模型对居民消费组群的异质性偏好进行划分,结果表明我国居民的消费行为存在显著的非线性机制,并且在2002年和2007年均服从三重门限模型。其次,在分解分析中,发现水平效应在三个效应中起主导作用,对总消费率的下降贡献率最大,而且其各组总效应贡献更是在80%以上。偏好估计结果显示了消费断层的出现,这主要是由我国各组群所处消费结构阶段差异造成的,高收入阶层升级完成,缺乏新的消费追求,大多数居民处于耐用品消费阶段,选择计划性储蓄积累。因此,在制定相关产业政策时,一方面要优化生产结构,促进新的消费热点出现;另一方面,对正处于升级阶段的居民,稳定物价、房价,促其完成耐用消费的升级。最后,分配效应包括组内规模效应和组间分配效应。规模效应由于该阶段收入分布呈现的高收入组群向低收入组群的人口回流现象,体现出了对总消费的抑制作用。所以在注重收入水平提高的同时,也需扩大收入分布中中等和高收入组群的人口比例。组间分配效应对总消费的作用几乎可忽略不计,由于各组的效应差异明显,组间收入差距对总消费的抑制作用没有想象中那么大,其抑制作用主要源于低收入组群,因此,在收入分配过程中应注意适当向其倾斜。

　　针对收入分布变迁对分类消费市场的非线性效应，首先，关于城镇居民消费的门限回归模型估计结果表明，居民收入与各类型消费确实存在明显的非线性特征。而且各类消费的收入门限个数会随着时间的推移而发生变化，这种门限数量的改变实质上就暗示着收入分布变迁对各类消费市场的不同影响特征。其次，以收入门限值作为划分组群的依据，探讨了居民分类消费的非线性演化特征，具体分为以下几点。第一，对于食品和衣着等消费，随着居民收入水平的提高，消费水平出现进一步下降。第二，对于家庭设备、教育娱乐和交通通信消费，在所采用的数据时限内均处于成长阶段，但2007年后只有交通通信消费依然处于这种状态，其余两类消费已经趋于稳定并存有消费萎缩的风险。第三，受改革政策影响最大的医疗保健和居住消费已经开始展现活力，由原来的单一消费群体衍生出了高和低收入组群这两个消费群体。低收入组群对医疗保健消费的迫切需求，应引起医疗改革政策的重点关注，而居住消费的组群特征则恰恰证明了我国政府实施保障住房和商品住房双管齐下发展政策的有效性。最后，通过对比2002年和2007年城镇居民各类消费支出的变化情况，可以发现收入分布变迁诱发了居民各类消费支出的非线性转变，居民消费热点的更新与转换同样暗含着消费结构的转变与升级。

　　综上所述，通过城镇居民收入分布变迁诱发的需求侧非线性演化特征研究发现，居民收入对消费需求的影响与消费需求对经济增长的贡献，都已不再具有显著的整体效应。因此，期望通过消费需求拉动经济增长，就需要关注重点收入组群以及发现具有显著成长性的消费市场。这就要求收入分配制度的进一步完善，以促进和加快居民消费结构的转变与升级；要求相关产业政策的制定具有一定的前瞻性，使有效产能在相关消费领域之间灵活转移，以适应中国居民消费热点的频繁、集中更替以及消费市场快速、显著的变化。另外，消费非线性增长可能会导致供给与需求的错配，进而导致某些市场出现有效供给不足，而另一些市场却持续存在产能过剩，它主要集中于某几个局部市场，如汽车、房地产等，这些都是居民消费结构升级过程中供求矛盾最激烈的热点消费市场；同时，呈现消费需求非线性增长的相关领域会在一定程度上诱使地方政府与企业的非理性投资大量进入，进而可能进一步加剧产能过剩的状况。针对产能过剩形成的这种特点，需要政府在尽量不干预市场活动的基础上，针对相关产业的需求特征构建适当合理的引导和预警机制，以此来克服市场经济自身的缺陷，避免过度的产能浪费。

第五章
收入分布变迁的消费市场异质化效应

计划经济向市场经济的转型，也表现为短缺经济向过剩经济的转变。在这种经济社会剧变的进程中，居民的消费需求不仅会随着收入分布变迁呈现非线性的组群特征，也可能会根据自身性别、年龄、受教育程度以及生活环境等的不同而表现出明显的异质性特征。在消费需求日趋多样化、个性化的当下，居民不再满足于衣食无忧，而更愿意去追求消费的舒适、享受、境界和层次，这已经成为当前消费的重要内容和形式。据商务部数据，2015年我国境外消费总额达到1.5万亿元，用于购物的金额7000亿~8000亿元，中高收入组群表现出了极为旺盛的境外消费需求。这正是我国消费供需结构矛盾的一种体现，尤其是中高端消费的供需结构矛盾。要推进供给侧结构性改革，首先需要解决的就是如何科学解析和把握需求侧消费异质性特征的客观规律，然后才能适应需求侧这种特征的动态演变，合理有效地解决消费市场供给不足以及供需错配等问题，进一步释放国内消费潜力，并加快促进消费结构升级。

第4章刻画的是收入分布变迁背景下收入差异（或者说收入的异质性）体现在消费需求上的不同反应。但除了收入因素以外，居民消费需求偏好在很大程度上还与其自身的特征（性别、年龄、受教育程度及所处的生活环境等）有关，这便是所谓的个体间异质性。因此，本章将对收入分布变迁带来的居民需求效应的异质性予以研究。张世伟和郝东阳（2011）对城镇居民支出方程的分位数回归结果证实了不同支出水平下居民的消费行为是有显著差异的，并且其所采用的分位数回归（Quantile

Regression，QR）能够较好地弥补以往均值回归无法识别干扰项分布异质性特征对因变量影响的缺陷。借鉴上述研究成果，本章对消费需求效应异质性的捕捉，仍将借助分位数回归，同时采用门限回归模型，完成如图 5-1 所示的收入分布变迁的消费需求异质性效应的计量分析，确保对相关信息提取的完整性。

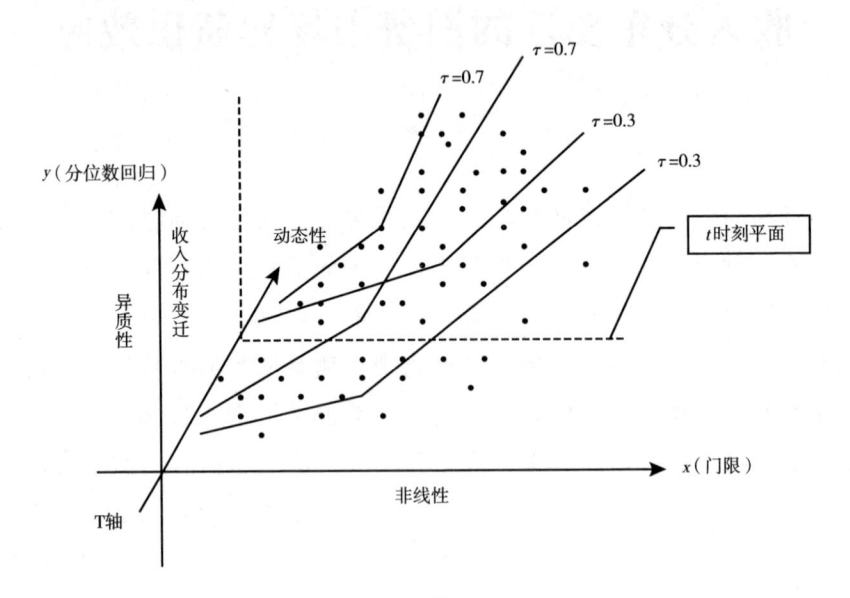

图 5-1 门限模型的分位数回归

第一节 总体消费市场的异质化效应模型

在细节上，本节对门限和分位数回归等计量方法的使用与上述分位数回归不同。首先，在数据类型上，本章对家庭微观调查数据进行聚集，构造成准面板的形式，保证连续的可比性；其次，在门限回归方面，本章将采用面板形式，即面板门限回归，这样将使得在考察期内不同收入组群的消费行为是不变的，可保证后续在异质性分析上的一致性，而且虽然在估计面板门限的过程中剔除了个体异质性，但这并不影响后续分位数回归对异质性的度量效果；最后，对分位数回归的使用，并不仅仅满足于条件分位数的回归结果，其对经济意义的阐述是有偏的（朱平芳、张征宇，

2012），本节将进一步对分位数处理效应进行测度，进而得到支出分布各分位数处收入分布变迁的需求异质性效应。

本章仍沿用第 4 章中 CHIP 2007 年和 2013 年的城镇居民收入和支出数据，根据中经网综合年度数据库中对应省（自治区、直辖市）的价格指数，以"2007 年全国 = 100"为标准进行平减，把 2013 年的家庭收入折算为以 2002 年为基准的实际收入，以保障年份间的可比性。

一　准面板数据的合成

（一）微观调查数据的处理方法

1. 重复横截面数据

微观经济计量学中最广泛使用的数据结构是家庭调查或人口普查数据，又称观测数据（与实验数据区别），其数据搜集方式决定了该类数据的内在局限性，若不加以处理直接应用于计量模型会出现偏差，Manski（1995）把它归结为识别问题，即对随机抽样数据条件概率分布的识别。目前普遍采用的微观观测数据类型主要有横截面数据、重复横截面数据和面板数据三种，本章拟研究的收入分布变迁的消费市场异质化效应是一个动态的问题，面板数据是最佳选择，但目前在发展中国家，每年的调查个体并不相同，所获得的数据更接近重复横截面数据，但其在时间间隔、样本容量等方面又不尽相同，因此又不能将其完全划归为重复横截面数据。Deaton（1997）特别提出了关于发展中经济体的抽样调查引论，本章的数据处理将着重针对这类非标准横截面数据。

对于重复横截面数据的处理，Browning、Deaton 和 Irish（1985）在基于英国家庭支出调查的实证研究中，提出将个体水平数据转换为组类水平数据的处理方式，而且 Deaton（1985）把组类定义为"具有固定从属关系的组，在调查中可被排列且可识别的个体"。国内学者白仲林（2010）把用这种处理方式得到的数据称为伪面板数据，陈强（2010）称之为准面板或合成面板数据。国内采用伪面板数据进行的实证研究中，具有代表性的是周绍杰、张俊森和李宏彬（2009）使用伪面板组群分析研究中国城镇家庭的消费和储蓄行为；白仲林、赵亮（2011）采用伪面板处理技术研究了天津居民的收入流动性。另外，Collado（1997）和 Girma（2000）还考察了重复横截面伪面板数据模型的动态情况。

但本章采用类似的处理又会出现两个问题：第一，Deaton 的处理要求每组成员数是固定的，而本章采用的非标准横截面数据的组群规模是可变的，会存在异方差的测量误差问题；第二，Deaton 的伪面板大样本理论基于群数趋于无穷的假设，若组群很小则会失效。所以本章在借鉴上述成果的同时，也将在这两方面尝试一些改进。

2. 需求的分离与加总方法

对具体收入分布变迁的消费效应的计量研究，首先是对组群需求的加总问题，在已有的理论模型中，Pearce（1964）和 Muellbauer（1976）分别通过约束各种收入分布间的成比例变动和采用单独加总度量方法替代传统的平均收入以削弱加总的限制，从而给出了更广义的模型设定形式。后者更允许非线性的恩格尔曲线的参数估计，Diewert（1976）认为这种情况是"θ 阶戈尔曼计划形式的均值"，并指出如果 $\theta = -1$ 则加总需求仅依赖于收入分布的方差和均值。另外，与前几种存在较大差异的是 Theil（1971）的加总过程，他将目光更多地集中在加总的渐进过程中而非精确加总，在这种情况下，如果偏好差异和收入分布趋于无关，则线性恩格尔曲线模型的一些缺陷便可被忽视，这个结论意味着线性恩格尔曲线模型可以渐进地被看作广义模型。Simmons（1980）在对比分析了以上理论模型的基础上提出了包含更多参数的实证模型，并通过控制参数的设定和选取涵盖了前人理论模型的各种可能性，进而通过实证检验进行对比分析。

随着近年来国际上大样本的分等级家庭收入和典型商品消费群体及其偏好的调查数据使用得越来越广泛，上述理论也得到越来越多的运用。具有代表性的是 Blundell、Pashardes 和 Weber（1993）利用英国 1970~1984 年 4000 户家庭消费调查数据开展了整体收入分布对消费需求影响的研究，分析得出以往仅利用收入相关均值的研究具有偏差的结论。另外，也有人在分别得到完整的收入与某市场的消费数据时，通过估计整体收入分布和分离加总市场需求来进行研究（Beierlein、Dunn and McConnon，1981；Buse，1992；Dong，Capps，1998；Storchmann，2005；Zheng，Henneberry，2010）。而国内在此类需求加总与分离的理论与方法方面的研究成果很少,目前并未见到具有一定代表性的研究成果。因此,本章拟在国外研究的基础上,结合我国的微观调查数据,对这一领域予以深入探索。

(二) 准面板数据的合成

准面板数据是由 Deaton (1985) 针对统计调查数据中样本轮换及非随机流失问题而提出的,现实中对某变量的统计抽样中各个个体的连续观测值是很难得到的,像我国这样的发展中国家尤其如此,这种数据一般称为重复横截面数据。但如果按照某种属性(性别、年龄和受教育程度等)将个体集聚成不同的组群,在各个观测期内,选择观测数据的平均值(分位数或方差)表征整个组群的观测结果,便构成了以组群为单元的人工面板数据,陈强(2010)把这种数据称为准面板数据。准面板数据通过关注组群特征,进而揭示变量的总体分布特征,其优点就是通过各组群内个体属性的总体统计量,可消除测量误差,更为稳健,且避免了样本流失。

本章之所以构造准面板,主要基于以下考虑:①本章使用的 CHIP 2007 年和 2013 年数据,样本存在前后调查家庭不一致问题,而研究收入分布的变迁及其消费效应,需要样本数据的连续性来保证其可比性,准面板通过组群数据的连续性,提供了一种有效的数据处理方式,即使这样不可避免地会损失掉部分组内个体的异质性;②据前面章节的计量研究结果可知,我国居民消费随着收入的不同,具有显著的门限非线性特征,构造成准面板可以很好地控制个体异质性对收入门限值估计的影响,保证其内在规律的真实性和整个考察期的一致性,以更好地度量居民消费分布不同分位点上收入分布变迁的影响。

本章构造准面板选择以各年收入分位数为分组标准,具体分位数间隔选择 0.005,把样本分为 200 个组群,然后取各组群各变量的均值表征其观测值,这也构成了本章的研究数据,2007 年和 2013 年 CHIP 准面板数据的相关统计信息如表 5-1 所示。此处需要注意,经过组群划分取均值后,个别变量的经济意义会稍有变化,户主性别(女=1)变为表示各组群内女性户主的比例,婚姻状况(已婚=1)变为组群内已婚比例。

表 5-1　2007 年和 2013 年 CHIP 准面板数据统计信息

年份	变量	观测数	均值	标准差	最小值	最大值
2007	支出(元)	200	30184.91	16513.84	6999.63	105059.00
	收入(元)	200	50934.65	42437.08	3854.17	392001.00
	户主性别(女=1)	200	0.362	0.104	0.071	0.640
	户主年龄(岁)	200	48.762	3.272	41.160	57.840
	家庭人口(人)	200	2.931	0.327	2.000	3.680
	受教育年限(年)	200	11.159	1.175	7.913	14.042
	婚姻状况(已婚=1)	200	0.902	0.081	0.560	1.000
2013	支出(元)	200	57684.08	32105.81	15439.57	253028.10
	收入(元)	200	84368.05	61902.91	5150.57	585551.30
	户主性别(女=1)	200	0.272	0.090	0.031	0.594
	户主年龄(岁)	200	50.303	2.866	42.125	60.031
	家庭人口(人)	200	3.021	0.319	2.000	3.781
	受教育年限(年)	200	10.591	1.518	6.250	13.969
	婚姻状况(已婚=1)	200	0.887	0.088	0.563	1.000

二　反事实收入分布函数的计算

对数据的准面板处理，保证了不同年份调查样本点（组群）的延续性，从而使得我们可以直接得到各组群在收入分布变迁作用后的收入值，该值可直接代入计量模型进行参与估计。具体构建过程与第 3 章 Jenkins 和 Van Kerm（2005）的非参数方法一致，故此处不再给出，直接给出结果如下。

假设两个年份调查收入数据样本分别为 x_1 和 x_2（不考虑价格因素），且假设它们服从同一分布，$x_1 \sim F(\mu_1, \sigma_1^2), x_2 \sim F(\mu_2, \sigma_2^2)$，则构建的两个指标分别为：

$$\xi_1 = x_1 + \Delta x = x_1 + (\mu_2 - \mu_1) \quad (5-1)$$

$$\xi_2 = \mu_2 + \frac{\sigma_2}{\sigma_1}(x_1 - \mu_1) \quad (5-2)$$

依据式（5-1）和式（5-2）计算出 2007 年居民收入相对于 2013

年的两个反事实收入变量，图 5-2 给出了两个反事实收入和两年实际收入的非参数核密度估计。由图 5-2 的拟合结果可以看出，准面板数据的处理结果与之前第 3 章刻画的收入分布变迁趋势一致，基本保留了收入分布变迁的动态变化信息，由此说明本章的数据处理方式是合理的，确保了后续计量结果的可靠性。表 5-2 给出了 9 个主要分位数在 2007~2013 年收入分布变迁过程中的收入值。

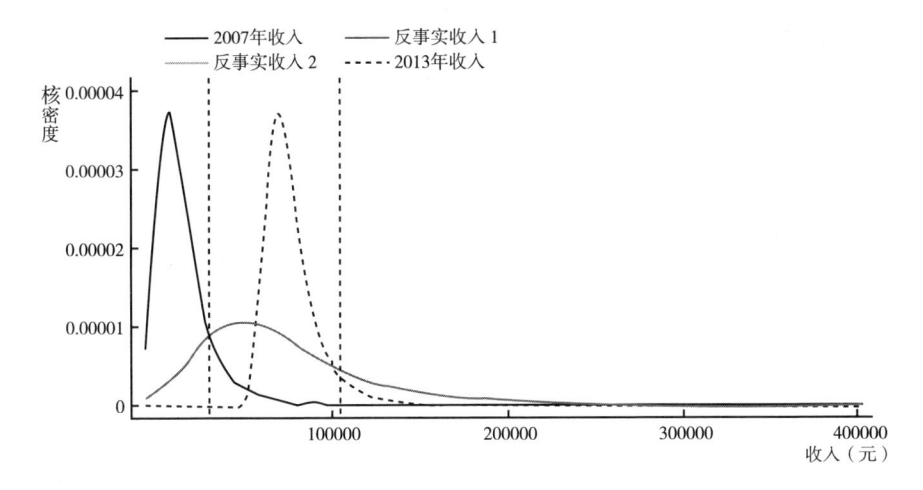

图 5-2 居民收入分布变迁测度指标变量的分布曲线
（虚线表征收入门限值）

表 5-2 CHIP 数据的准面板组群的收入分布变迁反事实收入变量

单位：元

分位区间	2007 年	反事实收入 ζ_1	反事实收入 ζ_2	2013 年
0.095~0.1	17069.9	69320.2	32497.1	31596.9
0.195~0.2	22879.3	72433.3	43228.0	42968.1
0.295~0.3	27874.6	74930.3	51835.3	51702.8
0.395~0.4	33242.2	77425.7	60437.3	60062.2
0.495~0.5	39255.1	80021.5	69385.1	69186.6
0.595~0.6	46469.6	83099.5	79995.3	80426.4
0.695~0.7	55839.3	86927.8	93191.6	94465.0
0.795~0.8	70606.7	92313.3	111755.8	114239.0
0.895~0.9	94696.1	102559.7	147075.9	149155.0

三 面板门限回归和分位数回归

根据本章的研究目标,首先选择面板门限模型来验证我国居民消费的非线性收入门限效应的跨期存在性。在此基础上进一步选择分位数回归及其处理效应方法,考察整个消费分布各分位数处需求效应的特征与规律。因此,这里主要分两部分:第一部分主要介绍面板门限回归和分位数回归模型,这是计量分析中主要借助的两个工具;第二部分则针对上述面板门限模型的分位数回归估计结果的处理效应问题,给出拟采用的"统计指标法"和"典型值设定法"两种处理效应的估计方法。

(一) 面板门限回归

门限回归的截面数据形式在第 4 章中已经介绍,此处采用的面板门限与其之间的主要差异体现在估计之前对个体效应的处理上。面板门限模型的单一门限设定如下:

$$y_{it} = \mu_i + \beta'_1 x_{it} I(q_{it} \leq \gamma) + \beta'_2 x_{it} I(q_{it} > \gamma) + \varepsilon_{it} \quad (5-3)$$

其中,下标 i 和 t 分别表示地区和时期,q_{it} 为门限变量,γ 表征特定的门限值,$I(q_{it} \leq \gamma)$ 和 $I(q_{it} > \gamma)$ 是示性函数,另外 μ_i 的下标不含有时间也表明 Hansen(1999)针对的其实是面板个体固定效应模型。进一步假设 $\beta = (\beta'_1 \quad \beta'_2)'$, $x_{it}(\gamma) = [x_{it}I(q_{it} \leq \gamma) \quad x_{it}I(q_{it} > \gamma)]'$,则式(5-3)可改写为如下形式:

$$y_{it} = \mu_i + \beta' x_{it}(\gamma) + \varepsilon_{it} \quad (5-4)$$

在对式(5-4)进行估计之前首先需要消除个体效应 μ_i,Hansen 给出的是每个观测值减去其组内平均值的处理方式,设 $\bar{y}_i = \sum_t y_{it}$ 和 $\bar{x}_i(\gamma) = \sum_t x_{it}(\gamma)$,则有:

$$y_{it}^* = y_{it} - \bar{y}_i \quad (5-5)$$

$$x_{it}^*(\gamma) = x_{it}(\gamma) - \bar{x}_i(\gamma) \quad (5-6)$$

把式(5-5)和式(5-6)代入式(5-4)中,则模型此时重新设定为:

$$y_{it}^* = \beta' x_{it}^*(\gamma) + \varepsilon_{it}^* \quad (5-7)$$

其中，ε_{it}^* 是估计后得到的新随机项，且 $\varepsilon_{it}^* = \varepsilon_{it} - \bar{\varepsilon}_i$。若将所有的数据堆积，则可得到式（5-7）的矩阵形式：

$$Y^* = X^*(\gamma)\beta + \varepsilon^* \qquad (5-8)$$

对门限变量的任意一个观测值作为一个 γ 代入式（5-8），进行最小二乘回归，得到系数估计值：

$$\hat{\beta}(\gamma) = [X^*(\gamma)'X^*(\gamma)]^{-1}X^*(\gamma)'Y^*$$

同时由回归残差向量 $\hat{\varepsilon}^*(\gamma) = Y^* - X^*(\gamma)\hat{\beta}(\gamma)$，可得到残差平方和的估计：

$$S_1(\gamma) = \hat{e}^*(\gamma)'\hat{e}^*(\gamma) \qquad (5-9)$$

接下来只需对式（5-9）进行最小化，便可得到门限 γ 的估计值：

$$\hat{\gamma} = \arg\min S_1(\gamma) \qquad (5-10)$$

后续仍需进行两方面的检验，即门限效应的显著性检验和门限估计值的真实性检验。Hansen（1999）的建议是通过自助抽样法，构建渐近分布及其似然比统计量 LR，这与其截面数据形式一致，此处不再赘述。对于多重门限模型，只需固定已得到的门限值，重复上述过程即可。

（二）分位数回归原理及其估计

分位数回归最早是由 Koenker 和 Bassett（1978）给出的，其与最小二乘回归的区别在于最小二乘回归关注的重点是因变量的条件均值，追求误差平方和最小，而分位数回归的重点在因变量的条件分布上，通过最小化加权误差绝对值和，将条件分布上的不同点提取出来，考察它们的估计结果，从而给一个对因变量条件分布更完整、更细致的统计刻画。相对于最小二乘回归而言，分位数回归具有更好的统计性优势，对于存在异方差的模型估计更稳健，对非标准正态分布的干扰项也更为有效，估计结果不易受异常值的影响。

分位数回归原理其实与普通最小二乘回归原理相近，最小二乘回归其实是均值回归，原因是对于一个既定样本，其均值可以看成如下最小化残差平方和问题的最优解：

$$\min_{\mu} \sum_{i=1}^{n} (y_i - \mu)^2 \Rightarrow \mu = \bar{y} = \frac{1}{n} \sum_{i=1}^{n} y_i \qquad (5-11)$$

与此类似，样本中位点也可视为最小化残差绝对值之和问题的最优解，即有：

$$\min_{\mu} \sum_{i=1}^{n} |y_i - \mu| \Rightarrow \mu = \text{median}\{y_1, y_2, \cdots, y_n\} \qquad (5-12)$$

将式（5-12）表示的中位数回归这一特殊情况，推广到一般的分位数，其最优化问题则为：

$$\min_{\mu} \sum_{i=1}^{n} \rho_q(y_i - \mu) \qquad (5-13)$$

其中，函数 $\rho_q(y_i - \mu)$ 为"打钩函数"，定义如下：

$$\rho_q(y_i - \mu) = \begin{cases} q|y_i - \mu|, & y_i \geq \mu \\ (1-q)|y_i - \mu|, & y_i < \mu \end{cases}$$

之所以称之为"打钩函数"，就在于其图形犹如一个"对号"，如图5-3所示。

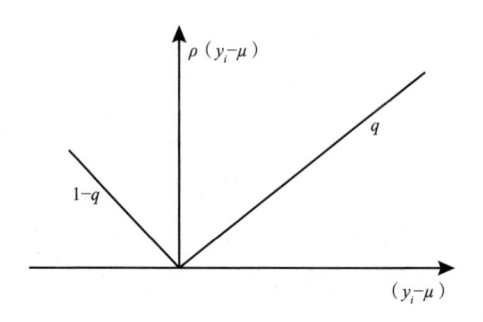

图5-3 "打钩函数"图形示意

对式（5-13）的最小化问题进行求解，首先将其绝对值符号去掉：

$$\min_{\mu} \sum_{i:y_i \geq \mu}^{n} q(y_i - \mu) + \sum_{i:y_i < \mu}^{n} (1-q)(\mu - y_i)$$

对 μ 求一阶偏导，并假设满足条件 $y_i < \mu$ 的观测点有 k 个，则：

$$-(n-k)q + k(1-q) = 0$$

求解得：

$$k = nq, k \in N$$

于是最优解为：

$$\mu = [nq] = \hat{y}_q$$

其中，$\hat{y}_q$ 变为样本分位数的估计值。

对于一般的对线性方程的分位数回归，假设条件分布 $y|x$ 的总体 τ 分位数 $y_\tau(x)$ 是 x 的线性函数：

$$y_\tau(x_i) = x_i'\beta_\tau$$

其中，β_τ 为 τ 分位数的回归系数，其估计值 $\hat{\beta}_\tau$ 可以由以下最小化问题来定义：

$$\min_{\beta_\tau} \sum_{i:y_i \geq x_i'\beta_\tau}^{n} \tau |y_i - x_i'\beta_\tau| + \sum_{i:y_i < x_i'\beta_\tau}^{n} (1-\tau)|y_i - x_i'\beta_\tau|$$

如果 $\tau = 0.5$，则为"中位数回归"（Median Regression），此时目标函数简化为：

$$\min_{\beta_\tau} \sum_{i}^{n} |y_i - x_i'\beta_\tau|$$

故中位数回归也被称为"最小绝对离差估计量"。具体到本章拟采用的面板门限模型的分位数回归，由于门限模型的回归方程仍为线性形式，在得到门限值 γ 之后，对方程 $y_\tau(x_i) = x_i'(\gamma)\beta_\tau$ 进行分位数回归即可。

四 分位数处理效应的测度方法

正如朱平芳和张征宇（2012）指出的那样，Koenker 和 Bassett（1978）给出的实际上只是条件分位数回归，告诉我们的是具有相同观测特征的个体，其不可观测的差异对因变量异质性的影响。但对条件分位数回归结果的经济意义阐述则需要基于过多且不必要的个体特征，其结果与一般关心的结果往往不一致，因此，有必要基于条件分位数回归结果进一步提取因变量的影响效应，其结果一般被称为"分位数处理效应"（Quantile Treatment Effect，QTE）。实际上，对分位数处理效应进行测度的目的是定量分析自变量的分布变动对因变量整个分布的影响，对分位数处理效应更深入的研究可参见 Firpo、Fortin 和 Lemieux（2009）及 Frolich 和 Melly（2013）等。本章对分位数处理效应的测度，将选择使用郝令昕和奈曼（2012）给出的比较简单的一种处理方式：典型设定值法。

假设拟合得到的第 p 分位数的回归结果为：

$$\hat{Q}^{(p)}(y|x,Z) = \hat{\alpha}^{(p)} + \hat{\beta}^{(p)} x + \hat{\theta}^{(p)} Z \qquad (5-14)$$

其中，变量 x 为所关注的自变量，向量 Z 表示其他自变量。在这样的回归结果中，常数项估计值 $\hat{\alpha}^{(p)}$ 可被解释为在 $x=0$ 和 $Z=0$ 时，因变量 p 分位数的一个估计拟合值，这在实际分析中一般不予解释，因为其不具有现实意义。但如果将自变量 x 以其均值为中心，而后拟合第 p 分位数回归模型，则有：

$$\hat{Q}^{(p)}(y|x,Z) = \hat{\alpha}^{(p)} + \hat{\beta}^{(p)}(x-\bar{x}) + \hat{\theta}^{(p)} Z \qquad (5-15)$$

经过这样的一个回归，此时的常数项 $\hat{\alpha}^{(p)}$ 便有了另一层含义，因变量的第 p 分位数在自变量 $x=\bar{x}$ 和 $Z=0$ 时的一个估计拟合值。我们把它一般化，若把式（5-15）中的 $\bar{x}$ 替换为与变量 x 相关的其他值，设为 $\varphi=\varphi(x)$，则常数项 $\hat{\alpha}^{(p)}$ 的含义将得到进一步的拓展，即因变量第 p 分位数在自变量特定数值下的一个估计值，把这一方法称为"典型设定值法"，其一般形式为：

$$\hat{Q}^{(p)}(y|x,Z) = \hat{\alpha}^{(p)} + \hat{\beta}^{(p)}[x-\varphi(x)] + \hat{\theta}^{(p)} Z$$

于是，根据典型设定函数 $\varphi(x)$ 的取值不同，便可得到收入分布变迁的三种变化引起的相应消费效应，具体过程如下：对于 $t=2$，取 $\varphi(x) = x_1$，此时得到的常数项记为 $\hat{\alpha}_1^{(p)}$，其表示第 2 期收入分布完全等于第 1 期收入分布时居民的消费水平；同理，依次取 $\varphi(x) = \xi_1$、$\varphi(x) = \xi_2$ 和 $\varphi(x) = x_2$，分别得到常数项估计值 $\hat{\alpha}_{\xi_1}^{(p)}$、$\hat{\alpha}_{\xi_2}^{(p)}$ 和 $\hat{\alpha}_2^{(p)}$，其分别代表假设 $t=2$ 时特定收入分布情况下所得到的居民消费水平，则收入分布变迁的消费效应可表示为：

$$\underbrace{\hat{\alpha}_2^{(p)} - \hat{\alpha}_1^{(p)}}_{\text{总效应}} = \underbrace{\left[\hat{\alpha}_{\xi_1}^{(p)} - \hat{\alpha}_1^{(p)}\right]}_{\text{水平效应}} + \underbrace{\left[\hat{\alpha}_{\xi_2}^{(p)} - \hat{\alpha}_{\xi_1}^{(p)}\right]}_{\text{离散效应}} + \underbrace{\left[\hat{\alpha}_2^{(p)} - \hat{\alpha}_{\xi_2}^{(p)}\right]}_{\text{异质效应}} \quad (5-16)$$

其中，对应着收入分布变迁的均值变化、方差变化及偏度和峰度等残差变化，将其引起的消费效应分别称为水平效应、离散效应和异质效应，其和为收入分布变迁的消费总效应，而离散效应和异质效应度量的是收入分配的影响，故将这两者统称为分配效应。

第二节 总体消费市场异质化效应模型的估计与分析

一 面板门限值的估计结果

这里选取家庭收入为门限变量，回归之前首先需要确定门限的个数，进而确定回归方程的具体设定形式。依据 Hansen（1999）的方法，依次对存在的单、双和三重门限等可能情况进行检验，并借助自助抽样法（300 次）对其显著性予以检验，结果如表 5-3 所示。从结果中的 F 统计量值及其对应的 P 值可发现，单一门限对应的 F 统计量值在 5% 的水平下显著，自举 300 次得到的 P 值为 0.033，双重门限的 F 统计量值在 10% 水平下也显著，P 值为 0.057，至于三重门限并未通过显著性检验，自举得到的 P 值高达 0.153，故排除三重门限的可能性。综上所述，可知我国城镇居民收入对消费存在非线性的作用机制，即家庭收入对消费具有非线性的双门限效应。

表 5-3 门限个数的确定及检验结果

模型	F 值	P 值	自助抽样次数	临界值 1%	临界值 5%	临界值 10%
单一门限	12.216 **	0.033	300	21.442	10.700	7.780
双重门限	7.310 *	0.057	300	13.652	7.780	5.960
三重门限	5.766	0.153	300	21.469	14.341	6.966

** 和 * 分别表示在 5% 和 10% 的置信水平下显著。

接下来确定具体的门限值,为了确保所选门限值的稳定性,需要对 Hansen 的搜索方法进行优化①,优化过程分三步进行:首先,搜索第一个门限值 γ_1,在单一门限的残差平方和优化的过程中可得到;其次,固定住第一个门限值 γ_1,搜索第二个门限值 γ_2;最后,固定住 γ_2,对第一个门限值进行重新搜索,得到结果记为 γ_1^*,在确定双门限模型的前提下,可反复进行第三步几次,直到得到的门限值不再变动为止。具体从图 5-4 和图 5-5 对门限值 95% 置信区间的估计中可清晰地看到这一搜索过程。

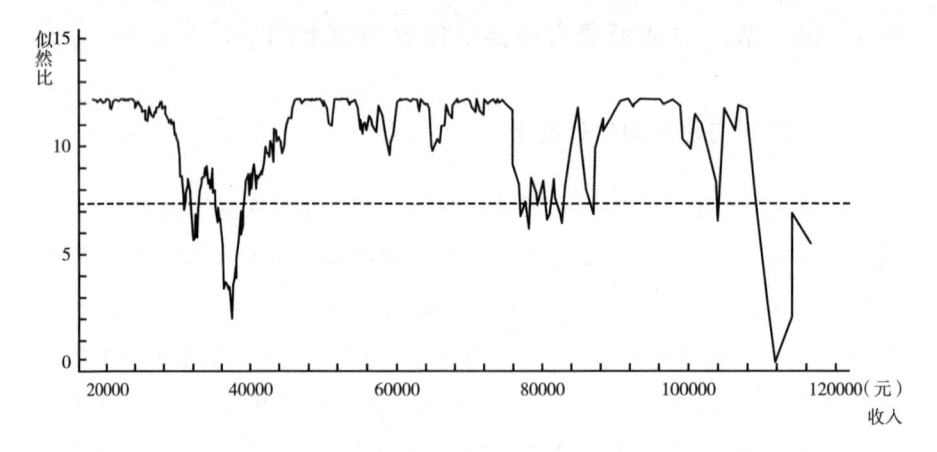

图 5-4 单一门限下门限的似然比曲线及置信区间估计

图 5-4 是在单一门限下得到的似然比曲线,图中的虚线表示的是在 95% 置信水平下的 LR 临界值 7.35②。由曲线最低点可确认单一门限位于收入值 112000 元处,固定住在单一门限模型下找到的门限值,把它先设定为双重门限下的一个潜在门限值,来寻找第二个门限值。由图 5-5 所示的双重门限值置信区间的估计结果及其似然比曲线可知,第二个门限值约出现在收入值 37000 元处,而后在此基础上重新搜索的第一个门限值仍在收入值 111000 元处,而且各门限值的置信区间均较窄,由此显示出所得门限值的稳定性,具体门限值估计结果见表 5-4。

---

① 参照人大经济论坛(http://bbs.pinggu.org/forum.php)连玉君的 Stata 培训教程中给出的优化搜索方法。
② Hansen(1999)给出,90% 的临界值为 6.53,95% 的临界值为 7.35,99% 的临界值为 10.59。

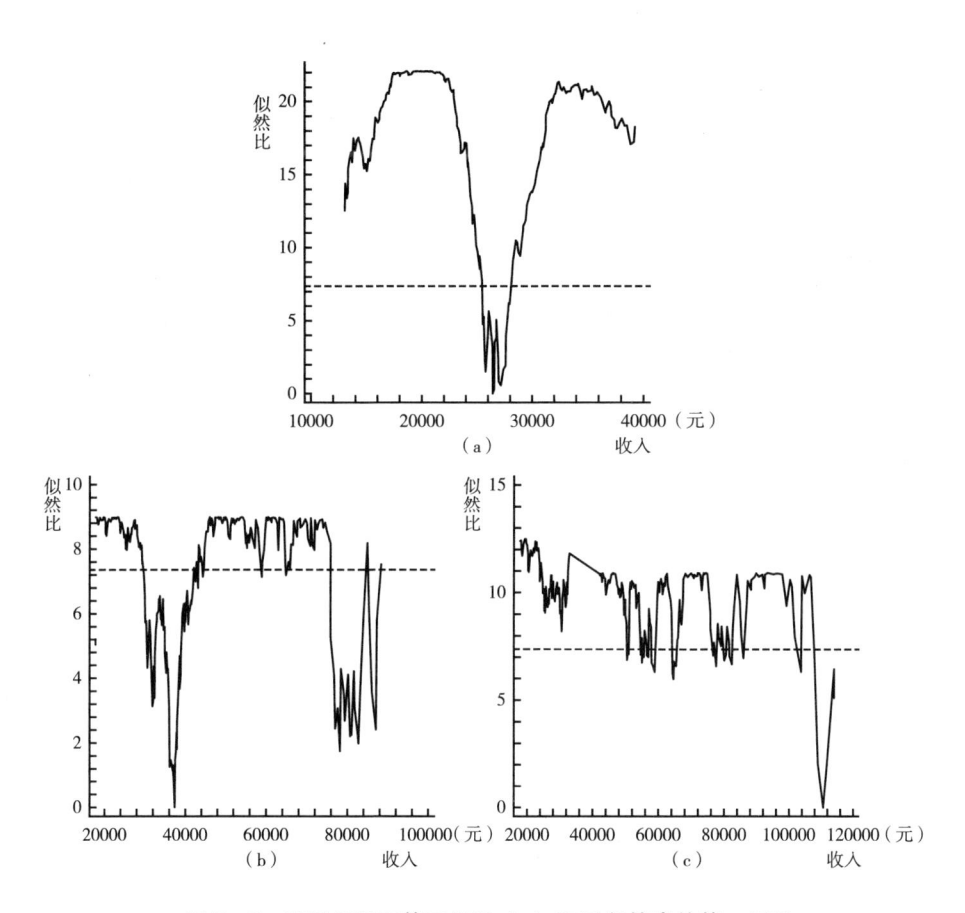

图 5-5 双重门限下第二门限 (a) 和重新搜索的第一门限
(b、c) 的似然比曲线及置信区间

表 5-4 门限估计值及其置信区间

门 限	估计值	95% 置信区间
γ_1	37328.469	[30000, 87000]
γ_2	110722.4	[50000, 110000]

二 双重门限模型的分位数回归

经验表明随着消费水平的不同居民会表现出不同的消费行为（张世伟、郝东阳，2011），故本章在确定收入对消费影响的双重门限机制的基础上，进一步采用面向消费分布的分位数回归，比较分析不同收入区间下位于不同消费分布分位数的城镇家庭消费特征及其影响因素，以期明晰收入分布和消费分布间的关联机制，准确度量收入分布变迁的消费效应。另外，本章最终是要研究收入分布变迁的消费效应，故数据形式不再采用面板的形式，下面的分析将重新基于横截面数据进行分位数回归。

首先，结合表 5-4 的门限估计值，给出双门限回归方程的具体形式：

$$Exp = \alpha + \beta_1 Inc \cdot I(Inc < \gamma_2) + \beta_2 Inc \cdot I(\gamma_2 \leq Inc < \gamma_1) + \beta_3 Inc \cdot I(Inc \geq \gamma_1) + \theta' Z$$

对上式分别进行 {0.1, …, 0.9} 共 9 个主要分位数的回归，但由于该部分研究的侧重点在于考察收入因素对消费分布的影响，故在表 5-5 和表 5-6 中仅给出收入因素对消费分布从 0.1 到 0.9 的 9 个主要分位数的估计结果。

表 5-5　2007 年双重门限模型的分位数回归结果

收入门限区间	支出分位数	估计值	t 值	P 值
Inc < 37328.469	0.1	0.455	5.02	0.000
	0.2	0.543	7.56	0.000
	0.3	0.572	8.43	0.000
	0.4	0.518	8.05	0.000
	0.5	0.500	7.81	0.000
	0.6	0.526	7.23	0.000
	0.7	0.574	6.98	0.000
	0.8	0.562	6.19	0.000
	0.9	0.498	5.64	0.000
Inc ≥37328.469 且 Inc < 110722.4	0.1	0.397	8.49	0.000
	0.2	0.427	8.37	0.000
	0.3	0.457	8.01	0.000
	0.4	0.465	7.99	0.000
	0.5	0.474	8.45	0.000
	0.6	0.459	8.23	0.000
	0.7	0.485	8.27	0.000
	0.8	0.475	6.28	0.000
	0.9	0.443	3.61	0.001

续表

收入门限区间	支出分位数	估计值	t 值	P 值
Inc ≥110722.4	0.1	0.110	0.10	0.924
	0.2	0.110	0.10	0.924
	0.3	0.110	0.10	0.924
	0.4	0.063	0.06	0.950
	0.5	0.053	0.05	0.958
	0.6	0.046	0.05	0.964
	0.7	0.031	0.03	0.976
	0.8	0.224	0.23	0.828
	0.9	0.308	0.31	0.766

表 5-6 2013 年双重门限模型的分位数回归结果

收入门限区间	支出分位数	估计值	t 值	95% 置信区间的 P 值
收入门限区间 Inc < 37328.469	0.1	0.605	3.36	0.001
	0.2	0.523	3.50	0.001
	0.3	0.460	3.15	0.003
	0.4	0.435	2.81	0.007
	0.5	0.314	1.82	0.075
	0.6	0.288	1.59	0.117
	0.7	0.281	1.42	0.161
	0.8	0.243	1.22	0.227
	0.9	0.127	0.67	0.505
Inc ≥37328.469 且 Inc < 110722.4	0.1	0.460	8.04	0.000
	0.2	0.511	10.54	0.000
	0.3	0.521	11.88	0.000
	0.4	0.533	5.75	0.000
	0.5	0.548	9.51	0.000
	0.6	0.566	8.41	0.000
	0.7	0.649	8.77	0.000
	0.8	0.643	7.71	0.000
	0.9	0.678	6.29	0.000

续表

收入门限区间	支出分位数	估计值	t值	95%置信区间的P值
Inc ≥110722.4	0.1	0.339	3.17	0.007
	0.2	0.339	3.13	0.008
	0.3	0.329	2.99	0.010
	0.4	0.341	3.67	0.003
	0.5	0.335	3.30	0.006
	0.6	0.364	3.34	0.005
	0.7	0.364	3.13	0.008
	0.8	0.406	3.35	0.005
	0.9	0.390	3.04	0.010

三 异质化效应的估计与分析

（一）门限分位数回归结果的分析

基于面板门限模型的分位数估计结果，这里进一步予以整理并分析。首先，在图5-6中给出了分位数的系数估计曲线及其对应的95%置信区间。从家庭消费支出分布的角度出发，图5-6表明随着分位数的增大，也就是随着家庭消费水平的提高，2007年低收入组群、中等收入组群和高收入组群对应的系数估计值整体呈现下降趋势，但是在不同收入组群内部其对应的系数估计值呈现上升趋势。一方面，说明随着收入提高，居民边际消费倾向呈现递减趋势；另一方面，也说明在不同收入组群内部，高消费群体的收入效应高于低收入组群。这与传统的"边际效用递减"规律相悖，意味着我国正处于消费升级阶段，高消费群体在基本消费需求得到满足后，将迅速转移到追求新的消费热点之中。而2013年低收入组群的边际消费倾向呈现下降趋势，中等收入组群的边际消费倾向呈现上升趋势，高收入组群的边际消费倾向也呈现上升趋势但是低于中等收入组群，说明2013年低收入组群中高消费群体的收入效应较低，高消费群体增加储蓄降低消费，消费升级不明显，而中高收入组群中的高消费群体边际消费倾向高于低消费群体，说明该部分居民随着收入增加出现消费升级现象。因此，收入差距过大导致高收入人群消费减退进而导致我国消费率持续走低并进一步导致我国内需不足的观点仍有待商榷。

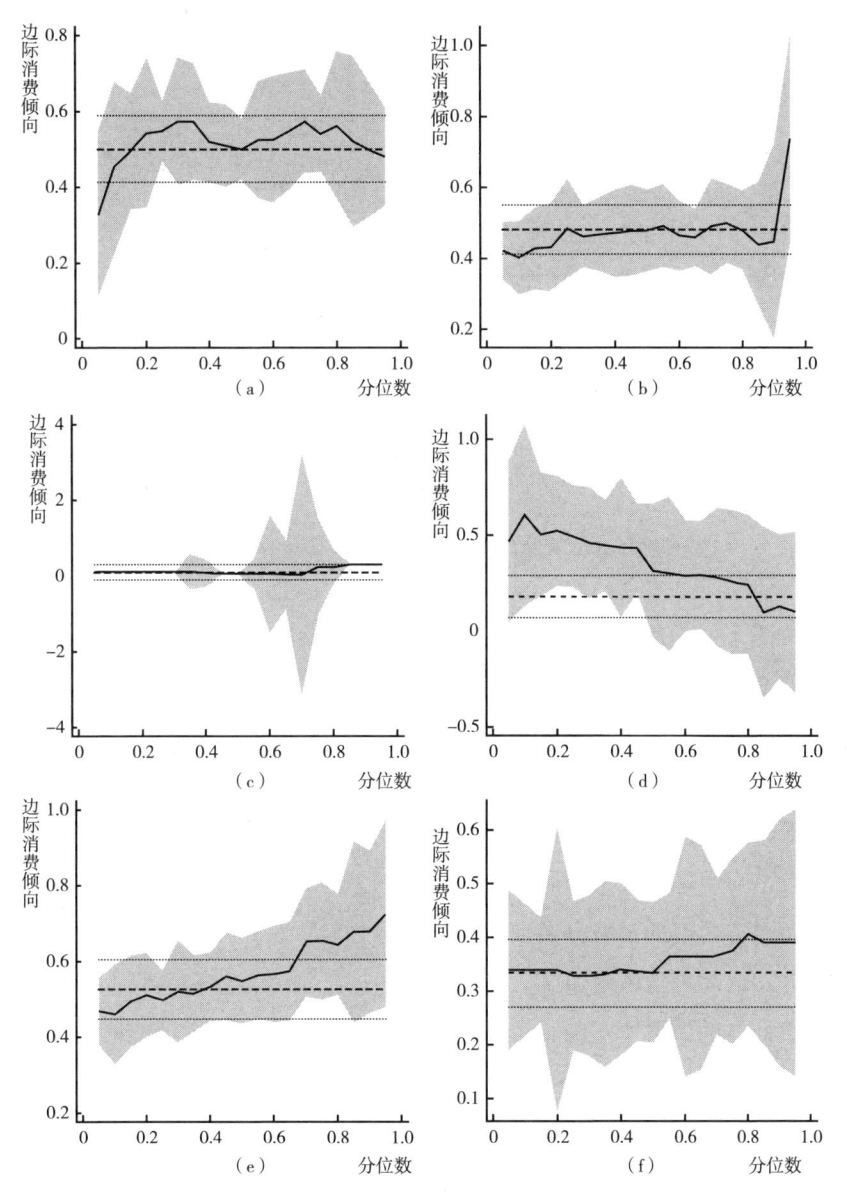

图 5-6　2007 年 [（a）、（b）、（c）] 和 2013 年 [（d）、（e）、（f）] 各收入区间的分位数回归结果及其 95% 置信区间

由于本节的主要目的是对收入分布变迁带来的异质化消费需求效应进行测度，基于图5-6的结果进一步整理，将2013年各收入组的各分位数估计系数与2007年对应的估计值做差，由此得到2007~2013年各收入组群消费分布的演变趋势，结果如图5-7所示。

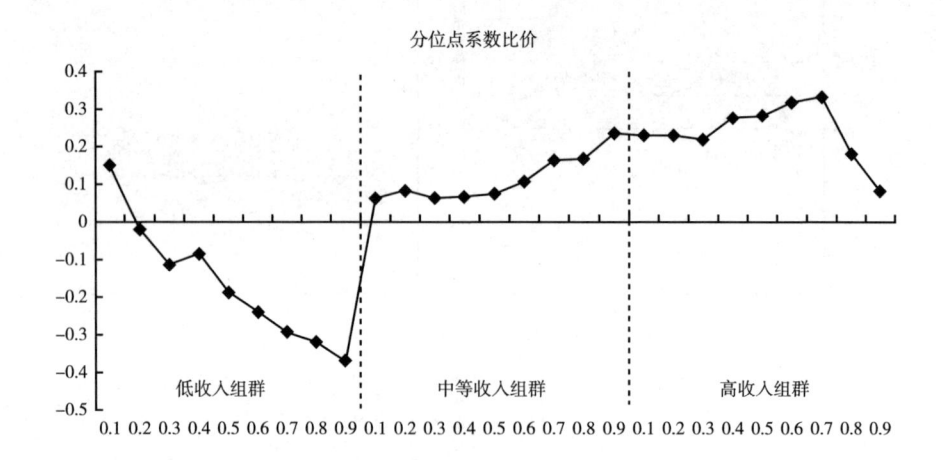

图 5-7　2007~2013 年各收入组群的消费分布演变趋势

由图5-7的结果可知以下三点。首先，低收入组群的回归系数在减小，即低收入组群2007~2013年的消费需求在减退；中等收入组群的回归系数在增大，即中等收入组群2007~2013年的消费需求在上升；高收入组群的回归系数先增大后减小，即高收入组群2007~2013年的消费需求先上升后下降。其次，需求减弱的程度也有所差异，低收入组下降的幅度最大，而中等收入组群和高收入组群的上升幅度较为平缓并无突变。最后，各组群内部的消费分布变化趋势差异性较大，图中虚线将各曲线分为三部分，由此可清晰地看到，低收入组内的低消费群体和高收入组群内的高消费群体的消费率下降得最为严重，而中等收入组群内部的消费需求呈现缓慢上升趋势。

基于上述分析结果可进一步判断，若单从消费需求的角度考虑，收入差距扩大等收入分布变迁的特征，可能并不是我国内需不足问题的主要原因。同时，结合收入分布变迁中占主导的均值变化，可知居民整体收入水平的不断提高仍占主导地位，但整体消费倾向不断下降，由此居民的储蓄必然会增加，但并不能认为高储蓄是内需不足的根源，储蓄与消费是一个问题的两个方面，关键在于居民为什么要储蓄而不选择消费，前面的分析表明我国居民的消费热情其实是很高的，关键是如何释放我国居民的消费潜力。

（二）基于典型设定值法对分位数处理效应测度结果的分析

该部分进一步借助典型设定值法，最终完成收入分布变迁对消费分布各分位数上影响效应的估计，并进一步给出所得结果的经济意义。表5-7给出了由分位数回归的典型设定值法得到的收入分布变迁对消费分布各分位数影响的测度结果，其中各个效应度量的是家庭支出变动的绝对值，并以总效应为100，给出了各效应的贡献率。

表5-7 分位数回归的典型设定效应估计结果

单位：元，%

支出分位数	总效应		水平效应		离散效应		异质效应	
0.1	64844.8	100	3683	5.68	10372.2	16.00	50789.6	78.32
0.2	192703.1	100	11842.5	6.15	146693.2	76.12	34167.4	17.73
0.3	240110.6	100	12902.2	5.37	229070.2	95.40	-1861.8	-0.78
0.4	183027.6	100	13182.9	7.20	204466.2	111.71	-34621.5	-18.92
0.5	228420.6	100	13722.0	6.01	216244.4	94.67	-1545.8	-0.68
0.6	266910.7	100	15903.9	5.96	248786.0	93.21	2220.8	0.83
0.7	337006.5	100	17360.2	5.15	328369.6	97.44	-8723.3	-2.59
0.8	349148.6	100	18347.0	5.25	330928.8	94.78	-127.2	-0.04
0.9	447474.8	100	19632.0	4.39	414683.2	92.67	13159.8	2.94
平均值	256627.5	100	14064.0	5.58	236623.7	92.21	5939.8	2.31

由表5-7可知：首先，随着分位数由小到大，收入分布变迁的消费总效应，即居民消费支出额依次增大，其分解项中的水平效应和离散效应在绝对额度上整体上也逐渐增大，异质效应则体现出一定的随机性；其次，对于各效应的贡献率，由收入方差引起的离散效应占据了消费支出额90%以上，而水平效应仅有约6%的贡献率，考虑到异质效应跟所采集的样本有很大的关联性，而且其份额最小，具有很大的随机性，此处不予讨论；最后，收入分布变迁的水平效应和离散效应最大值均出现在0.4处，由此向两边减小。

表 5-7 的结果与第 4 章的测度结果有很大的差异，第 4 章中收入分布变迁的水平效应对总消费率下降的贡献率高达 80%，占据绝对的主导地位，与日常直观经验判断一致，而表 5-7 的结果似乎截然相反。其实，若进一步思考，便会发现两者在本质上是一致的。首先，因为问题的出发点不同，第 4 章是从收入分布着手，本章则是基于消费分布的视角，因此两者的因变量是不同的，第 4 章测量的是对消费率下降的贡献率，此处测度的是绝对支出在增长额度中的贡献率，而水平效应对绝对支出增长的贡献乏力，直接导致其成为消费率下降的主导因素；其次，由收入分布变迁的趋势可知，高收入组群的收入增长速度远高于低收入组群，故考虑在收入不同步增长情形下，离散效应便会得到削弱，甚至足以失去其在此处的主导地位；最后，水平效应和离散效应贡献率的差异也表明，各消费水平下居民群体的消费行为更符合相对收入假说，即居民相对收入较高带来的优越感，会极大地刺激居民的消费支出，适度的收入差异化有益于需求的扩张，均等水平增长的贡献则有限，从这一经验考虑，表 5-7 的结论并不违背现实。

此外，结合前面章节的结论会发现收入分布和消费分布的变迁存在如下突出矛盾，即在收入分布变迁中其均值变化为主导，而从消费分布的角度则会看到均值变化带来的消费需求的水平效应表现乏力。由此判断，内需不足很有可能源于这一矛盾，而前面章节的结论也支持了这一论断，水平效应对消费下降起主要作用。对于该问题的关键，我们认为很有可能与居民所面临的消费结构有关。因此，下面进一步结合 CHIP 数据中中等收入人群的消费结构现状予以初步佐证，结果见表 5-8。之所以考虑中等收入人群，原因是其人口比重大，其面临的消费需求问题必然是首先需要考虑的，另外其对低收入人群有很大的示范作用，对高收入人群又有激励作用，其所处的消费结构状况将决定整个消费结构的走向。

由表 5-8 的统计结果可知，与高收入组群相比，食品和医疗等基础性消费对中等收入组群的需求制约仍较大，约占其 60% 的支出，而对于其余 6 项消费，高收入组群的支出比例均高于中等收入组群，它们均可看作中等收入组群未来潜在的消费突破点，消费结构级别一般由低到高演变，可判断中等收入组群处于耐用品消费阶段。一方面，跨越住房、汽车及高档家庭设备的消费阶段本身需要的时间较长;另一方面,物价尤其是房价的快速增长,使中等收入组群陷于耐用品消费这一困境中,难以实现消费结构的进一步升级,进而造成收入分布变迁的水平效应表现乏力。因此,后续有必要基于消费结构的视角,对收入分布变迁的消费需求效应做进一步研究,探索如何把握消费市场的动态演变轨迹和特征,并通过前瞻性产业政策实现投资的准确性和对经济增长驱动的有效性。

表 5-8 CHIP 数据中 2007 年和 2013 年中等收入和
高收入组群消费结构统计结果比较

单位:%

年份	组群	食品	衣着	居住	家庭设备	医疗保健	交通通信	教育娱乐	其他
2007	中等收入组群	0.474	0.098	0.084	0.057	0.078	0.074	0.098	0.036
	高收入组群	0.418	0.109	0.091	0.065	0.064	0.100	0.110	0.043
2013	中等收入组群	0.357	0.078	0.210	0.064	0.075	0.098	0.096	0.020
	高收入组群	0.278	0.090	0.234	0.065	0.055	0.136	0.110	0.033

第三节 城乡消费市场的异质化效应模型

在探讨了收入分布变迁对总体消费影响的异质性特征后,本节将进一步针对城乡消费市场的异质性特征展开相关研究。

一 条件分位数回归模型

针对本章所要研究的问题,将城乡消费模型设定为如式(5-17)所示:

$$Q_\tau(y \mid x) = \alpha(\tau) + \beta_1(\tau)x_1 + \beta_2(\tau)x_2 + \delta_i(\tau)Z_i + \varepsilon_\tau \quad (5-17)$$

其中,y 表示家庭耐用品消费支出的对数;x_1 和 x_2 分别表示家庭收入和资产的对数;Z_i,$i=1, 2, \cdots, 7$ 表示家庭控制变量,如家庭规模、户主年龄、户主性别、户主婚姻状况,以及是否具有收入风险和所在地区的虚拟变量等。$\alpha(\tau)$、$\beta_1(\tau)$、$\beta_2(\tau)$ 和 $\delta_i(\tau)$ 分别表示各变量在第 τ 个分位数的系数估计。在此模型基础上,通过平滑算法分别对城乡居民消费计算出各个分位数上的参数,并采用自助抽样法计算标准差。由于该计量模型为双对数模型,因此所得到的 $\beta_1(\tau)$ 为消费支出的收入弹性。

二 反事实分析与分位数分解方法

本章在借鉴 Machado 和 Mata (2005) 有关工资差异研究的反事实分析思想的基础上,进一步将其扩展到消费领域,对消费分布上不同分位数的城乡居民消费差异进行分解研究。在此将城乡消费差异分解为两部分:第一部分表示假设农村居民的解释变量分布与城镇居民相同时,农村居民的消费支出分布将出现的变化;第二部分则表示假设农村居民按照城镇居民的消费偏好进行消费时,农村居民的消费支出分布将会产生的改变。上述两个反事实假设的消费分布变化总和,就是城乡居民整体消费分布的差异。

通过反事实分析,主要目的就是构造边际消费分布,以城镇居民消费为例,具体步骤如下:首先,从均匀分布 [0, 1] 中随机抽取一个容量为 k 的样本,θ_1, θ_2, …, θ_k;其次,利用城镇居民的相关数据分别以 $\tau = \theta_1$, θ_2, …, θ_k 为分位数进行回归,其模型形式如式 (5-18) 所示。

$$Q_\tau(y_u \mid x_u) = x'_u \beta(\tau) \tag{5-18}$$

其中,y_u 表示城镇居民的消费支出状况,x_u 为影响消费支出的解释变量,通过回归得到 k 个分位数回归的系数向量 $\hat{\beta}^u(\theta_i)$,$i = 1, 2, …, k$。然后,从解释变量 x_u 中有放回地进行重复随机抽样,提取一个容量为 k 的样本,将其表示为 $\{x_i^*(u)\}$,$i = 1, 2, …, k$。最后,将第二步中的回归系数与第三步中的随机抽样数据相结合,得到一个新的样本如式 (5-19) 所示,将其称为城镇居民消费的边际分布样本。

$$\{y_i^*(u)\} = x_i^*(u) \hat{\beta}^u(\theta_i) \tag{5-19}$$

根据上述原理,现假设城乡居民的消费支出方程为如式 (5-20) 和式 (5-21) 所示,为简单起见,假设该方程为线性方程,并仅含有两组解释变量。

$$y_u = \beta_1^u x_1^u + \beta_2^u x_2^u \qquad (5-20)$$

$$y_r = \beta_1^r x_1^r + \beta_2^r x_2^r \qquad (5-21)$$

其中，y_u 和 y_r 分别表示城乡居民的消费支出，x_i^u 和 x_i^r 分别表示影响城乡居民消费的解释变量，如家庭收入和资产。由此可以推导出城乡居民消费分布在 τ 分位数上的支出差异分解模型，具体形式如式（5 – 22）所示。

$$\begin{aligned}Q_\tau(y_u \mid x_u) - Q_\tau(y_r \mid x_r) &= \beta_1^u(\tau)x_1^u + \beta_2^u(\tau)x_2^u - [\beta_1^r(\tau)x_1^r + \beta_2^r(\tau)x_2^r] \\ &= \underbrace{\beta_1^u(\tau)x_1^u + \beta_2^u(\tau)x_2^u - [\beta_1^u(\tau)x_1^r + \beta_2^u(\tau)x_2^r]}_{\text{I}} \\ &\quad + \underbrace{\beta_1^u(\tau)x_1^r + \beta_2^u(\tau)x_2^r - [\beta_1^r(\tau)x_1^r + \beta_2^r(\tau)x_2^r]}_{\text{II}} \end{aligned} \qquad (5-22)$$

其中，$\beta_1^u(\tau)x_1^r + \beta_2^u(\tau)x_2^r$ 表示农村居民按照城镇居民的消费偏好进行消费的反事实假设，这一部分估计将通过上述构造边际分布的方法得出，只不过这里需要用从农村居民消费样本中随机抽取的子样本 $\{x_i^*(r)\}$，$i = 1, 2, \cdots, k$ 来替代城镇的随机子样本 $\{x_i^*(u)\}$，$i = 1, 2, \cdots, k$。之后再与城镇消费支出方程的分位数回归系数相结合，由此式（5 – 19）将转变为如式（5 – 23）所示的形式从而实现分解。

$$\{y_i^*(u,r)\} = x_i^*(r)\hat\beta^u(\theta_i) \qquad (5-23)$$

相应地，在消费分布的不同分位数上，第 I 部分表示在系数相同的情况下，由影响因素变量分布不同所引起的城乡消费差异；第 II 部分则表示在影响变量分布相同的情况下，由系数不同所引起的城乡消费差异。在实际问题分析中，分解出的这两部分将被赋予具体的经济学含义。

三　数据来源及说明

本章将采用中国家庭金融调查（China Household Finance Survey, CHFS）2013 年的微观数据[①]。该调查样本起初分布在全国除西藏、新疆、内蒙古、宁夏、福建、海南和港澳地区外的 25 个省（自治区、直辖市），80 个县（区、市），320 个村（居）委会，共涉及 8400 多个家庭。随后在对上述家庭进行跟踪访问的基础上，进一步将调查范围扩大至全国除

---

① 中国家庭金融调查（CHFS）数据由西南财经大学中国家庭金融调查与研究中心提供。

西藏、新疆及港澳台地区外的共计28143户家庭。这时拥有较为详尽的居民家庭消费、各项收入和资产、人口特征等微观信息，这对于从微观层面探索家庭收入以及资产财富等因素对城乡居民消费的影响具有重要的支撑作用。

本章将以汽车消费市场为例，具体阐释城乡消费市场的异质性特征。因此，这里需要通过CHFS调查问卷中的相关项目测算出家庭的汽车消费支出，由于其是通过购车时的价格信息所得到，因此在模型估计时不再引入价格变量。家庭收入包括工资收入、经营性收入、利息及分红收入等，由于选取的均为已购车的家庭样本，表明这些家庭自身的未来收入风险相对较小，因此该收入可看作一段时期内的家庭稳定收入。家庭资产则包含非金融资产和金融资产并剔除了负债。另外，提取户主年龄、性别及婚姻状况，家庭规模和所在地区，以及是否拥有保险账户余额等信息，并设置了包含家庭特征因素的虚拟变量。其中，性别虚拟变量设置男性为1，女性为0；将婚姻状况的六种情况（包括未婚、已婚、同居、分居、离婚、丧偶）分为两类，已婚设为1，未婚则为0；拥有社会保障设为1，否则设为0；地区虚拟变量的设置是以东部地区为基准的，中部为（0，1），西部为（1，0）。

表5-9 我国城镇汽车消费模型选用指标的描述性统计

指标名称	城镇				
	均值	标准差	最小值	最大值
汽车消费（元）	49819.07	121115.1	0	860000
家庭收入（元）	141756.2	185172.6	60	1967000
家庭资产（元）	2305942	2705970	450	2.00E+07
家庭规模（人）	3.617117	1.262153	1	8
户主年龄（岁）	43.85113	11.57429	6	77
户主性别	0.6876877	0.4637848	0	1
婚姻状况	0.9624625	0.1902178	0	1
社保虚拟变量	0.6396396	0.4804658	0	1
教育虚拟变量_1	0.4324324	0.4957859	0	1
教育虚拟变量_2	0.2222222	0.4160522	0	1
地区虚拟变量_1	0.2	0.4	0	1
地区虚拟变量_2	0.1	0.3	0	1

为了避免模型内生性问题，本章在数据处理过程中剔除了具有汽车营利性收入的家庭样本。同时，也剔除了存在异常值和数据不全的家庭样本。最终选取样本数据如表5-9和表5-10所示，城镇拥有汽车家庭的收入均值为14.18万元，资产均值达230.59万元，汽车消费平均价值为4.98万元；农村家庭收入均值为12.14万元，资产均值为129.46万元，汽车消费平均价值为3.08万元。可以发现，城乡家庭从消费、收入到资产均存在较大的差距，且资产结构也有所不同。农村居民的金融资产均值明显落后且负债均值较高，说明农村金融市场发展相对滞后，这对农村消费市场的发展十分不利。

表5-10 我国农村汽车消费模型选用指标的描述性统计

指标名称	农村			
	均值	标准差	最小值	最大值
汽车消费（元）	30771.15	76612.1	0	500000
家庭收入（元）	121392	272156.1	475	3000000
家庭资产（元）	1294603	2281117	6870	1.84E+07
家庭规模（人）	4.346154	1.408719	1	9
户主年龄（岁）	45.56593	10.43017	23	77
户主性别	0.8791209	0.326886	0	1
婚姻状况	0.9835165	0.1276769	0	1
社保虚拟变量	0.4395604	0.4977028	0	1
教育虚拟变量_1	0.2417582	0.4293297	0	1
教育虚拟变量_2	0.0824176	0.2757585	0	1
地区虚拟变量_1	0.2967033	0.4580648	0	1
地区虚拟变量_2	0.1758242	0.3817206	0	1

第四节 城乡消费市场异质化效应模型的估计与分析：以汽车市场为例

本节将聚焦于城乡消费市场，以汽车市场为例探讨收入分布变迁的城乡居民消费异质性效应。首先利用条件分位数回归，探讨以收入为主导的异质性因素对城乡汽车消费分布影响的差异，在此基础上进一步通过反事实分析构造反事实边际消费分布，并应用分位数分解方法对城乡汽车消费分布上不同区间的消费差异进行分析。在收入分布变迁背景下，这种由城乡消费不均衡而引发的需求缺口，也是化解过剩产能的突破口，产能的有效转移则是应对和避免农村消费市场出现同样状况的关键。

一 城乡消费的异质性特征分析

由于我国存在城乡二元经济结构特征，城乡居民的收入分布、消费倾向和意愿均表现出完全不同的情况。与此同时，《中国统计年鉴》显示，居民收入持续呈现快速上升的势头，从2000年至2012年，城镇居民人均可支配收入从6280.0元增长到24564.7元，农村居民人均纯收入从2253.4元上升到7916.6元，城乡居民人均纯收入分别增长了2.9倍和2.5倍。在居民收入如此快速变迁的背景下，城乡消费结构的转变和升级正在悄然发生，汽车和住房等发展型耐用品正在成为消费热点而逐渐进入普通居民的消费视野。由于耐用品行业具有产业链长、关联度高等特点，因此在国民经济中扮演着重要的角色。而近年来我国多种耐用品消费市场均出现了在爆发式增长后的需求不足和生产过剩以及城乡消费市场发展极端失衡的现象，这已经严重阻碍了消费结构升级与产业结构调整的步伐。

以汽车市场为例①，从2000年的61.27万辆到2011年的1447.24万辆，呈现快速增长的趋势。2000年初我国汽车市场库存量仅为3.65万辆，而2011年，累计库存量已经超过200万辆。同时，城乡汽车消费市场的发展状况存在显著差异。如图5-8所示，通过《中国统计年鉴》中的城乡交通通信消费支出可以看出，城镇居民交通通信支出从2002年的626.00元提高到2013年的2736.90元，增长了3.37倍；而农村居民的交通通信费用始终低于1000元，增长十分缓慢。从交通通信费用的发展趋势可以侧面了解到城乡汽车市场的基本情况。在此基础上，通过表5-11和图5-9，可知城镇居民每百户家庭汽车拥有量从1997年的0.19辆迅速

---

① 本章所说汽车指的是狭义汽车，即轿车、MPV和SUV。数据来自《中国统计年鉴》和《中国汽车市场年鉴》。

达到 2012 年的 21.54 辆，整体呈现非线性的增长趋势。其中 2004 年每百户家庭汽车拥有量的增长率达到了 61.76%，为历年最高，而农村居民每百户家庭汽车拥有量的数据在《中国统计年鉴》上还不曾有记载，可见农村汽车消费还比较落后，市场发展依然处于起步阶段。

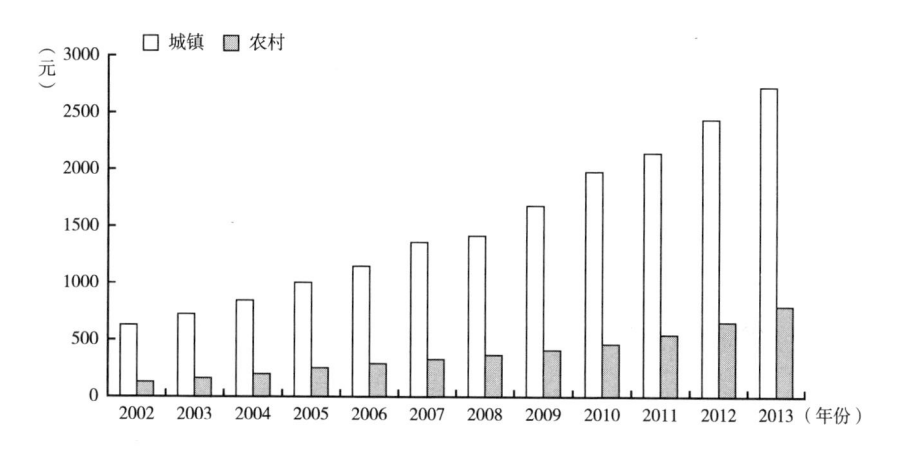

图 5-8　2002~2013 年城乡居民交通通信消费支出趋势

表 5-11　1997~2012 年城镇居民汽车拥有量及增长率

年份	百户拥有量（辆）	增长率（%）	年份	百户拥有量（辆）	增长率（%）
1997	0.19	—	2005	3.37	53.18
1998	0.3	57.89	2006	4.32	28.19
1999	0.34	13.33	2007	6.06	40.28
2000	0.5	47.06	2008	8.83	45.71
2001	0.6	20.00	2009	10.89	23.33
2002	0.88	46.67	2010	13.07	20.02
2003	1.36	54.55	2011	18.58	42.16
2004	2.2	61.76	2012	21.54	15.93

十八大提出的国民收入倍增目标，将进一步加速我国居民收入分布变迁的演化发展进程，扩大中等收入组群的规模，逐步形成橄榄形社会结构，该群体背后蕴藏着巨大的耐用品消费潜力。而这种潜力的释放是使产能过剩现象继续加剧，还是成为扩大国内消费需求的有力武器，将关系到我国能否顺利地实现经济发展方式的转型。面对这种情况，本章

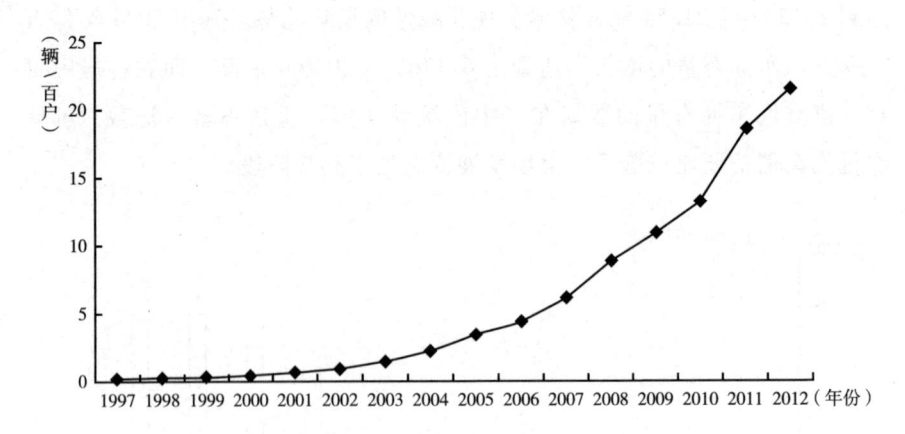

图 5 – 9　1997～2012 年城镇居民汽车拥有量非线性增长趋势

将基于消费的异质性特征,从微观层面探讨收入分布变迁过程中,城乡大型耐用品消费市场所呈现的发展规律,城乡不同层次消费者选择行为的影响因素会出现怎样的分化特征,以及城乡消费差异产生的深层次原因又是什么等问题。对上述问题的研究具有重要的理论和现实意义,有助于促进经济结构转变,带动消费结构与产业结构的优化升级,在认识到城乡消费市场差距的同时发掘农村市场的巨大消费潜力,改变城乡消费市场发展不平衡的格局,缓解市场供需矛盾,以及促使政府合理构建针对消费市场的长效引导机制,在扩大国内消费需求的同时消化过剩生产能力。

根据本节所构建的计量模型和设计的分析框架,分别对城乡家庭汽车对数消费分布,采用分位数回归进行估计,结果如表 5 – 12 和表 5 – 13 所示,并分别给出了回归结果及其 95% 置信区间图,如图 5 – 10 和图 5 – 11 所示。在分析之前,首先需要明确消费分布上分位数的经济含义。它表示的是消费者的消费层次、水平或等级,较高的分位数对应的是较高层次的消费水平,较低分位数对应的则是较低层次的消费水平。而对于消费者来说,消费水平的高低必定与家庭收入的高低密切相关,因此,消费分布上分位数的高低同样暗含着其家庭收入的多少。所以,消费分布上分位数的不断升高,同样体现的是收入水平不断提升的过程中消费选择的变化趋势。

表 5-12 城镇居民汽车消费支出在各分位数上的估计结果

分位数	对数收入	对数资产	社保虚拟变量	家庭规模	年龄
0.1	-0.12439**	0.49278***	0.063752	0.048901	0.000622
0.2	-0.07446	0.489712***	0.208512	-0.02189	0.003547
0.3	-0.00927	0.474033***	0.050973	0.005128	-0.00235
0.4	-0.0429	0.542495***	-0.07786	0.058097	-0.00091
0.5	-0.06794	0.557958***	-0.03456	0.063927	-0.00169
0.6	-0.06503	0.560254***	-0.03732	0.065864	-0.00237
0.7	0.016088	0.479967***	0.126354	0.118603**	-0.00042
0.8	0.01682	0.471814***	-0.06028	0.100292**	0.001317
0.9	0.070952	0.452531***	-0.0944	0.125575**	0.010745

分位数	性别	婚姻虚拟变量	地区虚拟变量_1	地区虚拟变量_2	常数项
0.1	-0.22377	2.875966*	-0.57011*	-0.01178	2.627045
0.2	-0.02843	-0.11191	-0.22868	0.446187*	5.074945***
0.3	-0.01743	-0.24917	-0.40501	0.037744	5.279821***
0.4	-0.16262	-0.28243	-0.2832	0.144593	4.782508***
0.5	-0.0851	-0.31882	-0.15322	0.067769	4.90207***
0.6	0.049968	-0.39664	-0.15609	0.257286	4.942127***
0.7	-0.13965	-0.36367	0.016474	0.464965	5.106201***
0.8	-0.14248	-0.15274	0.042706	0.458313	5.293594***
0.9	-0.03218	-0.15667	-0.02345	0.418502	4.600487***

表 5-13 农村居民汽车消费支出在各分位数上的估计结果

分位数	对数收入	对数资产	社保虚拟变量	家庭规模	年龄
0.1	0.156069	0.230309	0.017785	-0.12537	0.00403
0.2	0.087085	0.230279*	-0.10478	0.034925	-0.0054
0.3	0.095769	0.22077**	-0.09005	0.021385	-0.003
0.4	0.101354	0.259798***	-0.12785	0.037488	-0.00394
0.5	0.048776	0.310485***	0.064825	0.054159	-0.00559
0.6	0.045887	0.276969***	0.090161	0.047266	-0.00745
0.7	0.037957	0.221215**	0.013332	-0.01109	0.000814
0.8	0.029893	0.241363**	-0.10308	0.01596	-0.01448
0.9	-0.033	0.20514	0.101615	0.085011	-0.02198*

分位数	性别	婚姻虚拟变量	地区虚拟变量_1	地区虚拟变量_2	常数项
0.1	0.007247	-0.74499	-0.69746	-1.06146***	6.857981***
0.2	-0.08461	-0.51478	-0.29757	-0.53297	7.563763***

续表

分位数	性别	婚姻虚拟变量	地区虚拟变量_1	地区虚拟变量_2	常数项
0.3	-0.21791	-0.40581	-0.15368	-0.36473	7.721652***
0.4	-0.39737	-1.73096**	-0.16553	-0.28347	8.785972***
0.5	-0.37862	-1.58254**	-0.25502	-0.39888	8.727035***
0.6	-0.15769	-1.14979	-0.39852	-0.54162	8.992249***
0.7	-0.25946	-1.29101**	-0.39307	-0.55664*	10.17307***
0.8	0.020007	-0.80536	-0.3925	-0.46503	10.10344***
0.9	0.048388	-0.51529	-0.42474	-0.58111*	11.29034***

由表 5-12 可知，城镇家庭可支配收入对汽车消费的影响，除了 0.1 分位数以外，其他分位数上的估计结果几乎都不显著，这说明对于汽车这种价格远超过当期收入水平的耐用品来说，当期收入的影响是微乎其微的。同时 0.1 分位数上汽车消费弹性为 -0.12439 也表明对于较低档次汽车的消费人群来说，收入增长对汽车消费存在挤出效应，即该人群在面对收入水平提升时会先选择满足其他类型的消费。城镇家庭的资产对汽车消费在所有分位数上的影响都十分显著，这恰恰说明了家庭资产所代表的累积收入才是影响汽车消费的主要因素，而居民收入分布的变迁必然主导着居民收入的积累效果。此外，家庭规模特征也在高分位数上对汽车消费呈现显著影响，这表明家庭规模能够在一定程度上影响居民的汽车消费决策，尤其是高档次汽车的消费。至于其他家庭特征变量，在收入的积累程度达到汽车消费门槛之前，都无法对其消费产生有效的影响。

对于农村居民来说，当期收入水平对汽车消费的影响均不显著。在资产的影响方面，除了 0.1 和 0.9 分位数以外，其他分位数上的汽车消费均出现了显著的反馈。如此同样表明农村居民的汽车消费动力也主要来自收入的积累，由于处在 0.1 分位数的农村居民可能更多地受到刚性需求的影响，因此其资产的作用并不显著。此外，在相关的家庭特征变量中，只有婚姻状况在 0.4、0.5 和 0.7 分位数的消费上存在显著影响，说明婚姻对农村居民购买更高档次汽车具有特殊的影响。

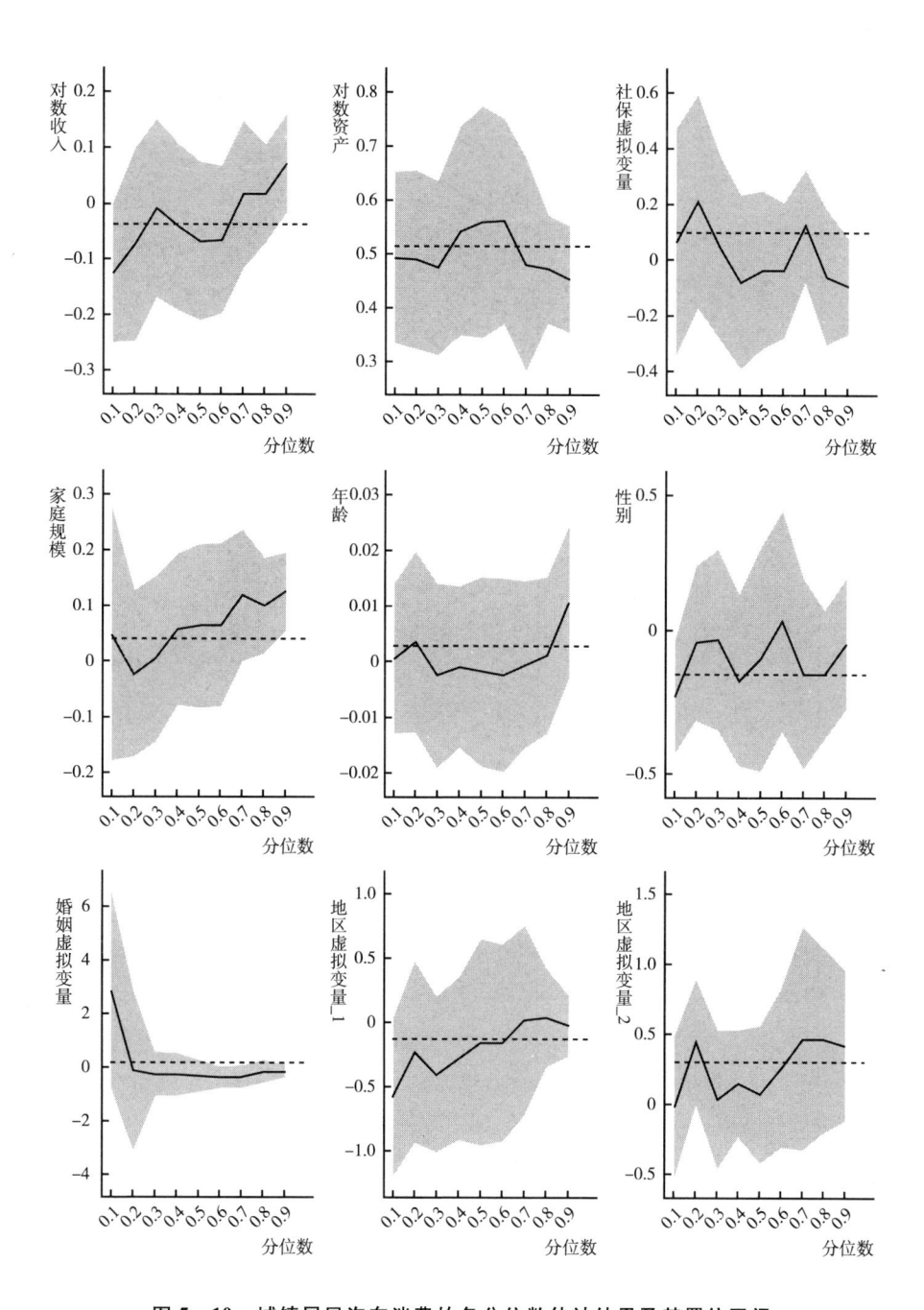

图 5-10 城镇居民汽车消费的各分位数估计结果及其置信区间

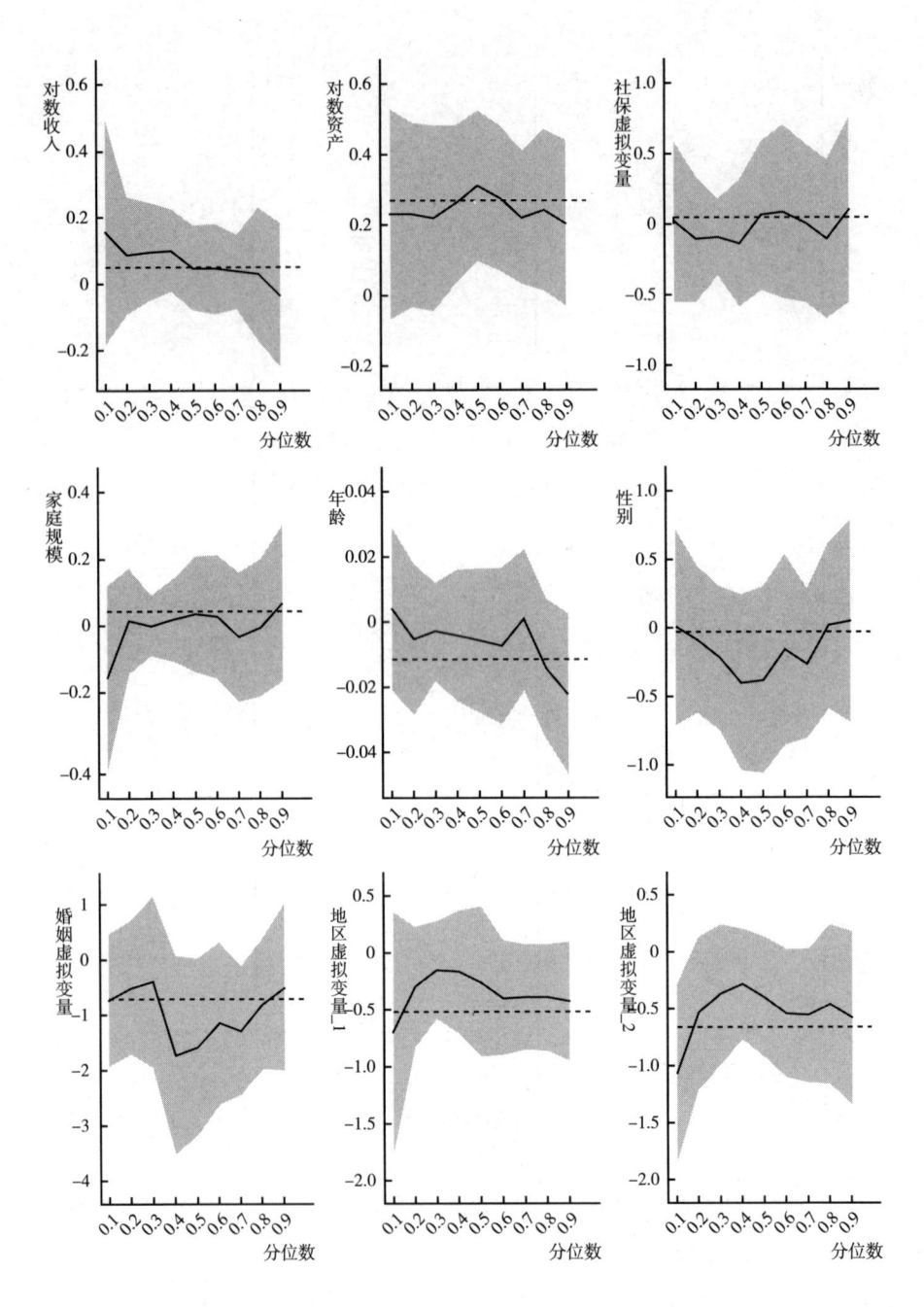

图 5-11 农村居民汽车消费的各分位数估计结果及其置信区间

二 城乡消费市场异质化的深层原因及农村消费潜力分析

为了进一步剖析城乡消费差异产生的深层次原因，本节将城乡消费差异的原因分解为如式（5-22）所示的变量效应和系数效应，在城乡汽车消费分布的各个分位数上进行分解分析，并通过自助抽样法估计标准差以衡量分解结果是否通过假设检验，此部分为了给出差异的具体值，所以采用的数据并没有经过对数转换而是原始值，具体结果如表5-14所示。

表5-14 城乡汽车消费差异的分位数分解结果

分位数	城乡差异（元）	变量效应（元）	变量效应贡献度（%）	系数效应（元）	系数效应贡献度（%）
0.1	194463.0***	12290.8***	6.32	182172.0***	93.68
0.2	69503.8***	17256.2***	24.83	52247.5***	75.17
0.3	64721.2***	19983.0***	30.88	44738.2***	69.12
0.4	37510.7***	25389.9***	67.69	12120.9***	32.31
0.5	—	29647.7***		—	
0.6	252881.0***	34983.3***	13.83	217898.0***	86.17
0.7	201954.0***	43866.4***	21.72	158088.0***	78.28
0.8	256936.0***	52369.0***	20.38	204567.0***	79.62
0.9	368676.0***	87368.9***	23.70	281307.0***	76.30

*** 表示在1%的置信水平下显著。

同样，在分析之前，需要赋予分解出的两部分以具体经济学含义，以更好地解释收入分布变迁是如何对城乡消费产生影响进而导致差异的。其中变量效应是指式（5-22）的第Ⅰ部分，其中解释变量分布的不同主要是由于家庭收入和资产分布的城乡差距，因此这部分可认为是城乡收入分布变迁差异导致的城乡购买力水平差距所造成的，是对消费市场需求端的影响；系数效应是指式（5-22）的第Ⅱ部分，由于该部分是在城乡购买力趋同的假设下分解得到的，因此造成这部分差异的主要原因可认为是，城乡收入分布变迁差异持续造成的农村市场发展相对滞后、商品相对短缺的城乡消费市场发展失衡的现状，是对消费市场供给端的影响。并且，系数效应也是上述在农村市场中所呈现的强烈需求与低迷消费间矛盾的根本原因。

由此可见城乡汽车消费的差异性，从整体上来看是十分显著的，具体表现为最低分位数以及较高分位数上的汽车消费差距较大，0.2~0.4分位数上的差距与高分位数相比小了一个数量级，并且中位数上的差距不显著，说明城乡汽车消费差距主要集中于最低档次以及较高档次的汽车消费上。变量效应的估计结果显示，其随着分位数的提升而上升，但变量的影响度，除了0.4分位数以外，始终维持在低位。相对来说，系数效应的估计结果在数值上的变化特征并不明显，但其影响度较高。根据上述给出的变量效应的经济内涵可以发现，城乡居民的收入或者财富差距对其汽车消费差异性的解释能力整体上并不强，只有对中等偏低档次的汽车消费才具有较强影响，而城乡汽车消费市场的发展差距，或者说供给侧的差距才是导致城乡汽车消费显著性差异的主要因素。

根据反事实分析的思想，变量效应和系数效应也可以认为是城乡购买力水平和消费市场发展逐渐趋同后，农村市场所释放出来的汽车消费潜力。以农村消费分布中0.6分位数的群体为例，变量效应和系数效应所释放出来的汽车平均消费潜能分别为34983.3元和217898.0元，这表明随着城乡一体化与新型城镇化的推进，若农村居民的购买力水平能提升至城镇居民水平，农村消费市场发展水平能提升至城镇消费市场发展水平，那么该群体的汽车消费将平均释放出252881元的潜力。此外，还可以看出农村居民对最低和较高档次汽车的消费潜力还是比较大的。

总需求量大和发展不均衡是中国汽车市场最突出的两个特征，过去十几年的高速增长主要是由城镇带来的，但随着限购范围的扩大和保有量的提高，其消费增长的速度必将有所减缓。这种城乡二元发展模式同样也存在于其他新兴耐用品消费市场中。随着农村居民购买力水平的不断提升，消费的重心也需要适当向农村转移。同时上述分析也表明，在形成拉动经济增长的长效机制及相关产业政策的制定方面，应更多地关注农村中低档消费市场。根据本章对城乡汽车消费差异的分解结果可知，在推进城乡一体化和新型城镇化以消除变量效应的同时，政府应对城乡消费市场的发展进行合理、有效的引导以消除系数效应。这将有利于充分释放农村市场的消费潜力，进而有效缓解产能过剩与需求不足之间的矛盾。

第五节　本章小结

本章对收入分布变迁在居民消费分布分位数上的需求异质性予以拓展研究。使用 CHIP 微观调查数据，在收入分布变迁动态特征的基础上，借助面板门限及其分位数回归等计量方法，分解得到了三类影响效应的数量结果。进一步以城乡二元结构现状为切入点，利用 CHFS 的数据，以汽车消费为例，在采用条件分位数回归分析的基础上，构造城乡消费的反事实假设并通过分位数分解方法在消费领域的扩展应用，探索了在居民收入分布变迁背景下，城乡各消费层次群体消费需求的特征以及消费市场的发展规律，并通过分解研究发现了收入分布变迁对城乡消费差异的影响机制。

一方面，本章对收入分布变迁引发的需求侧总消费的异质性特征展开了研究。首先，面板门限模型的实证结果显示，我国城镇居民消费需求存在双重门限特征，进一步的检验结果表明这一双门限模型是稳健可靠的。其次，对面板门限模型的分位数回归结果显示，随着分位数的增大，系数估计值整体上呈逐渐上升趋势。而且由 2007~2013 年的消费分布演变趋势可知，低收入组群内的低消费群体和高收入组群内的高消费群体两者的消费率下降得最为严重，而中等收入组群内部的消费需求呈现缓慢上升趋势。据此可初步判断，低收入组群和高收入组群均面临不同层次的消费升级困境，总消费水平不足更多地源于高收入组群的高层次需求难以满足。因此，单从消费需求角度考虑的话，收入差距扩大等收入分布变迁特征，可能并不是我国内需不足问题的主要原因。最后，采用基于分位数回归的典型设定值法完成了对消费分布各分位数上收入分布变迁影响效应的测度。结果表明，随着分位数由小到大，收入分布变迁的消费效应依次增大，表现出了很强的异质性特征。分解的水平效应和离散效应在绝对额度上也逐渐增大，异质效应则体现出一定的随机性。在贡献率上，由收入方差引起的离散效应占据了消费支出额的90%以上，而水平效应仅有约6%的贡献率。此处测度的是绝对支出增长额度中的贡献率，而水平效应对绝对支出增长的贡献较为乏力，直接导致了其在现实中对消费率拉低的主导作用。可见，我国消费需求问题的症结很有可能在于消费结构，多数居民尤其是中等阶层在消费结构上面临耐用品消费困境。因此，后续有必要从消费结构的视角，对收入分布变迁的消费需求效应做进一步的深入研究。

另一方面，本章对收入分布变迁引发的城乡消费的异质性特征展开了研究。在以汽车市场为例的实证研究中发现，城乡家庭可支配收入对汽车消费各分位数上的影响几乎都不显著，这说明对于汽车这种价格远超过当期收入水平的耐用品来说，当期收入的影响是微乎其微的。城乡家庭的资产对汽车消费在所有分位数上的影响几乎都十分显著，这恰恰说明了家庭资产所代表的累积收入才是影响汽车消费的主要因素，而居民收入分布的变迁必然主导着居民收入的积累效果。在家庭特征方面，家庭规模能够在一定程度上影响城镇居民的汽车消费决策，尤其是高档次汽车的消费，而婚姻状况对农村居民购买更高档次的汽车具有特殊的影响。其余家庭特征变量在收入的积累程度达到汽车消费门槛之前，都无法对其消费产生有效的影响。另外，根据反事实分析发现，虽然城乡汽车消费差异性整体上表现十分显著，但造成这种差异的原因不仅在于城乡居民的财富差距，更多的是源于供给侧方面的不平衡。随着城镇需求的逐渐饱和，其消费增长的速度必将有所减缓。根据分解结果，在不断推进城乡一体化和新型城镇化进程以提升农村居民购买力的同时，引导消费重心从城镇向农村合理转移并且大力发展和建设农村消费市场，将有利于进一步释放农村消费潜力、缓解城镇市场供求矛盾，以达到扩大国内消费需求和消化过剩生产能力的目的，从而保障我国社会主义市场经济更有效率、更加公平以及更可持续地发展。

此外，从本章的研究可以发现，我国产能过剩的情况不仅城乡有别，还具有明显的区域特征，如汽车消费市场在城镇已经出现非线性扩张的特征，而在农村却仅处于起步阶段。再加上前面几章对产能过剩问题的讨论结果，综合可见，我国产能过剩问题的原因之一可以被具体化地称为局部市场非理性投资引致的区域性产能过剩。针对这种产能过剩的特点，应该能够通过政府有效的市场引导而将其合理化解，使看似过剩的产能，通过政府和市场的共同作用，被尚不均衡的城乡二元消费格局充分、合理吸收，通过前瞻性产业政策实现投资对经济增长的有效驱动，以此盘活农村消费，逐步形成以国内消费为主导的经济增长新动力，由此实现在有效化解产能过剩的同时，实质性地扩大国内消费需求的经济目标。

第六章
收入分布变迁的消费市场结构性效应

我国经济在经历了40多年的高速增长后，以往投资导向型的发展模式逐步凸显出其局限性，根据海关统计数据，2003~2007年，我国对外贸易出口年均增长率达到29.2%，国际金融危机后到2013年我国对外贸易出口年均增长率仅为9.08%，而2014年对外贸易出口年均增长率按美元计算仅有6.1%，通货膨胀、投资过热和产能过剩等一系列问题的反复出现，使得人们意识到消费需求引导对经济增长的重要性。自20世纪90年代中后期以来，消费率尤其是民间私人消费率持续走低，呈现有效需求不足的态势，《中国统计年鉴》数据显示，最终消费率由1990年的48.8%下降到2011年的35.4%，在剔除了政府消费后同期民间私人消费率更是从35.2%下降到21.8%。长期的内需疲软会直接造成后续经济增长的动力不足，不利于经济的稳定持续发展。但与此同时，在某些市场轮番出现了消费热潮，既有房地产热，又有购车热，电脑、手机等各类新电子产品花样翻新、层出不穷。局部市场的过热会诱使产业界无法保持投资理性和前瞻性，导致出现产能过剩，增加经济负担。随着供给侧结构性改革的不断深化，如何准确把握需求侧消费结构转变的动态特征，使中国经济增长的动力由投资驱动向需求侧与供给侧同时发力，需求引导的市场配置机制和投资驱动的调控机制有机协同转变，是新常态下经济学领域亟待解决的关键问题。

上述"一冷一热"两种截然不同的市场现象正好印证了前面几章的分析结论：从消费需求角度来看，居民有很高的消费热情和很大的消费潜力，这一潜力无法转为实际消费的关键在于收入分布与消费结构之间出现了不协调，使得收入分布的均值变化带来的水平效应表现乏力。进一步猜测，离散效应可能对消费需求分布的影响起了主导作用，从而导致局部单个市场火热。因此，关于收入分布变迁对消费结构的影响效应，本章给出如下预期：在收入分布变迁引致的水平效应、离散效应和异质效应之中，水平效应主要体现整体收入水平对整个消费结构的影响，离散效应和异质效应共同反映收入分配格局对消费需求的影响，但异质效应表征的是地域、人力资本等因素的影响，体现的是一种非对称性作用。换句话说，水平效应主要影响整体消费结构，而离散和异质效应更偏向影响个别市场的需求。

第一节 总体消费市场的结构性效应模型

一 现有消费结构模型及评述

收入和消费始终是经济学研究的热点内容。在不同的历史时期，针对当时社会中存在的特定情况，西方经济学家从不同角度对消费经济理论提出了不同的看法和结论。从新古典主义集庸俗经济学派大成的马歇尔需求理论，到凯恩斯宏观经济体系中的消费函数，从莫迪利亚尼的生命周期假说和弗里德曼的永久收入假说到霍尔的随机行走假说，乃至近20年兴起的预防性储蓄假说和流动性约束假说，收入与消费的问题是20世纪30年代以后，特别是第二次世界大战以后发展起来的经济学研究中最主要的问题之一。但早期的消费理论仅限于研究社会整体或个人收入水平提高对社会整体或者单一商品需求的影响，忽略了不同商品间的相互影响。

后来学者们逐渐意识到了消费结构研究的必要性，但当时的消费结构研究多局限于经验分析，很少涉及从经济理论出发分析消费者的最优选择行为。Stone（1954）从既定的效用函数出发，在消费预算约束下依据效用最大化原则，构建线性支出系统（Linear Expenditure System，LES），开创了消费需求系统这一新领域，弥补了先前研究的不足，并迅速成为新的研究热点。LES模型是基于Klein和Rubin（1947）提出的如下效用函数形式：

$$U = \sum_{i=1}^{n} \alpha_i \ln(q_i - \gamma_i)$$

其中，$q_i > \gamma_i > 0$，$i = 1, 2, \cdots, n$，q_i 表示商品 i 的实际需求量，γ_i 可理解为居民维持基本生活需求的消费量，α_i 是加权参数，且 $\sum \alpha_i = 1$。面临的预算约束为：

$$\sum_{i=1}^{n} q_i p_i = V$$

其中，V 是总支出。欲使效用最大化，只需构建拉格朗日函数求解最大化问题，最终得到如下形式的支出函数，即 LES 需求支出函数：

$$p_i q_i = p_i \gamma_i + \alpha_i \left(V - \sum_{j=1}^{n} p_j \gamma_j \right), \quad i,j = 1,2,\cdots,n$$

但 LES 模型在理论逻辑上有一个不足，其假设总支出 V 是预先外生给定的，而这显然违背居民日常的消费习惯，消费者通常一般不会先确定支出再购买商品，即不是总支出决定购买，恰好相反，应该是购买决定支出。

之后对于消费需求系统不断有新模型或新的改进被提出来，目前最重要的被广泛使用的模型有 Lluch（1973）在线性支出系统基础上推出的扩展线性需求系统（Extended Linear Expenditure System，ELES）模型和 Deaton 与 Muellbauer（1980）的几乎理想需求系统（Almost Ideal Demand System，AIDS）模型。其中，ELES 模型在 LES 模型基础上完成了两点改进：一是用收入 Y 替代了总支出 V，二是用边际消费倾向 β_i 替代了边际预算份额 α_i。基本假设为某一时期人们对某一商品的需求取决于当期的收入和价格，需求分为基本需求和非基本需求两部分，基本需求不受收入影响，基本需求得到满足后才将剩余收入分配于非基本需求，模型的需求函数形式为：

$$V_i = p_i q_i + \beta_i \left(Y - \sum p_i q_i \right) + \varepsilon_i, \quad i = 1,2,3,\cdots,n \qquad (6-1)$$

其中，V_i 为第 i 种商品的消费支出，p_i 为其价格，q_i 为第 i 种商品的基本需求量，Y 为收入，系数 β_i 表示满足基本需求后剩余收入对商品 i 的边际消费倾向，且 $0 < \beta_i < 1$，$\sum \beta_i \leq 1$，$(1 - \sum \beta_i)$ 可表示为储蓄倾向。

对于某一固定时期，式（6-1）中 $p_i q_i$ 和 $\sum p_i q_i$ 为常数，故设

$$A_i = p_i q_i - \beta_i \sum p_i q_i \qquad (6-2)$$

则式（6-1）可改写为：

$$V_i = A_i + \beta_i Y + \varepsilon_i \qquad (6-3)$$

对式（6-3）进行最小二乘估计，得到系数估计值 $\hat{A}_i$ 和 $\hat{\beta}_i$，对式（6-2）两边加总，则：

$$\sum p_i q_i = \sum \hat{A}_i \Big/ \left(1 - \sum \hat{\beta}_i\right) \qquad (6-4)$$

将式（6-4）代入式（6-2），便可得基本需求估计值：

$$p_i q_i = \hat{A}_i + \hat{\beta}_i \left[\sum \hat{A}_i \Big/ \left(1 - \sum \hat{\beta}_i\right) \right] \qquad (6-5)$$

由上述 ELES 模型的估计过程可发现，其估计过程不需要收入以外的额外信息，可以在很大程度上减少收集整理数据的工作。但其在估计过程中采用最小二乘法，会忽略掉各消费项间的关联性，而这在需求系统里往往是很关键的。

AIDS 模型是本章后续研究中选择使用的模型，原因是其具有可一阶近似任何需求系统、完全满足选择公理、实现需求的完全加总、便于估计等诸多优点。虽然其估计相对烦琐，但是其采用各类消费支出数据的相对比重指标，能减小实际数据的统计误差，而且其对系数的加总性、齐次性和对称性约束保证了各类消费间的关联性，另外其支出单独成项，改进较为方便。最后，从使用的广泛性来说，其远优于 ELES 模型，而且对其的改进也有诸多先例，如 Blundell 等（1993）给出的 QUAIDS（Quadratic Extension to AIDS）模型，对 AIDS 模型将在下一节中予以详细介绍。

另外，无论是 ELES 还是 AIDS 模型，在估计时往往会出现随着商品或商品类别的增加待估参数急剧增长的问题，这使模型的实用性大大降低。为弥补这一缺陷，近年来很多学者选择采用分两阶段的方式来进行研

究，第一阶段把总支出在各大商品类之间进行分配，第二阶段在具体要研究的商品类如食品类的细分商品间分配该类支出，较有代表性的如 Fan 等（1995）、Tatiane 等（2008）和 Madan 等（2011）。

但上述模型均基于支出等于收入的假设，依据支出来分配各项消费金额，用支出结构来替代需求结构。由于西方经济发展趋于稳定，居民收入也处于较高水准，敢于提前消费，支出结构能较好地反映需求结构。而我国经济处于快速的发展时期，居民收入分布变迁剧烈，数亿城镇居民收入快速且显著地变迁所导致的消费需求问题，是西方发展过程中未曾遇到的。加上社会保障并不完善、具有"量入为出"的消费习惯等原因，我国居民有相当大部分会将收入转为储蓄，支出不等于收入，支出结构与需求结构不一致。所以研究我国的消费结构问题，沿用国外模型会存在一定的偏差。

而目前国内学者对消费结构的研究大多借鉴国外成熟的计量模型，从支出的角度来进行，较有代表性的成果有郭爱军、武国荣（2008），夏传文、刘亦文（2009），屈小博、霍学喜（2007）等。涉及收入分布变迁对消费结构影响的研究并不多见，其中卢方元、鲁敏（2009）和孙凤、易丹辉（2000）采用静态面板数据模型分别对我国农村和城镇不同收入层次的居民消费结构差异进行了分析；王敏、马树才（2010）进一步采用动态面板分析了不同收入等级下我国城镇居民消费结构的差异，发现了不同收入层次居民的消费敏感性呈"V"形趋势；朱建平、朱万闯（2012）采用两阶段面板分位数回归技术，从横向和纵向两个方面比较了不同收入城镇居民的消费特征。但研究中多使用不同收入等级的差异来代替收入分布对消费结构的影响，而通过 Jenkins 和 Van Kerm（2005）对收入分布的研究发现，居民收入分布变迁可被分解为三部分，不同收入等级的整体收入增长带来的消费效应并未在上述研究中得到体现。

综上所述，在我国经济转型的特殊背景下，居民快速显著的收入分布变迁和中西方居民消费行为的差异，使传统西方消费经济理论的一些外生的、稳定的假设在研究中国问题时存有争议。因此，本章接下来将对 AIDS 模型进行两点改进：一是在模型中引入收入项，使之更加符合我国居民"量入为出"的消费观念；二是对模型进行动态扩展，由于收入分布变迁是一个动态过程，而 AIDS 模型刻画的是静态情形下的消费需求，两者的结合需包含动态性特征。另外，之所以选择 AIDS 模型，一方面是该模型具有可一阶近似任何需求系统、完全满足选择公理等优点，另一方面是考虑到后续融入收入分布变迁因素的分解，该模型支出项自成一项将有利于分解的实现。最后，采用改进后的模型完成对收入分布变迁的结构性需求效应的实证检验，并分析其失衡问题的根源。

二 AIDS 模型

Deaton 和 Muellbauer（1980）的 AIDS 模型在给定的价格体系和一定的效用水平下，展现了消费者是如何以最小支出来实现既定效用的。假定消费者行为满足 PIGLOG（Price in Different Generalized Logarithmic）偏好假说，即支出函数为 PIGLOG 型函数：

$$\log[C(u,p)] = (1-u)\log[a(p)] + u\log[b(p)] \quad (6-6)$$

其中，$u(0 \leq u \leq 1)$ 为效用指标，$u=0$ 表示仅维持基本生理需求时的效用，$u=1$ 表示效用达到最大。故 $a(p)$ 和 $b(p)$ 分别为消费者满足基本生理需求和获得最大效用所需的最小支出。$a(p)$ 和 $b(p)$ 的形式如下：

$$\log[a(p)] = a_0 + \sum_{i=1}^{n} a_i \log p_i + \frac{1}{2} \sum_{i=1}^{n} \sum_{j=1}^{n} r_{ij} \log p_i \log p_j \quad (6-7)$$

$$\log[b(p)] = \log[a(p)] + b_0 \prod_{i=1}^{n} p_i^{b_i} \quad (6-8)$$

把式（6-7）、式（6-8）代入式（6-5），得到如下支出函数表达式：

$$\log C(u,p) = a_0 + \sum_{i=1}^{n} a_i \log p_i + \frac{1}{2} \sum_{i=1}^{n} \sum_{j=1}^{n} r_{ij} \log p_i \log p_j + u b_0 \prod_{i=1}^{n} p_i^{b_i} \quad (6-9)$$

利用支出函数性质，可知式（6-9）对价格 p_i 求偏导等于对商品 i 的需求量，我们用 h_i 表示需求，则可得：

$$h_i(u,p) = \frac{\partial C(u,p)}{\partial p_i} = \frac{C(u,p)}{p_i} \left\{ \begin{array}{l} a_i + \sum_{j=1}^{n} r_{ij}^* \log p_j \\ + b_i \log[C(u,p)/a(p)] \end{array} \right\}$$

其中，$r_{ij}^* = \frac{1}{2}(r_{ij} + r_{ji})$。令 $w_i = p_i h_i(u,p)/C(u,p)$ 表示商品 i 的支出份额，可得 AIDS 模型的支出份额表达式：

$$w_i = a_i + \sum_{j=1}^{n} r_{ij}^* \log p_j + b_i \log[C(u,p)/a(p)] \qquad (6-10)$$

该模型的理论约束有 3 个方面：一是加总性，$\sum_{i=1}^{n} a_i = 1$，$\sum_{i=1}^{n} r_{ij} = 0$，$\sum_{i=1}^{n} b_i = 0$；二是齐次性，$\sum_{j=1}^{n} r_{ij} = 0$；三是对称性，$r_{ij} = r_{ji}$。

对式（6-10）的估计是比较困难的，其难点是对基本生理需求 $a(p)$ 的度量。Deaton 指出可以把它看作一个价格指数，那么 $C(u,p)/a(p)$ 可以看作几倍于基本生理需求的"真实支出"，同时 Deaton 建议采用 Stone 指数来代替它，Phillips（1990）通过比较一般价格指数和 Stone 指数的差异，也认为在具体应用中两者是一致的，这样式（6-10）便成为一个线性方程，最后 Stone 指数的表达式为：

$$\log P = \sum_{i=1}^{n} w_i \log p_i$$

随着需求系统模型的日趋成熟，我国学者也逐渐开始在实证研究中大量运用，并且尤其偏爱 AIDS 模型。臧旭恒、孙文祥（2004），刘秀梅、秦富（2005），姜百臣（2007），梁俊伟、范金（2006）以及张玉梅、喻闻和李志强（2012）等均采用 AIDS 模型对居民的消费结构进行了研究。上述研究都是从消费支出的角度，分析单类商品或总体消费结构的变化问题。随后一些学者基于两阶段预算的思想，分别构建了两阶段需求系统模型，进行单类商品消费与总消费关系问题研究。穆月英等（2001）和穆月英、笠原浩三（2003）通过构建两阶段需求系统分别对中国城乡居民消费和中日食品消费做了比较分析。屈小博、霍学喜（2007）运用两阶段预算需求系统 LES-AIDS 模型，分析了农户食品项目的消费需求问题。刘华、钟甫宁（2009）分别建立两阶段的 Engel-Working Leser 模型和 Engel-LA/AIDS 模型对城镇居民的食物消费行为进行了研究。通过上述研究，可以发现两阶段需求系统的构建是在需求系统模型中引入收入变量的另一个途径,这对本章的研究具有与 ELES 模型同等的借鉴价值。

三 引入收入分布变迁的动态扩展 AIDS 模型

前面得到的式 (6-10) 是一个静态模型,而收入分布变迁是一个动态过程,故两者的结合也将是一个动态系统。首先,把收入变量引入上述 AIDS 模型中,由于 AIDS 模型是通过追求支出最小化来达到既定效用水平的,因此得到的是希克斯需求函数,要用收入来替代支出,可以通过解决 AIDS 模型的对偶性问题来实现,即在预算约束条件下,依据效用最大化原则求解马歇尔需求函数。

由对偶性原理可知,支出函数与直接效用函数互为逆函数,可得到与 AIDS 模型的支出函数对应的间接效用函数:

$$v(p,m) = [\ln m - \ln a(p)]/[\ln b(p) - \ln a(p)] \qquad (6-11)$$

进而由罗伊恒等式可得商品 i 的马歇尔需求函数:

$$x_i(p,m) = -\frac{\partial v(p,m)/\partial p_i}{\partial v(p,m)/\partial m} = \frac{m}{p_i}\{a_i + \sum_{j=1}^{n} r_{ij}^* \log p_j + b_i \log[m/a(p)]\} \qquad (6-12)$$

式 (6-12) 中,$r_{ij}^* = \frac{1}{2}(r_{ij} + r_{ji})$。令 $\mu_i = p_i x_i(p,m)/m$,由此可得与 AIDS 相似的扩展模型表达式:

$$\mu_i = a_i + \sum_{j=1}^{n} r_{ij}^* \ln p_j + b_i \ln[m/a(p)] \qquad (6-13)$$

式 (6-13) 中,$a(p)$ 可以理解为某一价格指数,m 为收入,所以模型中的 $m/a(p)$ 可以理解为实际收入水平,式 (6-13) 便是得到的包含收入的 AIDS 模型。

另外,设 y_1 和 y_2 为两个年份的收入,收入分布变迁测度中得到的两个反事实收入变量 ξ_1 和 ξ_2 为:

$$\xi_1 = y_1 + \Delta y = y_1 + (\mu_2 - \mu_1) \qquad (6-14)$$

$$\xi_2 = \mu_2 + \frac{\sigma_2}{\sigma_1}(y_1 - \mu_1) \qquad (6-15)$$

下面基于式（6-13）至式（6-15）完成对 AIDS 模型的扩展。

换一种角度理解式（6-13），把第 i 类商品的"支出/收入"μ_i 看作关于收入 m 和价格向量 p 的函数 $\mu_i(m,p)$，若 p 保持不变，则 $\mu_i(m,p)$ 类似商品 i 的恩格尔方程。以 $t=2$ 为例，则收入分布变迁导致的消费结构演变过程可分解为如下形式：

$$\eta_{i1} = \mu_i(y_1, p_2) \xrightarrow{\text{价格影响}} \eta_{i1} = \mu_i(y_1, p_2) \xrightarrow{\text{水平效应}} \eta_{i2} = \mu_i(\xi_1, p_2) \xrightarrow{\text{离散效应}} \eta_{i3}$$
$$= \mu_i(\xi_2, p_2) \xrightarrow{\text{异质效应}} \mu_{i2}$$

其中，第一步是剔除价格变化的影响，假设支出收入份额为 η_{ij} 且 $j=1$，2，3 均已知，则每一步均可进行式（6-13）的估计，得到 b_i 的估计值。由于第一步已剔除价格效应，故价格及其系数在收入分布变迁影响的过程中是保持不变的。用 Δ_1、Δ_2、Δ_3 分别表示由收入分布变迁导致消费结构演变的水平效应、离散效应和异质效应，即：

$$\Delta_1 = \eta_{i2} - \eta_{i1} = \alpha_i \log\left(\frac{\xi_1}{y_1}\right)$$

$$\Delta_2 = \eta_{i3} - \eta_{i2} = \beta_i \log\left(\frac{\xi_2}{\xi_1}\right)$$

$$\Delta_3 = \eta_{i2} - \eta_{i3} = \theta_i \log\left(\frac{y_2}{\xi_2}\right)$$

于是，可得 AIDS 动态扩展模型在 $t=2$ 时的形式：

$$\mu_{i2} = \eta_{i1} + \Delta_1 + \Delta_2 + \Delta_3$$
$$= a_i^* + \sum_{j=1}^{n} r_{ij}^* \log(p_{j2}) + b_i \log\left(\frac{y_1}{p_2}\right) + \alpha_i \log\left(\frac{\xi_1}{y_1}\right) + \beta_i \log\left(\frac{\xi_2}{\xi_1}\right) + \theta_i \log\left(\frac{y_2}{\xi_2}\right)$$
$$(6-16)$$

式（6-16）便是包含收入分布变迁因素的 AIDS 动态扩展模型。其中，被解释变量 μ_{i2} 为第二期各商品消费占收入的份额，解释变量包含价格因素和收入分布变迁因素两类。$\sum_{j=1}^{n} r_{ij}^* \log(p_{j2})$ 项表示自身价格和交互价格的影响，$\log\left(\frac{y_1}{p_2}\right)$ 表示由总价格变化导致的实际收入变化，这两项一起度量了当名义收入保持不变时价格对各项消费的影响。

四 数据、指标及回归方程设定

在数据上考虑到邻近两年消费结构的演变并不明显，但在我国发展进程中实施五年规划，从而使得每个规划的阶段特征较为明显，故本章的实证检验将选取我国"十五"和"十一五"两个时期，2002~2011年《中国统计年鉴》中各省城镇居民食品、衣着、家庭设备、医疗保健、交通通信、教育娱乐、居住、杂项八类消费支出数据、可支配收入数据、分类消费价格指数和年利率（用一年定期利率表示）相关数据，并定义储蓄为可支配收入与八类消费支出的差额。下文沿着上述思路展开具体研究工作。

对于式（6-16）中表征收入分布变迁的后三项收入指标，反事实收入变量 ξ_1 和 ξ_2 的构造均相对前一年收入进行，度量的是相邻两年间的收入分布变迁。其中 ξ_2 的构造要用到当年我国城镇居民收入的标准差，考虑到年鉴上收入统计的原始数据是一样的，所以标准差将通过各年7个收入等级数据，以全国城镇人均可支配收入为均值加权计算得到，其中7个等级所划分的人口比重分别为0.1、0.1、0.2、0.2、0.2、0.1、0.1，具体数据及其计算结果见表6-1。

表6-1 2001~2010年分等级城镇居民可支配收入数据

单位：元

年份	平均	最低	低	中低	中	中高	高	最高	标准差
2001	6859.6	2802.8	3319.7	4946.6	6366.2	8164.2	12662.6	15114.9	1424.4
2002	7702.8	2408.6	3032.1	4932.0	6656.8	8869.5	15459.5	18995.9	1919.1
2003	8472.2	2590.2	3295.4	5377.3	7278.8	9763.4	17471.8	21837.3	2224.4
2004	9421.6	2862.4	3642.2	6024.1	8166.5	11050.9	20101.6	25377.2	2609.6
2005	10493.0	3134.9	4017.3	6710.6	9190.1	12603.4	22902.3	28773.1	2988.4
2006	11759.5	3568.7	4567.1	7554.2	10269.7	14049.2	25410.8	31967.3	3303.3
2007	13785.8	4210.1	6504.6	8900.5	12042.3	16385.8	22233.6	36784.5	3406.6
2008	15780.8	4753.6	7363.3	10195.6	13984.2	19254.1	26250.1	43613.8	4087.8
2009	17174.7	5253.2	8162.1	11243.6	15399.9	21018.0	28386.5	46826.1	4366.2
2010	19109.4	5948.1	9285.3	12702.1	17224.0	23188.9	31044.0	51431.6	4750.0

资料来源：《中国统计年鉴》，2002~2011年。

对于价格指标拟采用 2001~2010 年的分类消费价格指数，以 2000 年为基期。对于储蓄的"价格"，用其贴现价格"$1/(1+r)$"表示，其中 r 为实际利率，为与其他类商品价格指数保持数量级一致，以 2000 年的储蓄价格为基期价格进行了折算，模型中使用折算后的指数。对于总价格指数，设储蓄占收入份额为 s，则通过"总价格指数 = $(1-s)$ 总支出价格指数 + s 储蓄价格指数"加权运算得到。

另外，由于采用的模型为系统模型，而且各个方程都不包含内生解释变量，对每个方程进行最小二乘估计是一致的，但并不是最有效率的，忽略了不同方程扰动项之间的相关性。若相关，则使用似不相关回归（SUR）同时对整个系统进行估计也是最有效率的做法。关于是否存在相关性，可以通过 B-P 检验进行判定，表 6-2 给出了在 1% 显著性水平下的检验结果。最后一行显示检验的 P 值为 0，故在 1% 的显著性水平下拒绝扰动项相互独立的假设，因此，使用 SUR 估计进行系统估计可提高估计效率。

表 6-2 B-P 残差相关性检验结果

	u1	u2	u3	u4	u5	u6	u7	u8	u9
u1	1.000								
u2	-0.237	1.000							
u3	-0.015	-0.293	1.000						
u4	-0.101	-0.097	0.117	1.000					
u5	-0.175	0.230	0.134	0.055	1.000				
u6	0.196	0.058	0.097	-0.141	0.040	1.000			
u7	-0.120	-0.090	0.208	0.272	0.335	0.028	1.000		
u8	0.038	0.258	-0.047	0.222	0.112	-0.153	-0.092	1.000	
u9	-0.500	-0.194	-0.324	-0.248	-0.434	-0.484	-0.389	-0.253	1.000
B-P 检验			chi^2(36) = 584.213			P = 0.0000			

注：$u1$、$u2$……$u9$ 分别表示食品、衣着、居住、家庭设备、医疗保健、交通通信、教育娱乐、杂项和储蓄 9 类消费项。

由于模型中各方程的被解释变量是"消费支出/收入"的比例，其和为 1，为避免模型估计的过度识别，只能估计其中的 8 项消费方程。理论上随机去掉哪个都不影响整个系统的估计结果，去掉的方程的所有待估系数都可以通过其他方程系数求出。但本章主要考察收入分布变迁对消费结构演变的影响，储蓄更多的是作为一个控制变量而存在，所以选择去掉储蓄方程，其估计结果中也不再给出。

对于时期的划分，计划通过引入虚拟变量的方式来实现，引入两个时期虚拟变量 $T_1 = 1$（$t \leq 2005$）和 $T_2 = 1 - T_1$，且只在截距项和收入分布变迁因素上加入虚拟变量，由于价格变量不是关注重点，也等同于控制变量，因此不加虚拟变量。同时考虑到我国消费结构在东、中、西部的差异较大，在估计方程中加入了两个地区虚拟变量 D_1（中）和 D_2（西）。这样得到的实证结果实际上度量的是在每个时期内我国城镇居民的收入分布变迁对消费结构需求变化一年间隔的平均影响。用 $ch1$、$ch2$、$ch3$ 分别表示收入分布变迁的三个变化项，则估计方程的形式如式（6-17）所示：

$$\mu_i = a_{i1}T_1 + a_{i2}T_2 + b_{i1}D_1 + b_{i2}D_2 + \sum_{j=1}^{9} r_{ij}^* \ln(p_j) + c_i \ln\left(\frac{y_1}{p}\right) + \\ \alpha_{i,1} ch1 \cdot T_1 + \beta_{i,1} ch2 \cdot T_1 + \theta_{i,1} ch3 \cdot T_1 + \\ \alpha_{i,2} ch1 \cdot T_2 + \beta_{i,2} ch2 \cdot T_2 + \theta_{i,2} ch3 \cdot T_2 \quad (6-17)$$

第二节　总体消费市场结构性效应模型的估计与分析

一　总消费结构演变的统计分析

（一）消费结构演变的整体趋势分析

1978 年改革以来，我国城镇居民的消费结构发生了显著变化，无论是从恩格尔系数的稳定持续下降，还是从以商品消费热点不断转化为特征的消费结构升级来看，整个消费结构的演变趋势及其阶段性均十分显著（范剑平，2001；杭斌、申春兰，2006；袁志刚，2011）。本章收集了 1981~2012 年的消费结构支出统计数据[①]，如表 6-3 所示，下文通过对该数据的进一步整理给出详细分析。

[①] 由于缺少 1978~1980 年的消费支出细项数据，故收集的数据年份从 1981 年开始。另外，本部分 1981~2007 年数据取自袁志刚（2011）第 24 页表 2-1，2008~2012 年数据来源于中经网：http://db.cei.gov.cn/。

表6-3　1981~2012年中国城镇居民消费结构数据

单位：%

年份	一 食品	二 衣着	三 家庭设备	四 医疗保健	五 交通通信	六 教育娱乐	七 居住	八 杂项
1981	56.7	14.8	9.6	0.6	1.4	8.4	4.3	4.2
1982	58.6	14.4	9.2	0.6	1.5	7.2	4.4	4.1
1983	59.2	14.5	9.0	0.6	1.5	6.6	4.4	4.2
1984	58.0	15.5	9.1	0.6	1.5	7.1	4.2	4.0
1985	52.2	14.6	10.7	1.2	1.1	10.6	5.6	4.0
1986	52.4	14.1	11.1	1.2	1.1	9.6	6.0	4.5
1987	53.5	13.7	11.4	1.3	1.1	8.5	6.1	4.4
1988	51.4	13.9	13.5	1.5	0.9	9.2	5.5	4.1
1989	54.5	12.3	11.1	1.7	0.9	9.5	5.7	4.3
1990	54.2	13.4	10.1	2.0	1.2	9.2	5.6	4.3
1991	53.8	13.7	9.6	2.2	1.4	8.9	6.0	4.4
1992	52.9	14.1	8.4	2.5	2.6	8.8	6.0	4.7
1993	50.1	14.2	8.8	2.7	3.8	9.2	6.6	4.6
1994	49.9	13.7	8.8	2.9	4.7	8.8	6.8	4.4
1995	49.9	13.5	8.4	3.1	4.8	8.8	7.1	4.4
1996	48.6	13.5	7.6	3.7	5.1	9.6	7.7	4.4
1997	46.4	12.5	7.6	4.3	5.6	10.7	8.6	4.4
1998	44.5	11.1	8.2	4.7	5.9	11.5	9.4	4.6
1999	41.9	10.5	8.6	5.3	6.7	12.3	9.8	5.0
2000	39.4	10.0	7.5	6.4	8.5	13.4	11.3	3.4
2001	38.2	10.1	7.1	6.5	9.3	13.9	11.5	3.5
2002	37.7	9.8	6.5	7.1	10.4	15.0	10.4	3.3
2003	37.1	9.8	6.3	7.3	11.1	14.4	10.7	3.3
2004	37.7	9.6	5.7	7.4	11.8	14.4	10.2	3.3
2005	36.7	10.1	5.6	7.6	12.6	13.8	10.2	3.5
2006	35.8	10.4	5.7	7.1	13.2	13.8	10.4	3.6
2007	36.3	10.4	6.0	7.0	13.6	13.3	9.8	3.6
2008	37.9	10.4	6.2	7.0	12.6	12.1	10.2	3.7
2009	36.5	10.5	6.4	7.0	13.7	12.0	10.0	3.9
2010	35.7	10.7	6.7	6.5	14.7	12.1	9.9	3.7
2011	36.3	11.1	6.8	6.4	14.2	12.2	9.3	3.8
2012	36.2	10.9	6.7	6.4	14.7	12.2	8.9	3.9

图 6-1 给出了 1981 年和 2012 年消费结构的对比,结果显示我国城镇居民的消费结构升级是显而易见的:首先,恩格尔系数从 1981 年的 56.7% 下降到 2012 年的 36.2%,医疗保健、交通通信、教育娱乐及居住等消费的比重持续增加,表明我国城镇居民的整体生活水平已经由改革开放初期的温饱型转变为小康型,并逐渐升级为消费型;其次,在排序上,1981 年依次为食品、衣着、家庭设备、教育娱乐、居住、杂项、交通通信和医疗保健,而 2012 年依次为食品、交通通信、教育娱乐、衣着、居住、家庭设备、医疗保健和杂项,比重次序上的不同在一定程度上体现了居民消费结构的改变。

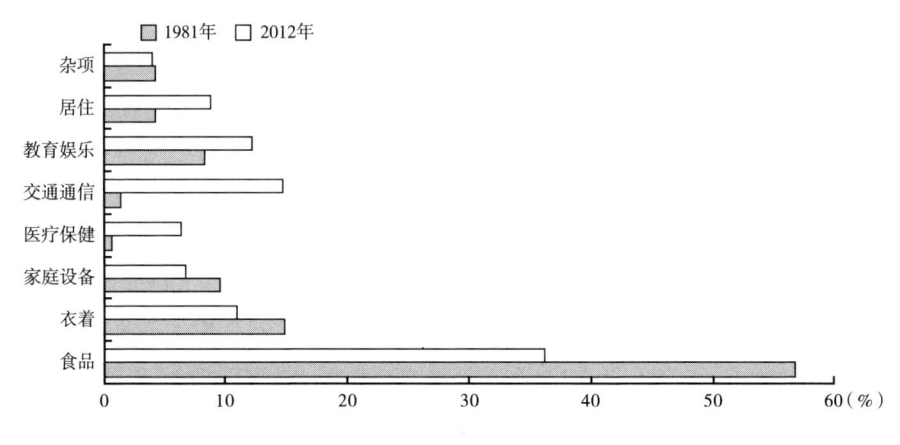

图 6-1 1981 年和 2012 年城镇居民消费结构对比

(二) 消费结构演变的阶段性分析

我国城镇居民消费结构演变过程的阶段性特征很明显,对阶段性的分析可从恩格尔系数和人均 GDP 两个不同的维度展开。具体将参考联合国粮农组织提出的利用恩格尔系数对世界各国生活水平的划分标准①,以及人均 GDP 对国家经济发展水平的判断功能,并结合我国实际发展历程展开分析。在恩格尔系数和人均 GDP 两个维度下,可以将消费结构的演化进程分为四个阶段,如图 6-2 所示。

---

① 一个国家平均家庭恩格尔系数大于 60% 为贫穷;50%~60% 为温饱;40%~50% 为小康;30%~40% 属于相对富裕;20%~30% 为富裕;20% 以下为极其富裕。

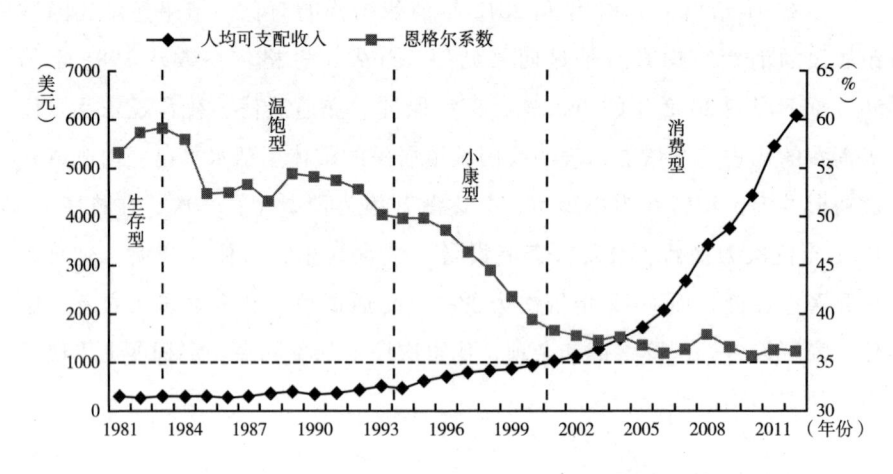

图 6-2　1981～2012年我国城镇居民消费结构演变进程的阶段划分

1978～1983年为生存型阶段：在这个阶段，整体生活水平处于温饱以下，居民此时不得不将大部分的收入用于食物、衣着等维持生理需求的基本消费上，随着收入的增加，食物等支出随之增加，恩格尔系数处于上升期。

1984～1993年处于温饱型阶段：随着收入的持续增长，人们的温饱问题基本上得到解决，食物和衣着等基本生理需求得到满足，消费的注意力转移到对生活条件的改善上，如对电视机、洗衣机等日常耐用品的消费，此阶段恩格尔系数开始随着收入的增长而下降。

1994～2000年达到小康型阶段：该阶段居民的食品和衣着消费比重持续下降，恩格尔系数低于50%，日常的电视机、洗衣机等耐用品需求基本饱和，消费热点开始向医疗保健、交通通信和教育娱乐等发展享受型领域转变。

2001年至今称为消费型阶段：2001年我国居民人均收入突破1000美元，此时居民的消费行为更加多元化，而且注意消费质量的提升。

在图6-2消费结构演变阶段划分的基础上，结合我国改革开放的实践历程，进一步在图6-3中给出不同阶段各类消费品的演变趋势，具体总结如下。

在生存型阶段食品和衣着消费的比重均呈上升趋势，而家庭设备和教

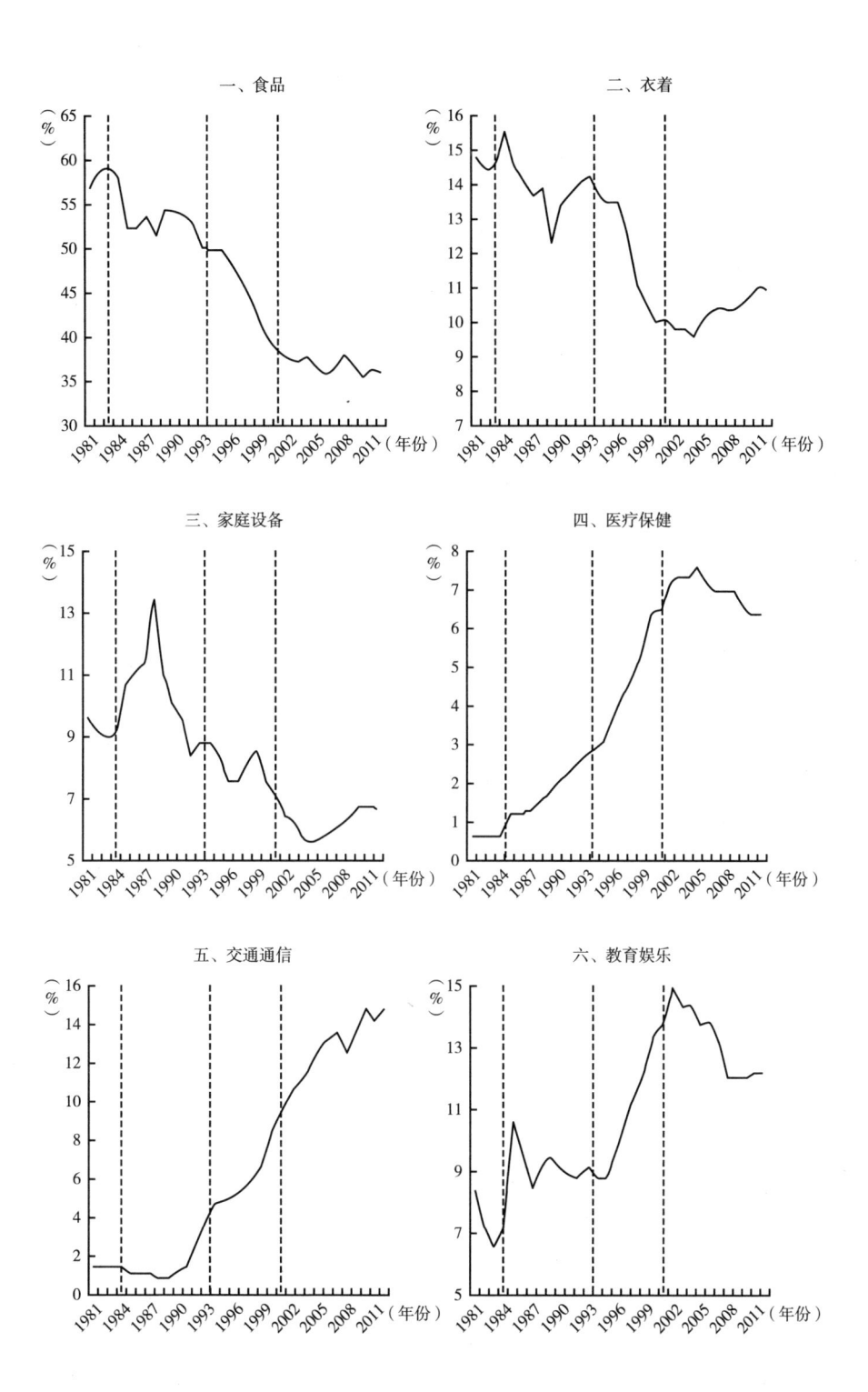

第六章 收入分布变迁的消费市场结构性效应 | 153

一、食品

二、衣着

三、家庭设备

四、医疗保健

五、交通通信

六、教育娱乐

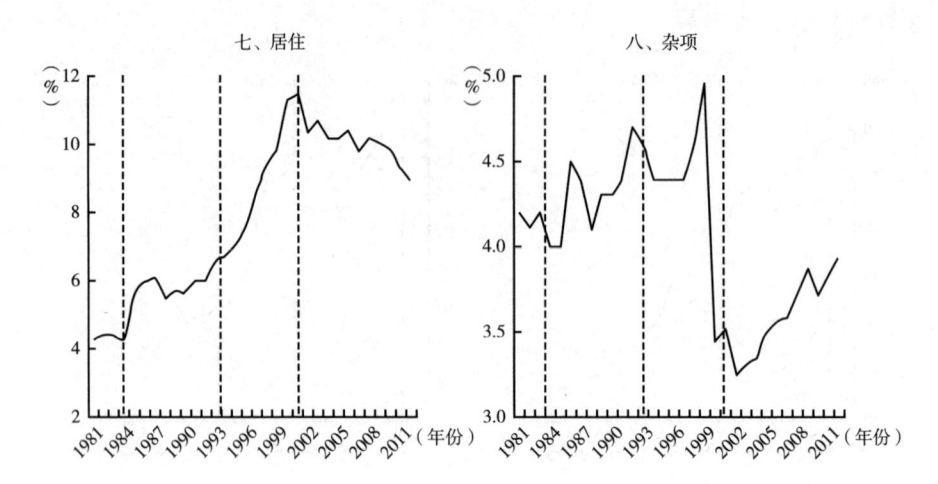

图 6-3 1981~2012 年中国城镇居民阶段划分下的各类消费比重变化

育娱乐等消费成为居民消费决定中被削弱的对象。改革开放后调整了分配制度，并放松了价格管制，在基本生活资料供给数量增加和价格上涨的共同作用下，城镇居民的食品和衣着消费比重提高。另外，1981年开始农村实行家庭联产承包责任制，极大地调动了农村居民生产的积极性，进而丰富了城镇居民的食品供应。

温饱型阶段根据家庭设备支出比重的变化分为两个阶段。1984~1988年为第一阶段，居民在食品和衣着方面的基本需求得到满足，城镇居民的消费注意力开始转向耐用消费品，家庭设备的支出比重到1988年达到最大的13.5%。这一阶段城镇居民的消费需求表现出集中性、趋同性和超前性的特征，人们对家电的需求在短时间内迅速扩张，几乎达到饱和状态。但这一阶段城镇居民在居住、医疗保健方面的支出比重变化都很小，主要源于该阶段国家的住房、医疗等相关制度改革还未展开。1989~1993年为第二阶段，居民食品消费比重整体上继续下降，但由于前一阶段人们同步集中参与抢购热潮，家庭设备消费已基本饱和，《中国统计年鉴》的统计数据显示，1989年末我国城镇居民电风扇的普及率高达每百户128.7台，电视机、洗衣机和电冰箱的每百户拥有量也分别达到了51.47台、76.21台和36.47台，所以家庭设备的消费份额出现迅速下滑趋势。由此，居民开始适当增加医疗保健、交通通信及居住等消费支出，值得一提的是衣着消费比重出现短期的回弹，表明其他支出并未完全抵消耐用品留下的消费余额，而且人们对衣着的追求也不再局限于最初的遮丑保暖需求。

小康型阶段始于1994年恩格尔系数首次跌落到50%以下，居民食品消费比重进一步降低，衣着结束上一段的回弹，也恢复了下降趋势，而且下降幅度较大。同时，居民对医疗保健、交通通信、教育娱乐和居住的支出大幅提高。一方面，随着居民收入的不断提高，人们的生活水平已得到了很大提高，消费结构已由改革开放之初的生存型向发展型转变，出现升级趋势；另一方面，我国经济体制改革逐步深化，20世纪90年代中期逐步推行医疗、住房、养老和教育等领域的改革，市场的作用逐渐加强，医疗、住房等消费支出必然增大。

2000年以后城镇居民收入水平跨过1000美元大关，消费结构进一步升级，交通通信的支出比重持续提升，衣着消费再次出现反弹，耐用品支出继短暂的下跌之后也出现了上升态势，医疗保健、教育娱乐和居住等其他消费缓慢走低。随着居民收入的大幅提高，消费结构在这一阶段演变为发展型和享受型的混合消费模式。21世纪科学技术飞速进步，人们对汽车和通信产品等商品的需求加强，该类支出随之加大。另外，居民对衣着的消费要求更加严格，开始向时尚等精神层面的需求转移，衣着等商品的消费比重有所提升。同时，医疗保健、教育娱乐和居住等消费的适度回落，则体现出居民消费的多元化和合理化趋势，表明其更加注重从自身的实际需求出发。

综上所述，我国居民的消费结构大体上经历了一个从低层次到高层次、从不合理到逐步合理的趋势。但如何进一步洞察居民的消费需求偏好，制定相关产业政策实现投资的前瞻性，避免局部单一市场过热的风险，仍是我国经济转型期亟待解决的难题。因此，接下来在完成对AIDS模型估计的基础上，结合居民收入分布变迁过程，研究其对消费结构演变的影响效应，寻求对上述难题的解答。

二 模型估计结果及分析

在可加性、对称性和齐次性约束下对式（6-17）的SUR估计结果见

表 6-4。由估计结果可以看出收入分布变迁三种效应对不同时期、不同消费品的影响是各不相同的。"十五"期间，首先，从水平效应来看，对衣、食、住三项均无显著影响，对家庭设备及杂项有显著的负向作用，而对医疗保健、交通通信和教育娱乐则有显著的正向作用。表明随着收入分布整体右移，即收入水平的整体提高，我国城镇居民的衣、食、住等基础生存性消费需求基本得到了满足，常见的家庭耐用消费品已经显现出"恩格尔定律"趋势，其支出在收入中的比重随着生活水平的提高而下降，这正好印证了表 2-4 中所显示的，我国 2000 年传统的电视机、洗衣机和电冰箱等耐用品的全国每百户城镇居民拥有量已经分别达到 116.60 台、90.50 台、80.10 台的接近饱和的高水平这一事实。与此同时，人们对医疗保健、教育娱乐和交通通信等发展型消费产生了显著需求，我国城镇居民的消费结构明显升级，但服务类消费等享受型消费尚未引起城镇居民的关注，大多数居民会选择缩减该类消费，而将其转移到发展型消费上。

表 6-4 收入分布变迁对城镇居民消费结构的影响估计结果

时间	效应	食品	衣着	居住	家庭设备	医疗保健	交通通信	教育娱乐	杂项
"十五"期间	水平效应	-0.058	0.067	-0.015	-0.359 (***)	0.165 (**)	0.202 (**)	0.176 (*)	-0.337 (***)
	离散效应	-0.222	-0.009	-0.025	-0.028	0.087	-0.074	0.142 (*)	-0.160 (***)
	异质效应	-0.330 (***)	0.010	-0.013	0.017	0.044	-0.046	0.075 (*)	-0.009
"十一五"期间	水平效应	-0.025	-0.015	-0.060	-0.038	-0.032	0.038	0.064	0.00002
	离散效应	-0.494 (***)	-0.075	-0.090	0.101 (**)	-0.145 (**)	-0.086	0.205 (**)	0.030
	异质效应	-0.160 (*)	0.027	0.025	0.049 (*)	0.006	-0.036	0.133 (***)	0.050 (**)

***、**、* 分别表示在 1%、5% 和 10% 的置信水平下显著。

我国收入分布存在明显的右偏，所以离散效应和异质效应主要表征高收入者的消费倾向变化。"十五"时期的离散效应对教育娱乐有显著的促进作用，而对杂项有显著的抑制作用，但对其他项消费的影响均不显著。说明随着收入差距的扩大，收入分布中较高位置的消费者会增加教育娱乐投资，减少服务类消费，巩固自己在收入分布中的地位。异质效应除了对食品消费有显著的反向影响和对教育娱乐的促进作用外，对其他消费的影响也均不显著，表明在收入分布中最前端的高收入者会选择减少其食品支出，追加教育娱乐消费，满足其发展型消费的需求。

"十一五"期间水平效应对所有消费均无显著影响，水平效应反映的是社会整体消费趋势，两个时期的巨大反差，正好从计量统计的角度印证了我国消费"整体走低"的内需不足现状。而该时期离散效应对食品和医疗保健消费有显著的负向作用，对家庭设备、教育娱乐产生了显著的正向作用，表明收入分布中的较高收入者也开始效仿"十五"期间最高收入人群的做法，削减食品消费等基础性支出，转移到教育娱乐消费及家庭设备的更新升级上（在此期间新产品不断出现），而医疗保健支出的减少，则要归功于"十一五"期间我国医疗保障制度的不断完善。异质效应对食品消费有显著的负向影响，对家庭设备、教育娱乐和杂项类消费有显著的正向作用。说明收入分布中的高收入人群相对于"十五"期间进一步缩减食品支出，不同的是除了将这些收入转移到教育娱乐和家庭设备的更新升级上，还会将一部分收入用于杂项类消费，该部分人群的消费结构有向享受型消费进一步升级的趋势。

最后，结合自价影响和房价对各项消费的交叉影响的相关估计结果见表6-5，这里将针对不太显著的衣着、居住和交通通信三类消费给予补充解释。对于衣着消费，其作为基础性消费在2000年前需求已经得到满足，价格和收入分布变迁对其影响均不显著是显而易见的。对于居住消费，受价格影响显著，房价对其有正向的促进作用，消费者形成房价上涨的预期，晚买不如早买。房价对其他消费几乎均有显著影响，其中对家庭设备和以汽车为主的交通通信消费有显著的抑制作用，作用甚至大于自身价格影响，这也是交通通信在"十一五"期间对收入分布变迁不敏感的原因之一，而且可以推断房价的提高将更多地削弱均值效应的作用。另外，收入分布变迁对居住和交通通信两类消费的影响不显著，在某种程度上也说明我国住宅市场与当期收入脱节，可能存在市场泡沫。当然，同时也有数据的问题，由于采用分省加总数据，会消除一些真实居民收入的异质性特征。

表 6-5　价格对城镇居民消费结构的影响估计结果

	食品	衣着	居住	家庭设备	医疗保健	交通通信	教育娱乐	杂项
自价	-0.053 (**)	0.001	0.061 (***)	0.024 (**)	-0.010	-0.018	0.056 (***)	0.003 (**)
房价	-0.048 (***)	-0.008	0.061 (***)	-0.037 (***)	0.020 (**)	-0.018 (***)	0.002	0.005 (**)

***、**、* 分别表示在 1%、5% 和 10% 的置信水平下显著。

整体上比较两个时期收入分布变迁对消费结构的影响作用，"十五"期间水平效应是主体，收入分布变迁下消费结构由生存型向发展型的演变升级是主流；"十一五"期间水平效应不再显著，整体消费疲软，离散效应和异质效应占据上风，个别市场出现升温，而且收入分布中高收入人群的消费结构已凸显出进一步升级的苗头。由上述结果可看出，三个效应中的水平效应主要影响整个消费需求结构，而离散效应和异质效应的作用局限于单个市场。由此便可解释为什么我国消费市场出现了局部"供不应求"和整体"内需不足"并存的消费结构失衡现象，从收入分布变迁的角度分析，主要是水平效应没有发挥作用导致整体内需不足，离散效应和异质效应的加强使得个别市场需求火热，由此收入分布变迁的消费市场效应理论预期的合理性也得到了部分验证。

通过表 6-6 我国城镇居民耐用品拥有量也表明前文的分析是合理的，数据显示作为家庭耐用消费品的洗衣机、彩电、冰箱、空调、音响和照相机等，在"十五"时期拥有量都有所增长，而在"十一五"时期拥有量虽然也有增长但很缓慢，音响和照相机甚至有减少趋势，洗衣机、彩电、冰箱、空调的每百户拥有量接近甚至超过 100，在需求基本饱和的情况下，人们更多地展现出对产品升级的需求。到 2010 年底电脑的每百户拥有量达到71.16台,距离饱和还有一定的增长空间,轿车市场空间依然非常大。总之,拥有量上的这些变化与本节关于收入分布变迁对家庭设备和交通通信消费影响的分析结果是十分契合的。

表6-6 城镇居民家庭平均每百户年底耐用消费品拥有量

年份	洗衣机（台）	彩电（台）	冰箱（台）	空调（台）	音响（台）	照相机（部）	电脑（台）	手机（部）	轿车（辆）
2000	90.50	116.60	80.10	30.80	22.20	38.40	9.70	19.50	0.50
2005	95.51	134.80	90.72	80.67	28.79	46.94	41.52	137.00	3.37
2010	96.92	137.43	96.61	112.07	28.08	43.70	71.16	188.86	13.07

资料来源:2011年《中国统计年鉴》。

第三节 细分消费市场的结构性效应模型

一 两阶段需求系统模型的思想与估计方法

(一) 两阶段需求系统模型的思想

国内一些学者运用 AIDS 模型对国内消费领域所进行的分析,起初都是从整体消费支出的角度,分析所有类别商品组的消费结构,或者只分析某一商品组内的消费结构以及消费者行为问题,如刘秀梅、秦富(2005),梁俊伟、范金(2006)等。随后一些学者在 Gorman (1959)、Baker (1989) 两阶段预算研究的基础上,构建了两阶段预算需求系统模型,从而将总支出与具体要研究的商品消费支出联系起来,可以更有效地对各商品组内细分商品的消费结构进行分析,如屈小博、霍学喜(2007),刘华、钟甫宁(2009)等。

国内关于两阶段预算需求系统的研究主要有,将 LES 模型作为第一阶段的 LES-LA/AIDS 模型,以及将 Engel 模型作为第一阶段的 Engel-LA/AIDS 模型,它们的构建都是出于方便研究商品组内需求结构特征的目的,因为这样可以有效地避免参数随商品增加而大幅增加的情况。当然,两阶段预算需求系统还是清晰地体现了其主要的构建思想:消费者首先根据自身的可支配收入情况，做出可支配收入在各大类商品组之间的配置决策，这是第一阶段；然后再根据所要研究的商品组的预算支出，在组内各商品的消费之间进行分配，这是第二阶段。可以看出，两阶段需求系统是通过大组商品的预算支出将这两个阶段连接起来的。然而，两阶段 Engel-LA/AIDS 模型较 LES-LA/AIDS 模型所具有的优点是，其可以通过估计参数计算出商品需求的收入弹性。而在研究商品的需求问题中，居民可支配收入因素相对于商品的总支出因素要重要得多，因为居民购买商品的决策行为主要是依据其可支配收入，而支出则是其决策行为所产生的结果，所以从收入入手研究消费问题，才是符合现实逻辑的，更可以清晰地看到居民收入的变化对商品需求所产生的影响。这也是本节选择引入 Engel 模型的原因，就是为了得到我国城镇居民各项耐用品需求的收入弹性，以阐释在收入分布变迁的过程中，各类细分消费品的结构变化特征。

（二）需求系统模型的估计方法

对于本章所采用的两阶段 Engel-LA/AIDS 需求预算模型，将会根据不同阶段所设定的两个模型采取不同的估计方法。首先，由于 Engel 模型是标准的双对数线性模型，它完全符合计量经济学经典线性回归模型的基本假设，因此可以运用普通最小二乘法进行估计；其次，从第二阶段的 LA/AIDS 模型的构造形式可以看出，虽然该需求系统是方程组的形式，其中每个方程的自变量和因变量之间都没有联系，但是它们的随机干扰项之间存在相关关系，这正是 SUR 模型的特点，因此对该模型的估计将运用 Zellner（1962）提出的对 SUR 模型的估计方法，具体步骤如下所示。

以经典线性回归方程形式为例，

$$y = x\beta + \varepsilon$$

其中，y 为 $n \times 1$ 的因变量观测值列向量，x 为 $n \times m$ 的自变量的观测值矩阵，β 为 $m \times 1$ 的未知参数向量，ε 为 $n \times 1$ 的随机干扰项列向量，则其 OLS 估计量如下：

$$b_{OLS} = [x'x]^{-1}x'y$$

其中，b_{OLS} 为 $n \times 1$ 估计参数的列向量。

SUR 模型由 K 个上述经典线性回归方程构成的方程组模型,其中每一方程看似是由自身的自变量所解释,彼此并不相关,在 SUR 模型的 K 个方程中有 L 个方程的观测值是互相独立的,但它们的随机干扰项 ε 之间并不独立而是存在如下关系:

$$E[\varepsilon_i | x_1, x_2, \cdots, x_K] = 0, \quad E[\varepsilon_i \varepsilon'_j | x_1, x_2, \cdots, x_K] = \sigma_{ij} I_L, \quad i,j = 1,2,\cdots,K$$

从而

$$E[e | x_1, x_2, \cdots, x_K] = 0$$

$$E[ee' | x_1, x_2, \cdots, x_K] = \Omega = \begin{bmatrix} \sigma_{11} I_L & \sigma_{12} I_L & \cdots & \sigma_{1K} I_L \\ \sigma_{21} I_L & \sigma_{22} I_L & \cdots & \sigma_{2K} I_L \\ \vdots & \vdots & \ddots & \vdots \\ \sigma_{K1} I_L & \sigma_{K2} I_L & \cdots & \sigma_{KK} I_L \end{bmatrix} = \Sigma \otimes I_L$$

其中,$e = [\varepsilon_1, \varepsilon_2, \cdots, \varepsilon_E]'$,$\Sigma = \begin{bmatrix} \sigma_{11} & \sigma_{12} & \cdots & \sigma_{1K} \\ \sigma_{21} & \sigma_{22} & \cdots & \sigma_{2K} \\ \vdots & \vdots & \ddots & \vdots \\ \sigma_{K1} & \sigma_{K2} & \cdots & \sigma_{KK} \end{bmatrix}$,$I_L$ 为 $L \times L$ 的单位阵,$\otimes$ 为 Kronecker 乘积。令 $X = \text{diag}[x_1, x_2, \cdots, x_K]$,$Y = [y_1, y_2, \cdots, y_K]'$,则该模型系数的 GLS 估计量为:

$$b_{GLS} = [X'\Omega^{-1}X]^{-1}X'\Omega^{-1}Y = [X'(\Sigma^{-1} \otimes I_L)X]^{-1}X'[\Sigma^{-1} \otimes I_L]Y$$

在得到 GLS 估计值的基础上,还需要事先运用可行广义最小二乘法(Feasible Generalized Least Squares,FGLS)估计出协方差矩阵 Σ。因此,在实施上首先需要估计每个方程的 OLS 估计量 $b_{OLS} = [X'X]^{-1}X'Y$,得到每个方程的残差项 $\hat{\varepsilon}$;再通过 $\hat{\sigma}_{ij} = \frac{1}{L}\sum_{t=1}^{L}\hat{\varepsilon}_{it}\hat{\varepsilon}_{jt}$,$t = 1, 2, \cdots, L$,得到协方差矩阵的一致估计量 $\hat{\Sigma} = [\hat{\sigma}_{ij}]_{L \times L}$;最后,将 $\hat{\Sigma}$ 代入 SUR 模型的 GLS 估计量中,得到模型系数的估计量。

本节研究将选取我国城镇居民耐用品为对象,包括家庭耐用消费品、室内装饰品、床上用品、家庭日用杂品、医疗及保健器具、家庭交通工具、通信工具、文化娱乐用品以及住房九类耐用品,因变量为以上九类耐用品的支出份额，因此在利用 SUR 模型估计时，为了避免产生奇异残差协方差矩阵，将在这个具有九类耐用品的需求系统中剔除一类后进行估计。被剔除的耐用品的估计系数，可根据需求系统的约束条件计算得出。

二 Engel-AIDS 需求系统模型

首先对大组商品建立 Engel 模型，来近似确立城镇居民的可支配收入与耐用品总支出之间的关系，并在模型中引入作为耐用品消费结构突变标志的 2004 年虚拟变量，我们发现所选取的数据在此时点前后恰巧实现了收入的倍增。由于本节的研究对象是耐用品，因而将可支配收入所包含的储蓄视为家庭成员对未来耐用品的潜在支出也就显得更加自然了，模型的具体形式如式（6-27）所示。

$$\ln X = \alpha_E + \delta_E T_{2004} + (\beta_E + \delta_I T_{2004})\ln I + (\gamma_E + \delta_P * T_{2004})\ln P^* \quad (6-27)$$

其中，X 表示耐用品总支出，I 表示可支配收入，P^* 表示价格指数，这里仍使用 Stone 形式的价格指数，T_{2004} 表示耐用品消费呈现结构突变的虚拟变量，α_E、β_E、γ_E、δ_E、δ_I、δ_P 为待估参数。通过式（6-27），可以得到总耐用品消费支出的收入弹性。其与式（6-22）的乘积便是各项耐用品消费支出的收入弹性。

在式（6-27）的基础上，引入 2004 年虚拟变量至"真实支出"项 $\log(X/P)$ 中，主要是用来刻画耐用品消费结构突变前后我国城镇居民耐用品消费在总支出结构上的变化。同时施加到截距项上，以消除 2004 年前后其他如政治、国际环境等因素对耐用品消费所产生的影响。此外，引入可以提供家庭信息的家庭规模，以及区别各地区居民耐用品消费特点的我国四大区域①虚拟变量等作为控制变量，来提高模型的解释能力。

---

① 包括东、中、西及东北部地区。东部地区包括北京、天津、河北、上海、江苏、浙江、福建、山东、广东和海南 10 个省（市）；中部地区包括山西、安徽、江西、河南、湖北和湖南 6 个省；西部地区包括内蒙古、广西、重庆、四川、贵州、云南、西藏、陕西、甘肃、青海、宁夏和新疆 12 个省（区、市）；东北地区包括辽宁、吉林和黑龙江 3 个省。

Engel-LA/AIDS 模型的第二阶段 LA/AIDS 模型的形式如式 (6-28) 所示。

$$\omega_i = \alpha_{i0} + a_{iH}HS + a_{iT}T_{2004} + \sum_{k=1}^{3} a_{ik}D_k + \sum_{j=1}^{n} \gamma_{ij}\log p_j + (b_{i0} + b_{iT}T_{2004})\log(X/P^*) \quad (6-28)$$

其中 HS 表示家庭规模变量，D_k（其中 $k = 1, 2, 3$）表示地区虚拟变量，α_{i0}，a_{iH}，a_{iT}，a_{ik}，b_{i0}，b_{iT} 均为待估计参数。式（6-28）仍需满足需求理论的加总性、齐次性以及对称性约束条件。

$$\sum_{i=1}^{n} \alpha_{i0} = 1, \sum_{i=1}^{n} a_{iH} = 0, \sum_{i=1}^{n} a_{iT} = 0, \sum_{i=1}^{n} a_{ik} = 0$$
$$\sum_{i=1}^{n} \gamma_{ij} = 0, \sum_{i=1}^{n} b_{i0} = 0, \sum_{i=1}^{n} b_{iT} = 0 \quad \text{（加总性）}$$

$$\sum_{j=1}^{n} \gamma_{ij} = 0 \quad \text{（齐次性）}$$

$$\gamma_{ij} = \gamma_{ji} \quad \text{（对称性）}$$

三 数据来源及说明

本部分将采用《中国城市（镇）生活与价格年鉴》中 1995～2011 年各省（区、市）关于耐用品消费支出的数据。由于该年鉴统计的是中国城镇居民的总生活消费支出数据，为了使数据符合本部分进行耐用品消费行为研究的需要，在依然沿用国家统计局对生活消费分类原则的基础上，从各大类生活消费数据中重新整理出研究需要的九类耐用品消费数据，以及各省（区、市）城镇居民人均可支配收入数据和家庭平均人口数据。其中价格指数是以 1994 年为基期设为 100，其后每年的数据通过相对价格指数计算得出。由于重庆的数据在 1997 年以前包含在四川省中，之后才从四川省中分离出来作为独立的直辖市进行统计，而重庆与四川的地理文化环境相似，为了不损失数据的时间跨度，将 1997 年之后的重庆市依然包含在四川省中，将其看作一个整体处理。另外，西藏存在数据的缺失，因而将其剔除。

第四节 细分消费市场结构性效应模型的估计与分析：以耐用品市场为例

一 耐用品消费结构演变趋势的统计分析

（一）收入与耐用品消费的统计分析

在我国经济持续高速增长的背景下，城镇居民人均可支配收入始终处于快速提升的状态，如表6-7所示，1995年城镇居民人均可支配收入为4283.0元，到了2004年增长到9421.6元，较1995年翻了一番多；而2010年的19109.4元，又较2004年翻了一番多。人均可支配收入增长率在2004年以前基本处于10%以下，这时我国处于经济结构调整之中，国有企业改革的力度不断加大，经济增长速度出现放缓趋势。而在2004年以后，增长率上升至10%以上，该阶段随着我国经济体制改革的进一步深入，城镇居民收入持续稳定增长。因而，无论是从绝对值还是从增长率来看，2004年都是我国城镇居民收入水平增长过程中的一个重要时间节点。

表6-7 1995~2011年城镇居民家庭人均可支配收入及其增长率

年份	城镇居民家庭人均可支配收入（元）	城镇居民家庭人均可支配收入增长率（%）
1995	4283.0	—
1996	4838.9	12.98
1997	5160.3	6.64
1998	5425.1	5.13
1999	5854.0	7.91
2000	6280.0	7.28
2001	6859.6	9.23
2002	7702.8	12.29
2003	8472.2	9.99
2004	9421.6	11.21

续表

年份	城镇居民家庭人均可支配收入(元)	城镇居民家庭人均可支配收入增长率(%)
2005	10493.0	11.37
2006	11759.5	12.07
2007	13785.8	17.23
2008	15780.8	14.47
2009	17174.7	8.83
2010	19109.4	11.26
2011	21809.8	14.13

与此同时，城镇居民人均耐用品消费支出也一直处于不断上升的趋势。如表6-8所示，2004年以前的增长趋势整体比较平缓，且基数比较小；而在2004年之后人均耐用品支出的基数扩大，且消费支出整体出现了大幅度的增长。城镇居民人均耐用品消费支出的这种在时序上出现的非线性发展特征，必然暗示着其耐用品消费在结构上也发生了某种改变。2004年恰好是城镇居民可支配收入较1995年翻倍的时间节点，随后城镇居民的人均耐用品消费支出就出现了非线性的增长，由此可见，这种居民收入翻倍增长的消费效应是非常显著的。

表6-8　1995~2011年城镇居民家庭人均耐用品消费支出及其增长率

年份	城镇居民家庭人均耐用品支出(元)	城镇居民家庭人均耐用品支出增长率(%)
1995	528.79	—
1996	564.36	6.73
1997	648.52	14.91
1998	709.46	9.40
1999	793.37	11.83
2000	867.42	9.33
2001	888.80	2.46
2002	1005.72	13.15
2003	1085.93	7.98
2004	1114.68	2.65

续表

年份	城镇居民家庭人均耐用品支出(元)	城镇居民家庭人均耐用品支出增长率(%)
2005	1242.73	11.49
2006	1418.63	14.15
2007	1670.14	17.73
2008	1742.52	4.33
2009	2114.47	21.35
2010	2408.88	13.92
2011	2589.14	7.48

(二) 耐用品消费结构演变趋势的统计分析

最早有关消费结构的研究可以追溯至恩格尔的相关著作，他将居民家庭消费划分为九个项目，包括食品、服饰、住房、医疗、劳动工具、取暖及照明、教育及文化娱乐、税收和其他家庭服务。同时还有部分学者按照消费品的功能，将其划分为能够满足消费者的基本生存需要、发展需要以及享受需要的三大商品类别。而在国外的国民经济账户中，对家庭消费结构的划分，一般是先粗略地将总消费分为耐用品消费、非耐用品消费以及服务三个类型，之后在每一类消费支出中进行更为详细的区分，例如，耐用品消费中包含家庭设备、汽车等，非耐用品消费则包含食品、衣着、能源等，而服务包括住房服务、医疗服务和交通服务等。我国对居民消费结构类别的划分主要是参照国家统计局所规定的分类方式，包含食品、衣着、居住、家庭设备、交通通信、教育娱乐、医疗保健、杂项八大消费类别，且每个类别内部依然存在更细致的划分，比如食品消费中又包含粮食、肉禽及其制品、蛋类、水产品、奶及奶制品等。

以上国内外对居民消费结构的划分，都是伴随着消费者自身需求的升级而演化出现的。对于任意一个消费者来说，生理与身体的需求是其他一切需求的基础，在此之上消费者的其他一些需求如娱乐和获得知识等才能够得到进一步的满足。因此，消费结构划分的演变过程也是居民消费需求不断丰富和发展的过程。

在看到城镇居民人均耐用品消费的整体变化趋势后，本节将进一步深入探讨其内部消费结构的变化趋势。

如图6-4所示，家庭耐用消费品从20世纪90年代中期到21世纪初期，在城镇家庭中的比重是30%左右，而2002年之后出现了明显下降，基本占耐用品总支出的20%左右，趋势比较稳定且一直延续，在一定程度上说明家庭耐用消费品的消费基本上趋于饱和状态。文化娱乐用品和住房的支出份额基本维持在总耐用品支出的20%~25%，都是呈现先上升再下降的趋势，随着我国人均可支配收入的不断增加，近年来这两项的支出份额逐渐降至20%以下。家庭日用杂品的变化趋势基本维持在10%~15%，一方面说明了该类耐用品基本上属于家庭生活必备的耐用品，另一方面由于耐用品总支出是持续增加的，在这其中产品的升级换代可能发挥了作用，使得城镇家庭更倾向于消费质量较好的商品。家庭交通工具支出份额呈现比较明显的增长趋势，其在20世纪90年代大致维持在总耐用品支出的6%左右，进入21世纪后，该类耐用品的支出份额有了快速持续的增长，说明我国城镇居民对家庭交通工具的需求越来越大，也从侧面反映出城镇居民的生活越来越富裕，这将有助于我国交通运输制造业特别是汽车制造行业的蓬勃发展。通信工具支出在20世纪90年代也是一直处于比较低的份额，21世纪后该类耐用品的支出份额整体有了提升，基本保持在7%左右，这显示出该类耐用品尤其是手机等移动通信工具的逐渐普及过程，近些年来其份额逐渐下降并渐渐稳定，说明了对该类耐用品的需求也几乎接近饱和状态。床上用品、室内装饰品和医疗及保健器具的支出份额均低于总支出份额的5%且保持稳定，说明这些商品为城镇居民生活上必备的耐用品且始终处于饱和状态。处于饱和状态的商品，有的可能是在工艺上已经比较先进成熟，有的则可以适当地通过产品升级来增加销量。以上这些耐用品支出份额的变化趋势，从一个侧面反映了我国城镇居民耐用品消费偏好或观念的变化趋势。在这里只是将各类耐用品分离开，观察其各自所占份额所具有的特征以及变化趋势，若将其综合起来，则所呈现的是各类耐用品消费份额变化之间的相互关系。我们将在之后的实证部分，将各类耐用品的支出份额与其价格变化及耐用品总支出结合起来，系统地分析它们所呈现的联动特征及变化趋势。

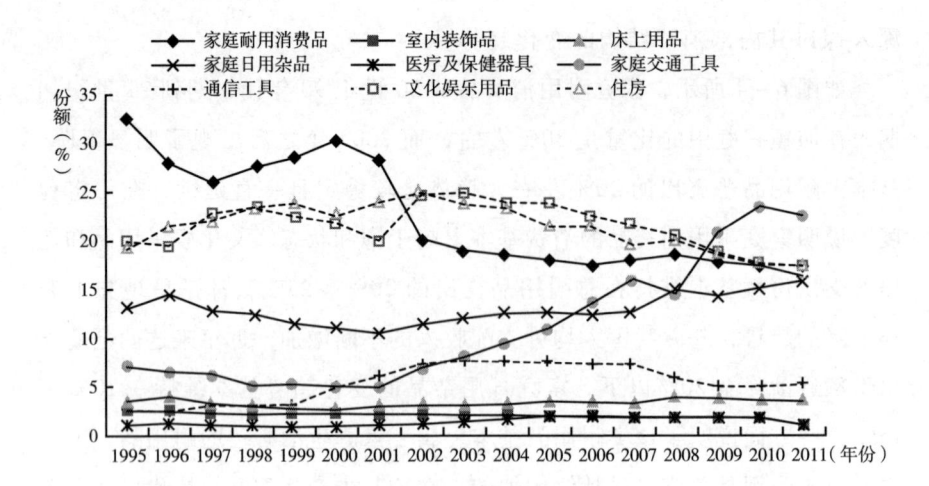

图 6-4 1995~2011 年城镇居民各类耐用品支出份额变化趋势

(三) 耐用品消费非线性增长的突变点检验

为了进一步验证收入高速增长背景下我国城镇居民的耐用品消费结构确实存在显著变化，通过运用城镇居民人均耐用品总支出与人均可支配收入 1995~2011 年的时间序列数据，对这种结构变化的特征进行突变点检验。

突变点检验是由邹至庄于 1960 年提出来的。该检验的目的是考察不同时段两个子样本的回归系数是否相同，即验证回归系数在不同时点是否具有稳定性。其具体检验过程如下所示。

假设存在如下形式的多元回归模型：

$$y_t = \theta_0 + \theta_1 x_{t1} + \cdots + \theta_{k-1} x_{tk-1} + u_t$$

其中，不同时点的两个子样本容量分别为 n_1 和 n_2，且定义 $T = n_1 + n_2$。分别以 T、n_1 和 n_2 为样本对上述模型进行估计，其中总样本 T 对应的回归系数为 θ_i，$i = 1, \cdots, k-1$，子样本 n_1 和 n_2 对应的回归系数分别为 α_i 和 β_i，$i = 1, \cdots, k-1$。

由此给出突变点检验的原假设与备择假设为 $H_0: \alpha_i = \beta_i$，$H_1: \alpha_i$ 和 β_i 不全相等。检验所用的统计量为：

$$F = \frac{[SSE_T - (SSE_{n_1} + SSE_{n_2})]/[T - k - (n_1 - k + n_2 - k)]}{(SSE_{n_1} + SSE_{n_2})/(n_1 - k + n_2 - k)}$$

$$\sim F(k, T-2k)$$

如果 $F > F_\alpha(k, T-2k)$，则拒绝原假设 H_0，说明不同时段的回归系数存在显著性改变。否则，接受 H_0，说明不存在显著变化。

根据上述检验方法，当选择 2004 年作为结构突变点时，结果如表 6-9 所示。F 统计量大于 95% 置信水平下的临界值，因此拒绝系数稳定的原假设，表明我国城镇居民耐用品消费支出在时序上的非线性转变确实发生在 2004 年，且该结果与选择相邻年度做检验相比拒绝原假设的显著性水平是最高的。

表 6-9 Chow 突变检验结果

统计量	数值	统计量	数值
F 统计量	4.2031	Prob. F(2,13)	0.0391
似然比	8.4784	Prob. Chi^2	0.0144
Wald 统计量	8.4062	Prob. Chi^2	0.0149

二 模型的估计结果与分析

（一）模型的估计结果

首先运用最小二乘法估计城镇居民耐用品需求系统第一阶段的 Engel 模型，得出在 2004 年耐用品消费非线性增长前后，城镇居民人均可支配收入与其人均耐用品总支出之间的关系如表 6-10 所示。

表 6-10 我国城镇居民耐用品需求系统 Engle 模型估计结果

变量	系数	变量	系数
α_E	-5.4500 ***	δ_E	2.5490 *
β_E	1.3173 ***	δ_I	-0.1366 *
γ_E	0.1296	δ_{P*}	-0.3518 *
R^2:0.9250　调整 R^2:0.9242　F 统计量:1201.1620　D-W 统计量:1.5106			

*、**、*** 分别表示在 10%、5% 和 1% 的置信水平下显著。

可以看出，2004年度虚拟变量的系数是显著的，说明在其他条件不变的情况下，耐用品消费支出较之前增长了2.549倍。但是，耐用品总支出的收入弹性较之前下降了13.66%。

进一步考察耐用品消费非线性增长后城镇居民各类耐用品消费的全新选择行为特征，运用前文给出的估计方法，得到其具体参数估计结果如表6-11所示，可以看出大多数参数是显著的，其中住房项目的各项参数是由需求系统模型的约束条件计算得出的。由于所列参数过多，且各项消费参数的经济含义雷同，因此这里只对家庭交通工具进行较为详细的分析，对其他类别消费的分析不再赘述。

在家庭交通工具项目中，家庭规模变量a_{6H}不显著，时间虚拟变量a_{6T}和中、西部地区的虚拟变量a_{62}和a_{63}是显著的，说明该类耐用品的跨期和地域特征较为明显。且其中除了该耐用品表现出自身价格对其支出份额的负向影响之外，其余耐用品都对该类耐用品的支出份额有正向影响。b_{60}大于0，表明在2004年以前城镇居民对家庭交通工具有较高的消费欲望；而b_{6T}同样大于0，则表明在2004年之后该耐用品项目的支出份额依然随着居民真实支出的增加而增加，可见该阶段城镇居民对家庭交通工具的消费热情始终居高不下。

（二）各项耐用品消费的弹性测算及分析

通过计算表6-11中的估计参数，表6-12列出了耐用品消费非线性增长前后城镇居民各项耐用品的收入弹性。在非线性增长之前，各耐用品消费中收入弹性最大的是通信工具，为1.888，即城镇居民可支配收入每增长1%，将使其对通信工具的消费需求增加1.888%。此外，家庭耐用消费品、医疗及保健器具、家庭交通工具、文化娱乐用品和住房的收入弹性均大于1，说明这些耐用品均属于奢侈品。室内装饰品、床上用品、家庭日用杂品的收入弹性均小于1，因此它们都属于生活必需品。而非线性增长之后，家庭交通工具的收入弹性从1.5765上升到2.5149，在各项耐用品消费中最高，也是所有项目中收入弹性提高最明显的。通信工具、文化娱乐用品和住房等的收入弹性与原来相比，呈现下降趋势，其中通信工具的收入弹性下降幅度最大，由1.888变为0.8004，以至于其商品的性质发生了转变，由原来的奢侈品

表 6-11 我国城镇居民耐用品需求系统 LA/AIDS 模型估计结果

项目 i	ω_1	ω_2	ω_3	ω_4	ω_5	ω_6	ω_7	ω_8	ω_9
α_{i0}	0.6259***	0.0557***	0.0577***	-0.0052	0.0340***	-0.0022	0.0252	0.3436***	-0.1347
a_{iH}	-0.1017***	-0.0060**	-0.0011	0.0595***	-0.0056**	0.0145	-0.0061	-0.0444**	0.0909
a_{iT}	-0.0673**	-0.0083**	-0.0025	0.0091	0.0036	-0.1944***	0.1033***	0.1056***	0.0510
a_{i1}	0.0866***	0.0023	-0.0070***	-0.0208***	-0.0015	0.0009	-0.0128***	0.0043	-0.0520
a_{i2}	0.0529***	0.0006	-0.0071***	-0.0033	-0.0048***	-0.0259***	-0.0043	-0.0233***	0.0152
a_{i3}	0.0563***	0.0057***	-0.0028*	-0.0051	-0.0040**	-0.0280***	-0.0002	0.0099	-0.0317
γ_{i1}	0.0299	0.0051	-0.0198***	-0.0273**	-0.0018	0.0330**	0.0097*	-0.0389**	0.0102
γ_{i2}	0.0051	-0.0064***	0.0063***	-0.0119***	0.0064***	0.0095***	-0.0023*	-0.0021	-0.0045
γ_{i3}	-0.0198***	0.0063***	-0.0009	-0.0084*	-0.0006	0.0118***	-0.0076***	0.0224***	-0.0032
γ_{i4}	-0.0273**	-0.0119***	-0.0084*	0.0805***	-0.0097***	0.0306***	-0.0082***	-0.0367***	-0.0087
γ_{i5}	-0.0018	0.0064***	-0.0006	-0.0097*	0.0010	0.0082***	0.0004	-0.0060	0.0021
γ_{i6}	0.0330**	0.0095***	0.0118***	0.0306***	0.0082***	-0.0983***	0.0017	0.0501***	-0.0466
γ_{i7}	0.0097*	-0.0023*	-0.0076***	-0.0082***	0.0004	0.0017	-0.0023	-0.0001	0.0087
γ_{i8}	-0.0389**	-0.0021	0.0224***	-0.0367***	-0.0060	0.0501***	-0.0001	0.0070	0.0044
b_{i0}	-0.0460***	-0.0087**	-0.0090***	-0.0341***	-0.0021	0.0213***	0.0228***	0.0114*	0.0444
b_{iT}	0.0047	0.0031**	0.0038**	0.0099*	0.0003	0.1010***	-0.0398***	-0.0453***	-0.0377

*、**、***分别表示在10%、5%和1%的置信水平下显著。

变为生活必需品。文化娱乐用品的收入弹性也从 1.3878 下降为 0.9937，说明该项耐用品也从奢侈品逐渐转变为生活必需品；住房的收入弹性也有所下降，从 1.5936 下降为 1.2191，但其依然属于奢侈品。这也从另一个角度体现了城镇居民收入的增长，造成了部分耐用品消费需求结构的转变。此外，家庭耐用消费品和医疗及保健器具所对应参数 b_{1T} 和 b_{5T} 的估计结果并不显著，而室内装饰品、床上用品、家庭日用杂品的收入弹性也较之前变化甚微，且它们的收入弹性依然小于 1，并没有改变其生活必需品的性质。由此可见，城镇居民的收入增长对这些耐用品消费结构的影响并不明显。

表 6-12 我国城镇居民各项耐用品需求的收入弹性

年份	家庭耐用消费品	室内装饰品	床上用品	家庭日用杂品	医疗及保健器具	家庭交通工具	通信工具	文化娱乐用品	住房
1995~2003	1.0488	0.6582	0.9442	0.9688	1.0372	1.5765	1.8880	1.3878	1.5936
2004~2011	0.9651	0.7987	0.9875	0.9600	0.9691	2.5149	0.8004	0.9937	1.2191

表 6-13 列出了通过计算得出的城镇居民各项耐用品需求的非补偿自价格弹性，即某项耐用品的需求量对自身价格变化的反应程度。从整体上可以看出，各项耐用品的非补偿自价格弹性变化在耐用品消费结构改变前后相差甚微，表明了整个研究阶段中各项耐用品自身价格对其需求的影响具有稳定性。这也从侧面说明了这种耐用品消费结构的显著改变，主要源自可支配收入的成倍增长。而在结构改变前后各项耐用品的非补偿自价格弹性都是负的，说明所有耐用品项目都属于正常品，即在其他商品价格不变的情况下，居民对各项耐用品的消费都会随着自身价格的上升而下降。但各项耐用品的价格对自身需求的影响程度有一定的差距。其中，家庭耐用消费品、家庭日用杂品、医疗及保健器具、文化娱乐用品和住房的非补偿自价格弹性的绝对值都小于 1，表明它们的价格

变化对其自身需求的影响不大，其他耐用品的非补偿自价格弹性的绝对值均大于1，说明它们是价格敏感型耐用品。而由于影响价格弹性大小的因素很多，这些不明确的因素使得对各项耐用品的性质区分和比较不能很明确地进行。

表6-13　我国城镇居民各项耐用品需求的非补偿自价格弹性

年份	家庭耐用消费品	室内装饰品	床上用品	家庭日用杂品	医疗及保健器具	家庭交通工具	通信工具	文化娱乐用品	住房
1995~2003	-0.8214	-1.3574	-1.0196	-0.3412	-0.8942	-1.9287	-1.0661	-0.9788	-0.8670
2004~2011	-0.8261	-1.3605	-1.0234	-0.3512	-0.8945	-2.0297	-1.0263	-0.9335	-0.8294

非补偿交叉价格弹性表示的则是一种商品的价格变化引发另一种商品需求量的反应。表6-14列出了我国城镇居民两个阶段中各项耐用品需求的非补偿交叉价格弹性，从整体上可以看出其交叉价格弹性的绝对值均很小，表明各项耐用品之间替代或互补的关系很微弱，这是由于这些耐用品都具备各自独特的用途或功能，所以并不像食品中各种主食或各种肉类之间那样具有很强的替代性或互补性。正的交叉价格弹性表示某类耐用品价格的增加将会促进另一种耐用品的消费需求，表现为替代性；而负的交叉价格弹性则会产生抑制的效果，表现为互补性。可以看出有些耐用品互相之间的交叉价格弹性符号并不相同，即它们的价格对其需求的互相影响效果并不相同。如在第一个阶段中，住房价格的增加将会促进家庭耐用消费品、家庭日用杂品和文化娱乐用品需求的上升，但反过来这三类耐用品的价格增加则会降低城镇居民的住房需求。类似的关系还存在于医疗及保健器具、文化娱乐用品和通信工具之间。因此，通过上述分析可以发现各项耐用品之间的替代互补关系，由于其各自功能的独特性而显得并不清晰。

表 6-14 城镇居民各项耐用品需求的非补偿交叉价格弹性

项目	家庭耐用消费品	室内装饰品	床上用品	家庭日用杂品	医疗及保健器具	家庭交通工具	通信工具	文化娱乐用品	住房
\multicolumn{10}{c}{1995～2003 年}
家庭耐用消费品		0.0244	-0.0824	-0.0963	-0.0088	0.1848	0.0617	-0.1425	0.0845
室内装饰品	0.3816		0.3984	-0.6019	0.3633	0.6327	-0.1149	-0.0220	-0.1572
床上用品	-0.5788	0.2208		-0.2776	0.0053	0.4339	-0.2490	0.8417	-0.0517
家庭日用杂品	-0.1580	-0.0886	-0.0696		-0.0725	0.3013	-0.0542	-0.1989	0.0093
医疗及保健器具	-0.1969	0.6407	0.0147	-0.9230		0.9794	0.0147	-0.5703	0.3836
家庭交通工具	0.3216	0.0977	0.1187	0.3129	0.0917		-0.0206	0.4185	-0.5372
通信工具	0.1191	-0.0558	-0.1729	-0.2224	-0.0039	-0.0657		-0.0798	0.1074
文化娱乐用品	-0.2124	-0.0117	0.1126	-0.1596	-0.0294	0.2131	0.0010		0.0122
住房	-0.0091	-0.0261	-0.0240	-0.0586	0.0140	-0.2602	0.0380	-0.0243	
\multicolumn{10}{c}{2004～2011 年}
家庭设备用品		0.0242	-0.0829	-0.0983	-0.0090	0.1832	0.0609	-0.1459	0.0814
室内装饰品	0.3424		0.3930	-0.6235	0.3616	0.6152	-0.1239	-0.0587	-0.1921
床上用品	-0.5981	0.2193		-0.2883	0.0044	0.4253	-0.2535	0.8236	-0.0695
家庭日用杂品	-0.1661	-0.0892	-0.0707		-0.0729	0.2977	-0.0561	-0.2065	0.0019
医疗及保健器具	-0.2087	0.6398	0.0130	-0.9295		0.9741	0.0120	-0.5813	0.3710
家庭交通工具	0.0824	0.0792	0.0857	0.1807	0.0812		-0.0755	0.1939	-0.7603
通信工具	0.2986	-0.0418	-0.1481	-0.1231	0.0039	0.0144		0.0888	0.2747
文化娱乐用品	-0.1647	-0.0080	0.1192	-0.1332	-0.0273	0.2344	0.0119		0.0567
住房	0.0283	-0.0232	-0.0188	-0.0379	0.0156	-0.2435	0.0466	0.0109	

第五节 本章小结

本章以消费结构为着眼点，通过引入收入变量和动态特征对 AIDS 模型进行两方面的改进，测度了收入分布变迁对整体消费结构产生的水平效应、离散效应和异质效应三类效应。进一步深入商品的内部结构特征，以耐用品消费市场为例，发现了在城镇居民收入分布变迁背景下耐用品消费的非线性增长特征，并构建了城镇居民耐用品消费的两阶段 Engel-AIDS 模型，以对收入分布变迁过程中耐用品内部消费结构的转变特征及发展规律进行探讨。具体来说，本章的贡献体现在以下两个方面。

关于收入分布变迁诱发的整体消费结构转变，首先，基于我国消费需求结构的失衡是收入分布变迁引致的三类效应综合作用结果的理论预期，采用反事实分析方法，构造了两个"潜在收入变量"，实现了收入分布变迁变量的分解，从而成功建立了一个新的消费需求结构模型——AIDS 动态扩展模型。其次，利用上述模型，对消费结构中的各项支出进行分析，发现"十五"时期我国城镇居民衣、食、住等基础消费需求已经得到满足，在收入分布变迁的作用下，居民消费结构整体上由生存型向发展型演变升级，此时水平效应占据主导地位，说明整体收入的提高是我国消费结构不断升级的主要原因；而在"十一五"期间社会整体需求出现下降，水平效应不再显著，离散效应和异质效应占主导地位，说明城镇居民收入的差异性对个别市场消费会有一定的积极作用，尤其是对家庭一般耐用品和文化娱乐服务等消费具有促进作用，并且在异质效应作用下高收入阶层已经表现出明显的服务类消费需求，消费结构进一步升级的趋势已经凸显。另外，价格尤其是房价的影响会在一定程度上抵消收入分布变迁的水平效应影响。

关于收入分布变迁诱发的细分商品消费结构转变，首先，通过两阶段 Engel-AIDS 模型进行实证分析发现，我国城镇居民耐用品消费的内部结构在收入分布变迁过程中表现出四类不同的变化趋势。第一类，家庭交通工具和住房，其收入弹性出现了显著的变化，但并没有改变其享受发展型奢侈品的性质。家庭交通工具的收入弹性由 1.5765 上升为 2.5149，说明伴随收入水平的继续提高和收入差距的扩大，这类耐用品的消费行为还会呈现继续分化的趋势。住房的收入弹性由 1.5936 下降到 1.2191，说明该消费暂不具备刚性特征。但可预期随着收入水平的提高，其消费行为将呈现一定的收敛性，并最终呈现显著的需求刚性。第二类，收入分布变迁使城镇居民对通信工具、文化娱乐用品的消费倾向出现了大幅下降，已经将其从奢侈品转变为生活必需品。第三类，家庭耐用消费品和医疗及保健器具这两项耐用品的参数估计并不显著，说明收入分布变迁并未对其消费行为产生明显的改变。第四类，室内装饰品、床上用品、家庭日用杂品的收入弹性虽然有所改变，但其收入弹性依然小于 1，表明收入分布变迁对此类耐用品的影响有限，并没有改变其生活必需品的性质。其次，各项耐用品的非补偿自价格弹性在耐用品消费非线性增长前后相差甚微，表明在整个研究阶段各项耐用品自身价格对其需求影响的变化相对稳定，也从侧面说明了这种居民耐用品消费结构的明显改变，主要源自居民收入的改变。

上述结论可以在一定程度上对我国"内需不足"和"供不应求"并存的消费结构失衡现象给出合理的解释：由于三个效应中的水平效应主要影响整个消费需求结构，而离散效应和异质效应的作用相对局限于单个市场，因此水平效应的弱化将导致整体内需不足，而离散效应和异质效应的加强则会使个别市场的需求相对旺盛。在需求方面，居民消费具有很强的集中性，从 20 世纪 80 年代末期开始，家电、汽车、住宅等市场不断出现消费热潮，尤其是近年来住宅消费成为主角，在这种情况下分配效应导致消费出现分层。低层次消费者想要购买住房就会选择储蓄，商品自身价格又决定了储蓄阶段的长期性。而拥有住房的高收入者则看中住房的投资品特性，导致房价攀升，从而形成了低层次消费者的耐用品消费困境。因此在面对新一轮收入分布变迁时，需要注意以下几个问题：第一，要以整体收入的提高为主，扩大改革成果的受益面，充分发挥收入分布变迁的水平效应，以促进消费结构从基础型到发展型的第二轮升级尽快完成；第二，控制并保持适当的收入差距，发挥收入变迁的离散效应和异质效应在新消费结构尚未形成初期的积极作用，维持个别市场的旺盛需求；第三，稳定物价尤其是房价，降低其对水平效应的削弱作用，以实现收入增长对消费市场促进作用的最大化。

第七章
收入分布变迁的典型消费市场效应

随着我国经济的不断增长，中国居民生活水平实现了从贫穷到温饱再到小康的质的飞跃，同时居民的消费结构也基本实现了从以生存型消费为主到享受型消费占收入比例迅速提升的转变，其中典型耐用品消费的热点也几经转换，由最初的电视机、洗衣机和电冰箱等传统家电消费热到如今的汽车和电脑等新兴耐用品消费的不断升温。如图7-1所示，传统的"三大件"均经历了"起步增长—加速增长—减速增长—趋于饱和"的完整商品周期，而汽车市场则在经历了短暂的起步阶段后，于2002年开始进入加速增长阶段。中国汽车工业协会发布的数据显示，直至2018年汽车产销量分别达到2352.9万辆和2371万辆。在这样的背景下，本章基于

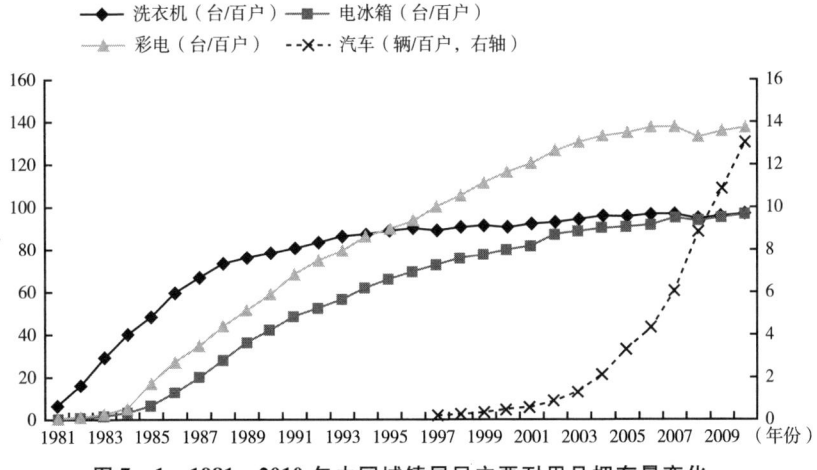

图 7-1　1981~2010 年中国城镇居民主要耐用品拥有量变化

资料来源：中经网（http://db.cei.gov.cn/）。

收入分布变迁的视角，度量其对城镇居民耐用品市场需求的作用机制及影响效应，进而探讨单个市场背后收入分布变迁的消费市场效应的传导机制和规律。

第一节　收入分布变迁的汽车消费市场效应

一　我国汽车市场发展现状及其研究概述

（一）汽车市场需求的统计性分析

首先对目前我国城镇居民的汽车消费数据进行统计性分析，表7-1给出了1997~2012年我国城镇居民汽车拥有量及其增长率统计数据。其中，1997年末我国每百户城镇家庭的汽车拥有量仅为0.19辆，到2012年末已增长到21.54辆，经计算年均增长率达到了惊人的37%，中国已经成为世界上最大的汽车产销地。但从增长率来看，我国居民的汽车消费需求多少受到了全球经济下滑的影响，从2009年开始增长率出现放缓趋势，2012年更是跌至15.93%。总而言之，汽车产品已经成为我国居民消费的重要对象，随着居民收入的增长，这一趋势必将维持较长时间。

表7-1　1997~2012年城镇居民汽车拥有量及其增长率

年份	拥有量（辆/百户）	增长率(%)	年份	拥有量（辆/百户）	增长率(%)
1997	0.19	—	2005	3.37	53.18
1998	0.3	57.89	2006	4.32	28.19
1999	0.34	13.33	2007	6.06	40.28
2000	0.5	47.06	2008	8.83	45.71
2001	0.6	20.00	2009	10.89	23.33
2002	0.88	46.67	2010	13.07	20.02
2003	1.36	54.55	2011	18.58	42.16
2004	2.2	61.76	2012	21.54	15.93

资料来源：中经网（http://db.cei.gov.cn/）。

表7-2给出的是不同收入组汽车拥有量的统计结果，可以看出收入处于中等及以上的收入组是目前我国汽车市场消费的主体，其他组则更多的是在某些个体的特殊消费偏好驱使下进行选择，汽车并未成为其组内的主流消费品。尤其是最高收入组，每百户拥有量由1997年末的0.54辆激增到2012年末的57.78辆，远远高于全国的平均水平。而仅次于它的高收入组和中高收入组也均高于全国水平，经计算2012年这三个收入组以40%的人口占有全国汽车拥有总量的69%，2006年为85%以上，2006年以后这一比例的减小一方面是源于其他组拥有量的增长，另一方面在于最高收入组占有比例的下降，由此可预判高收入组的汽车消费很有可能已跨过加速增长阶段，步入减速增长阶段，如图7-2中统计结果显示的那样。

表7-2 1997~2012年各收入组汽车拥有量

单位：辆/百户

年份	最低收入组（10%）	低收入组（10%）	中低收入组（20%）	中等收入组（20%）	中高收入组（20%）	高收入组（10%）	最高收入组（10%）
1997	0.09	0.23	0.07	0.16	0.14	0.32	0.54
1998	0.13	0.28	0.19	0.13	0.22	0.31	0.70
1999	0.30	0.30	0.26	0.31	0.30	0.28	0.78
2000	0.24	0.34	0.36	0.36	0.61	0.75	1.13
2001	0.37	0.43	0.47	0.56	0.54	0.89	1.12
2002	0.19	0.32	0.28	0.61	0.64	1.27	4.22
2003	0.20	0.25	0.42	0.62	1.00	1.97	6.57
2004	0.13	0.69	0.64	0.81	1.93	3.45	10.79
2005	0.29	0.64	0.91	1.73	3.26	5.57	16.20
2006	0.52	0.52	1.30	1.90	4.20	8.22	20.11
2007	0.44	1.03	2.01	3.11	5.90	11.88	25.25
2008	0.82	1.80	3.17	5.67	10.24	16.98	33.04
2009	1.21	2.15	4.15	7.43	13.63	20.15	38.11
2010	1.96	2.85	4.88	9.41	16.66	24.89	42.47
2011	2.96	6.27	9.61	14.97	23.36	32.38	52.36
2012	3.96	8.25	11.84	17.89	27.00	36.86	57.78

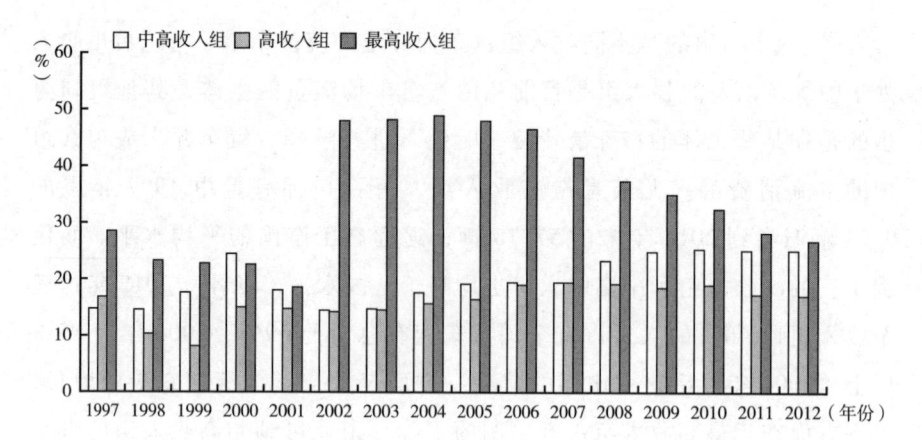

图 7-2 中高、高和最高收入组汽车拥有量占全国汽车拥有总量的比重变化

(二) 对汽车需求现状及其研究的评述

面对上述汽车市场整体上快速膨胀的需求，各汽车厂商纷纷选择持续加大投资扩大生产的战略决策，"投资潮涌"现象很容易导致产能的增长速度大于需求的增长速度，从而出现产能过剩（林毅夫，2007；林毅夫等，2010）。2005年8月，商务部公布的《600种主要消费品和300种主要生产资料商品供求状况调查报告》的有关数据显示，汽车行业的库存增加，利润显著下降，产能已出现过剩趋势。而且罗军（2011）通过多年的数据研究发现，我国的产能过剩一般起源于消费品市场，而后向生产资料市场扩散。汽车是我国最重要的耐用消费品，其生产链涉及矿业、钢铁、石化、化工、交通、基础设施等多个行业，国内的旺盛需求短期内虽然仍能化解多数的产能，但若不加以警戒，一旦消费热情消退，汽车甚至整个工业有可能陷入大规模的产能过剩中，显然这是不利于我国经济发展的。无论是林毅夫的"投资潮涌"理论还是罗军等基于数据的分析结果，其实都暗示我国耐用品市场上的产能过剩问题多数源于需求快速膨胀导致过多的非理性投资，因此要根治这一问题，就应该研究汽车等耐用品的消费需求问题，把握其内在的演化规律，方能做到有的放矢。

现有对汽车需求规律的研究主要集中在需求预测上，自 Brems (1956) 通过代入增长率和汽车报废年限的历史数据，首次预测美国汽市场的当期需求后,国内外学者纷纷效仿,使用 Bass 模型、Logistic 模型或者 Gompertz 模型等 S 形的非线性扩散分布曲线,拟合汽车消费的增长曲线,并对其保有量的未来趋势予以测算(Button, Ngoe and Hine, 1993;Dargay, Gately and Sommer, 2007;Dissanayake, Morikawa, 2010;孙巍、张馨月,2011;任玉珑、陈容、史乐峰,2011)。随着计算能力的提高,洪求枝等(2008)和古继宝等(2010)进一步将指数平滑法、灰色预测模型、BP 神经网络法及组合预测法等一些高精度的计算方法引入汽车市场需求预测的研究中。上述研究虽然能够揭示一定的汽车市场演变趋势,但具体到中国的汽车需求研究,仍有一些细节性问题需要注意。首先,汽车成为居民所关心的消费对象的时间并不长,可得的时间序列数据较短,加之 Logistic 模型、Gompertz 模型的自身设定存在一些缺陷,很有可能导致预测结果出现偏差,这也直接导致了现有研究预测结果的多样化;其次,不断改进的计算方法在一定程度上虽能提高精度,但与经济学研究的需要还相去甚远,并不足以解释居民汽车需求的内在发展规律,尤其是对于我国这样一个新兴的快速发展的经济体而言。徐建国(2000)指出对发展中国家的居民来说,汽车等耐用消费品不算新产品,因而刻画新产品消费扩散的 Gompertz 等模型在我国可能并不适用。

近年来,以贺振华、孙巍等为代表的一些国内学者,开始从经济理论出发,探索更为普遍的汽车等耐用品消费的需求特征及其发展规律。贺振华、寇宗来(2006)针对我国收入差距不断扩大的现实,从厂商定价理论出发,着重讨论了收入差距对耐用品消费的影响,得到了两者之间为倒 U 形影响的判断,并通过中国城镇和农村的彩电、洗衣机和冰箱消费进行进一步验证。孙巍等(2008)对有关中国近年来汽车拥有量"井喷"式增长现象背后成因的已有研究中存在的几种观点予以评析,在此基础上给出了自己的"收入效应说",认为收入增加带来的刚性需求很可能是汽车需求持续增长的首要因素,并进行了实证检验。此外,苏铭(2010)、李建伟(2013)等的研究内容虽有很大不同,但其使用对数正态分布曲线来刻画收入分布特征,并结合耐用品消费(S,s)等理论模型,来分析收入分布对中国汽车需求规律的做法很有借鉴价值。

综上所述,本章仍将从收入分布变迁着手,展开对我国汽车消费需求的研究。但与李建伟等用对数正态分布的参数方法不同，其对数据的对数化处理在某种程度上会改变数据的分布特征，故本章对收入分布信息的提取仍将选择反事实分析法来减少信息的损失，最终在预防性储蓄理论框架下借助 Wan 基于回归的分解方法展开研究。

二 基于消费函数的收入分布变迁影响效应的动态分解

针对收入分布变迁对汽车消费需求的影响效应研究，将主要采用基于回归方程的分解方法。目前对该方法的使用主要局限于收入差距或不平等程度方面的研究，用来量化各自变量因素对因变量不平等程度的贡献率，经 Wan（2004）等学者的不断完善扩展，这一方法已日臻成熟，且被广泛应用于各个领域。该分解方法主要包括回归方程的设计及估计和自变量的分解度量两步。

（一）基于预防性储蓄理论的汽车消费函数设计

对我国城镇居民的汽车消费函数进行设计主要基于预防性储蓄理论，该理论的核心思想是风险厌恶的消费者为预防未来的不确定性而进行储蓄，从而导致消费水平急剧下降，这种不确定性主要由收入的波动性所导致。结合我国近年来消费率不断下跌、储蓄率不断上涨的现状，预防性储蓄理论已经成为近年来国内学者研究转型经济条件下我国居民消费行为特征的重要理论。

因此，消费方程中除了考虑影响汽车消费的家庭收入、自身价格因素外，还将考虑收入的不确定性因素。在国外多数研究中把失业率作为衡量收入不确定性的重要指标，但我国国家统计局只公布城镇登记失业率，该指标存在缺陷，并不能准确反映我国的就业形势。故本章选择使用杭斌等（2009）的做法，选用"平均每一就业负担者人数"作为收入不确定性的替代变量。另外，考虑到住宅消费在我国居民消费选择中的重要地位，其对汽车消费的影响也是不容忽视的，故在模型中加入房价因素，表征住宅消费对居民汽车消费的影响。

本章采用的数据基本来源于《中国统计年鉴》，其中被解释变量选用城镇调查数据中按收入等级划分的七个收入组 1997~2011 年每百户汽车拥有量（该数据从 1997 年开始统计），在解释变量中，收入采用相应的可支配收入数据，收入风险采用各收入等级平均每一就业负担者人数。关于住宅价格，年鉴中并不存在该项指标，通过固定资产投资中的住宅销售面积和住宅销售额数据，可得住宅价格＝住宅销售额/住宅销售面积。汽车价格数据，则通过《中国汽车工业年鉴》中按当年价格计算的1997～2011年汽车工业总产值中汽车所占额度和汽车产量计算得到，即汽车价格＝汽车总产值/汽车产量。至此，汽车消费函数形式为：

$$Q_{it} = \alpha_i + \beta_{1i}YD_{it} + \beta_{2i}Risk_{it} + \beta_{3i}CarP_t + \beta_{4i}HouseP_t + \varepsilon_{it} \quad (7-1)$$

其中，Q 为汽车每百户拥有量，$\beta_{1i}, \cdots, \beta_{4i}$ 分别表示各收入等级的可支配收入、收入风险、车价和房价对汽车需求的影响。

（二）基于回归方程的动态分解

对收入分布变迁的汽车消费市场效应的度量将基于式（7-1）的回归结果进行，设式（7-1）的参数估计结果为 $(\hat{\alpha}_i, \hat{\beta}_i)$，$\beta_i = (\beta_{i1}, \beta_{i2}, \beta_{i3}, \beta_{i4})$ 为系数向量，则此时式（7-1）可看作我国汽车消费的一种既定机制。下面的分解将主要基于收入自变量讨论。

在此仍使用前面章节中采用的非参数核密度估计的反事实分析法对收入分布变迁的动态特征进行刻画，此处不再赘述，简单给出式（7-2）和（7-3）的结果。假设两年间只有收入水平发生变化，即 $\mu_1 \to \mu_2$，方差、偏度等其他均未发生改变，设此时年份 t_2 的反事实收入为 ξ_1，则有：

$$\xi_1 = y_1 + (\mu_1 - \mu_2) \quad (7-2)$$

假设两年间收入水平及方差均发生了变化，即 $\mu_1 \to \mu_2$，$\sigma_1^2 \to \sigma_2^2$，偏度、峰度等高阶矩为变化，若此时年份 t_2 的反事实收入为 ξ_2，则有：

$$\xi_2 = \mu_2 + \frac{\sigma_2}{\sigma_1}(y_1 - \mu_1) \quad (7-3)$$

于是，y_1 与 ξ_1、ξ_1 与 ξ_2 及 ξ_2 与 y_2 的差异分别表征均值、方差和残差变化。

由于对自变量贡献率度量的原理是基于已估计得到的回归方程，假设自变量 X_k 是关心的因素，对该变量取其样本均值 $\bar{x}_k$，并与其他变量观察值一同代入估计得到的方程中，将计算得到的因变量预测值记为 $\hat{Y}_k$，原

预测值记为 Y，要考察的指标用 I 表示，则指标 $I(\hat{Y}_k)$ 的计算结果中就已剔除掉变量 X_k 的影响。

因此，结合收入分布变迁的动态变化，仍以两期（$t=2$）为例给出汽车需求的动态变化，并度量收入分布变迁三个变化特征的贡献率。由式 (7-1) 的估计结果 $(\hat{\alpha}_i, \hat{\beta}_i)$，基于式 (7-2) 和式 (7-3) 可分别得到回归方程的 4 个不同估计值：$Q[y_{i1}|(\hat{\alpha}_i, \hat{\beta}_i)]$，$Q[\xi_{i1}|(\hat{\alpha}_i, \hat{\beta}_i)]$，$Q[\xi_{i2}|(\hat{\alpha}_i, \hat{\beta}_i)]$ 和 $Q[y_{i2}|(\hat{\alpha}_i, \hat{\beta}_i)]$，由此可得收入分布变迁引起的需求效应分别为：

$$总效应：Q[y_{i2}|(\hat{\alpha}_i, \hat{\beta}_i)] - Q[y_{i1}|(\hat{\alpha}_i, \hat{\beta}_i)] \tag{7-4}$$

$$水平效应：Q[\xi_{i1}|(\hat{\alpha}_i, \hat{\beta}_i)] - Q[y_{i1}|(\hat{\alpha}_i, \hat{\beta}_i)] \tag{7-5}$$

$$离散效应：Q[\xi_{i2}|(\hat{\alpha}_i, \hat{\beta}_i)] - Q[\xi_{i1}|(\hat{\alpha}_i, \hat{\beta}_i)] \tag{7-6}$$

$$异质效应：Q[y_{i2}|(\hat{\alpha}_i, \hat{\beta}_i)] - Q[\xi_{i2}|(\hat{\alpha}_i, \hat{\beta}_i)] \tag{7-7}$$

且"总效应 = 水平效应 + 离散效应 + 异质效应"，两期间实际的拥有量变化为 $(Q_2 - Q_1)$，则收入分布变迁以外因素的影响效应为：$(Q_2 - Q_1) - \left\{Q[y_{i2}|(\hat{\alpha}_i, \hat{\beta}_i)] - Q[y_{i1}|(\hat{\alpha}_i, \hat{\beta}_i)]\right\}$。

（三）分解结果经济含义的解释

对式 (7-4) 至式 (7-7) 的进一步阐述将结合图 7-3 进行，为了说明的简洁性，将式 (7-6) 和式 (7-7) 表示的离散效应与异质效应予以合并，表征为收入分配效应。图 7-3 中 2002 年反事实分布由式 (7-2) 得到，其与 2002 年收入分布的差异表示收入分布的水平变化，而其与 2007 年收入分布的差异可度量收入分配因素的影响。图 7-3 对各分布进行了低、中、高分组，黑点表示中等收入组的代表性消费者，由其变化轨迹可看出在收入分布变迁过程中其收入状况的变化，下面进一步的阐释也将以中等收入组为例。

在式 (7-1) 已知的前提下，图 7-3 中 2002 年收入分布下的水平箭头表示在收入方差等形状参数未变的情况下中等收入组的收入水平变动

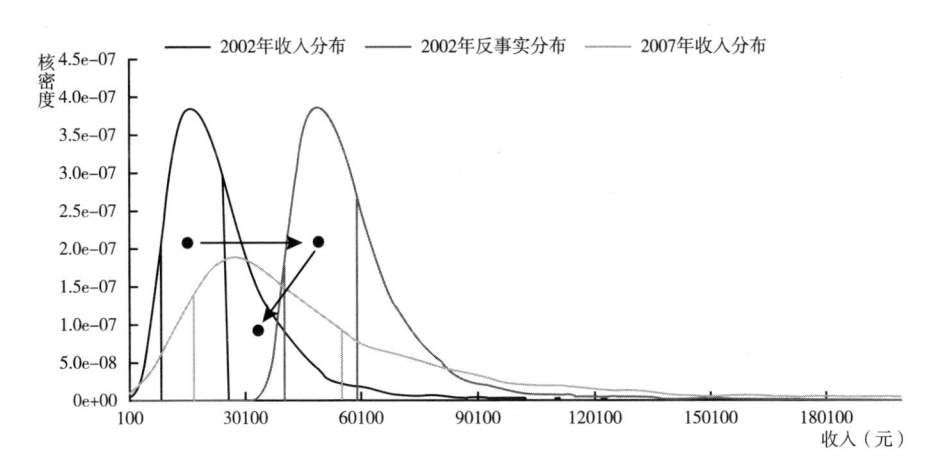

图7-3 收入分布变迁下需求影响效应分解过程

资料来源：CHIP 2002年和2007年的城镇家庭数据。

($y_1 \to \xi_1$)，那么依据 Wan（2004）基于回归方程的分解思想，$Q[\xi_{i1}|(\hat{\alpha}_i,\hat{\beta}_i)]$ 表示剔除了收入分配因素的汽车拥有量情况，于是 $Q[\xi_{i1}|(\hat{\alpha}_i,\hat{\beta}_i)] - Q[y_{i1}|(\hat{\alpha}_i,\hat{\beta}_i)]$ 就正好体现了这种由收入水平变化引起的需求变化，即水平效应。同理，第二个箭头表示的是在反事实收入 ξ_1 下，保持收入水平不变时分布形状的变化情况，则 $Q[y_{i2}|(\hat{\alpha}_i,\hat{\beta}_i)] - Q[\xi_{i1}|(\hat{\alpha}_i,\hat{\beta}_i)]$ 可表征收入分配因素引起的需求变化，将其进一步细分为离散效应和异质效应。之所以如此定义，主要是前者仅反映收入方差变化的需求差异，方差体现的其实是收入围绕均值的两极化程度，后者反映的是收入分布偏度、峰度等高阶矩变化，这些变化一般由地域、教育等异质性因素导致。

三 计量结果与实证分析

（一）面板模型的形式及估计

对面板数据不变系数模型、变截距模型和变系数模型三种形式的设定检验，选择利用回归残差平方和构造F统计量的检验方法（高铁梅，2009）。设在三种模型下估计式（7-1）所得的残差平方和分别为 S_1、S_2 和 S_3，且个体数 $N=7$，解释变量数 $k=4$，年份 $T=15$，则可构造如下两个 F 统计量：

$$F_1 = \frac{(S_1 - S_3)/[(N-1)(k+1)]}{S_3/[NT - N(k+1)]} \sim F[30,70]$$

$$F_2 = \frac{(S_2 - S_3)/[(N-1)k]}{S_3/[NT - N(k+1)]} \sim F[24,70]$$

若计算得到的统计量 F_1 的值小于给定置信水平下的相应临界值，则认为样本数据符合不变系数模型，否则继续考察统计量 F_2 的大小，若 F_2 的值小于给定置信水平下的相应临界值，则选择变截距模型，否则使用变系数模型予以估计，检验结果见表 7-3。

表 7-3　模型设定形式的 F 检验结果（置信水平：95%）

统计量	计算值	临界值
F_1	10.867	1.622
F_2	3.542	1.674

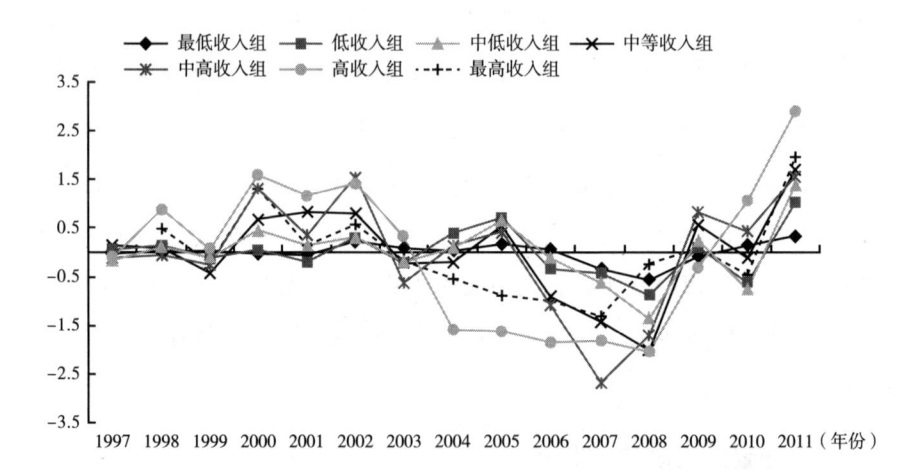

注：$S_1 = 478.5475$，$S_2 = 187.3171$，$S_3 = 84.5880$。

图 7-4　变系数模型下各收入组最小二乘估计的残差序列曲线

由表 7-3 的检验结果可知，F_1 和 F_2 的计算值在 95% 的置信水平下均显著大于临界值，故在对式 (7-1) 进行估计时采用变系数面板模型。在确定模型形式后，对其进行最小二乘估计，但估计结果中的 D-W 检验统计量为 1.113，远小于 2（一般认为在 2 左右序列无关），而且由图 7-4

给出的不同收入组的残差序列曲线，可以看出各曲线随年份变化的走向基本一致，各截面个体间的残差序列具有很强的同期相关性。为剔除残差序列的相关性，提升模型结果的稳健性，保证后续对影响效应度量的准确性，故采用 SUR 加权最小二乘估计法完成对式（7-1）的估计，其估计结果见表 7-4。

表 7-4 汽车消费回归方程的估计结果

	最低收入组	低收入组	中低收入组	中等收入组	中高收入组	高收入组	最高收入组
常数	-1.802**	-0.460	2.681	4.448	20.596**	31.432***	30.925***
收入	0.802***	1.119***	1.249***	1.573***	1.629***	1.580***	1.183***
风险	0.430	-0.980	-2.801	-2.508	-12.967***	-19.955***	-18.562***
车价	-0.003	0.009	0.0004	-0.040	-0.054	-0.074	-0.153***
房价	-0.411	-1.131*	-1.550*	-2.739*	-2.742	-3.054	-0.589
R^2:0.999		残差平方和:70.090		F 统计量:1631.589			
调整 R^2:0.998		D-W 统计量:1.866		Prob:0.000			

***、**、* 分别表示在 1%、5% 和 10% 的置信水平下显著。

由表 7-4 的方程估计结果可知以下三点。第一，收入是影响我国城镇居民汽车消费的首要因素，各收入组的估计系数均在 1% 的置信水平下显著，而且从系数大小来看，随着收入由低到高，需求呈现倒 U 形分布。第二，我国城镇居民汽车的消费需求层次比较明显：最低收入组为第一层次，低、中低和中等收入组为第二层次，中高、高和最高收入组为第三层次。具体来说，最低收入组常数项显著为负，表明其对汽车消费不具有强烈的需求，由此可推测其收入的显著性很可能源于个人偏好；第二层次收入组的截距项不显著，由房价对其汽车消费有显著的负向影响，可知其关注点仍在住宅消费上；第三层次则可视为汽车消费的主要人群，目前基本需求在每百户 20 辆以上，高和最高组在 30 辆以上，但其易受收入的波动影响且房价对其不具影响，值得注意的是车价仅对最高组有显著的负向影响，可见该组对汽车的购买相对该层次其他组别更理性。第三，由检验结果可知，模型整体拟合结果较好，R^2 值及其调整 R^2 均接近于 1，而且 D-W 统计量相关性检验值为 1.866，较之前的最小二乘估计结果也好很多。总之，上述分析结果较好地反映了我国城镇居民汽车的消费状况，而且模型检验结果良好，这些确保了后续对收入分布变迁下汽车消费需求规律研究的可信度。

（二）收入分布变迁对汽车消费需求的影响分析

基于表7-4的回归结果及式（7-4）至式（7-7）给出的各分解效应，图7-5给出了我国1998~2011年相邻两年的收入分布变迁对不同收入阶层的每百户汽车拥有量的影响。

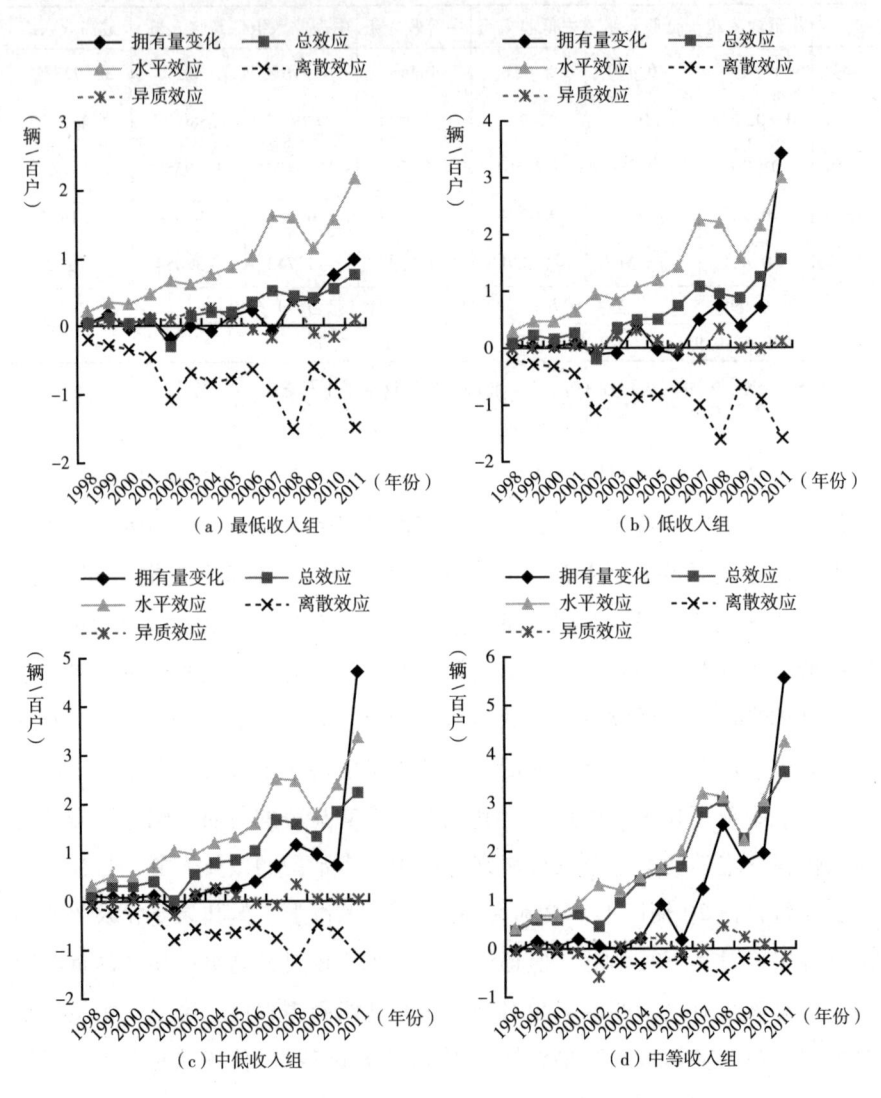

(a) 最低收入组

(b) 低收入组

(c) 中低收入组

(d) 中等收入组

(e) 中高收入组

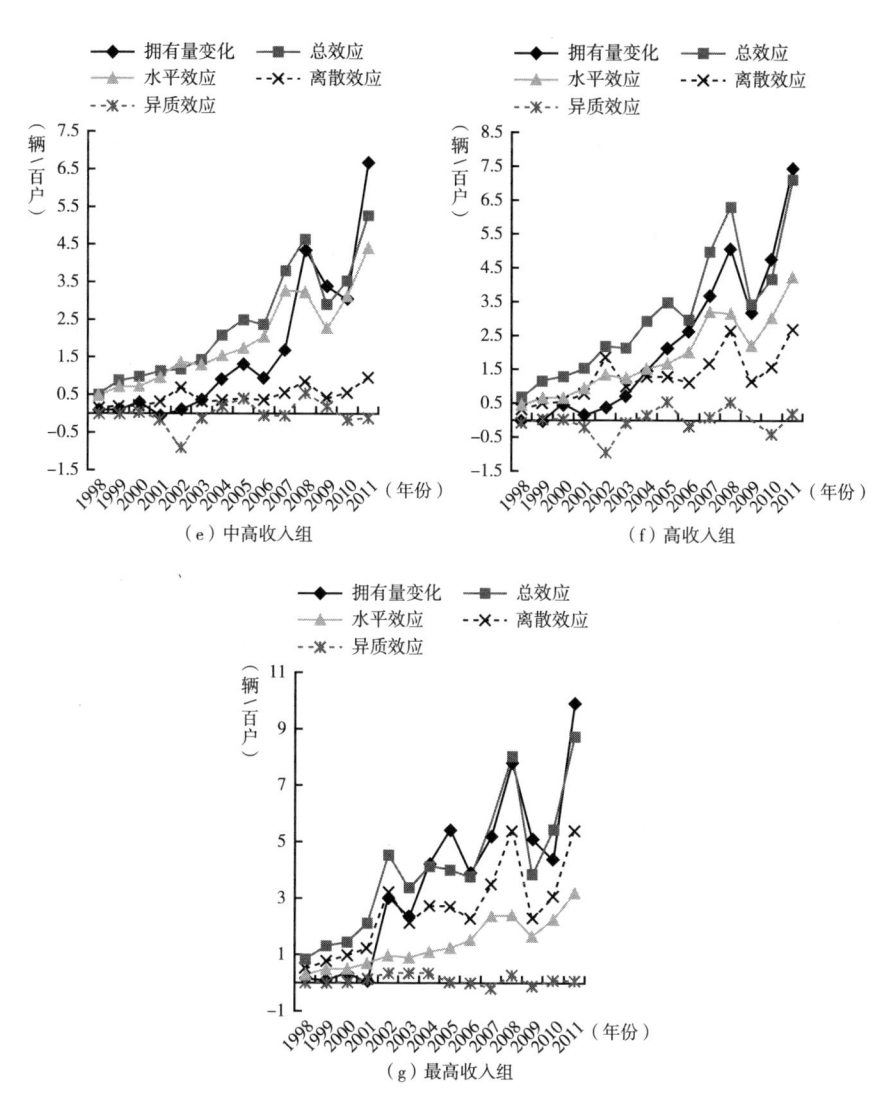

(f) 高收入组

(g) 最高收入组

图 7-5　1998~2011 年各收入组居民收入分布变迁对其
汽车拥有量变化的影响效应

由图 7-5 可知，对于各收入组来说，收入的水平效应均始终起到正向的促进作用，而其随收入变化对各组的影响大小与前面的最小二乘估计结果一致，并非呈线性关系，而是呈倒 U 形。关于离散效应，其对中等及以下的收入组会起到抑制作用，但抑制作用会随着收入的提高而有所减小，对于中等以上的收入组则会促进其对汽车的需求，而且随着收入的提高逐渐增强。尤其是对于最高收入组来说，离散效应超越了水平效应，成为决定其汽车消费需求的主导因素。异质效应对各收入组的影响均不明显，这是因为所使用的是各收入组的平均数据，所以异质性差异被大大地削弱了。

对图7-5中各收入组的影响效应进行加权处理后，得到如表7-5所示对全国的影响效应结果。首先，整体上看，由汽车百户拥有量变化和收入分布变迁的总效应之间的差异可看出，在其他制约因素影响下，我国收入分布变迁带来的需求并未完全得到释放，仅2010~2011年总变化（5.578）大于收入分布变迁总效应（4.054），但收入分布变迁带来的需求增加量呈逐年递增趋势，由每年每百户的0.374辆增加到4.054辆。其次，三个效应中水平效应是占有绝对主导地位的，其影响远大于离散效应和异质效应的总和，表明收入水平是影响汽车整体消费需求的第一大因素，其在总效应中的贡献率平均达到92.44%以上，最低阶段2003~2004年期间也达到78.47%。最后，表征收入分配因素的离散效应和异质效应影响较小，但其中可表示收入差距对汽车消费影响的离散效应均为正值，说明收入差距至少目前对汽车等耐用品市场需求仍是有积极作用的。至于异质效应却几乎可以忽略，这是由所使用的数据特征决定的，使用全国的分组加总数据会人为地消除很大一部分地区和受教育程度等个体异质性的影响。

表7-5 收入分布变迁对中国汽车拥有量的影响效应

区间	总变化	总效应	水平效应	离散效应	异质效应
1998~1999年	0.090	0.646	0.583	0.054	0.009
1999~2000年	0.172	0.666	0.579	0.065	0.022
2000~2001年	0.083	0.847	0.787	0.092	-0.032
2001~2002年	0.311	0.942	1.146	0.222	-0.425
2002~2003年	0.401	1.198	1.045	0.073	0.080
2003~2004年	0.875	1.644	1.290	0.105	0.249
2004~2005年	1.268	1.826	1.456	0.141	0.230
2005~2006年	0.967	1.802	1.720	0.141	-0.059
2006~2007年	1.647	2.884	2.753	0.208	-0.077

续表

区间	总变化	总效应	水平效应	离散效应	异质效应
2007～2008 年	3.016	3.451	2.710	0.310	0.431
2008～2009 年	2.124	2.129	1.894	0.156	0.079
2009～2010 年	2.203	2.791	2.628	0.222	-0.059
2010～2011 年	5.578	4.054	3.668	0.388	-0.002

综合来看，收入分布变迁的水平效应，无论是从分组还是全国整体来看，几乎（最高收入组例外）均起到了决定性的正向拉动作用，但其作用在汽车市场上并未得到充分体现，这主要归结于与其同时存在的离散效应对低收入者的抑制作用，同时离散效应对中等以上的高收入人群的需求具有正向的促进作用，这点保证了其在全国整体来看仍具有积极作用。对异质效应不再赘述，但是后续研究在可能情况下仍是必须考虑的，尤其是在市场后期，个人个性决定的异质效应将很有可能成为主导。

因此，基于目前我国整体收入增长速度放缓、收入分布差距不断扩大的变迁态势，预计收入分布变迁的水平效应对汽车市场需求的拉动作用可能会有所削弱，而收入差距目前整体上起积极作用，而且可能还会持续一段时间。据张馨月等（2011）的预测，未来中国汽车市场的饱和点在每百户 90 辆，时间段为 2025～2030 年，但截至 2011 年最高收入组的保有量已经达到每百户 52.36 辆，因此饱和点很有可能提前达到，故收入差距若进一步加大，离散效应的积极作用将有可能减小而出现抑制作用，水平效应和离散效应在一段时间后均有可能导致汽车市场上的需求萎缩。

第二节 收入分布变迁的数码产品消费市场效应

一 城乡居民典型数码产品市场发展现状及其研究概述

（一）城乡居民典型数码产品保有情况的描述性分析

在中国经济迅速发展的同时，居民收入水平显著提高，由于城镇和农村的经济发展水平不同，因此所面对的消费市场、消费环境等存在较大差异。

表7-6给出的是城乡居民2004~2011年收入的对照情况（由《中国统计年鉴》数据整理得出）。可以看出中国居民的收入飞速增长，2011年城乡居民的人均可支配收入/人均纯收入都达到了2004年的约2.25倍。同时也可以发现，城乡居民的收入差距很大，而且这种差距有逐年扩大的趋势，在这种收入差别下，城乡居民的消费率也会有所不同。

表7-6 2004~2011年城乡居民收入

单位：元

分类	2004年	2005年	2006年	2007年	2008年	2009年	2010年	2011年
城镇居民家庭人均可支配收入	8472.2	9421.6	10493	11759.5	13785.8	15780.8	17174.7	19109.4
农村居民家庭人均纯收入	2622.2	2936.4	3254.9	3587	4140.4	4760.6	5153.2	5919

图7-6给出了城乡居民消费率的变化趋势曲线，城镇居民消费率由城镇居民人均消费支出和城镇居民家庭人均可支配收入计算得出，农村居民消费率由农村居民家庭人均消费支出和农村居民家庭人均纯收入计算得出。

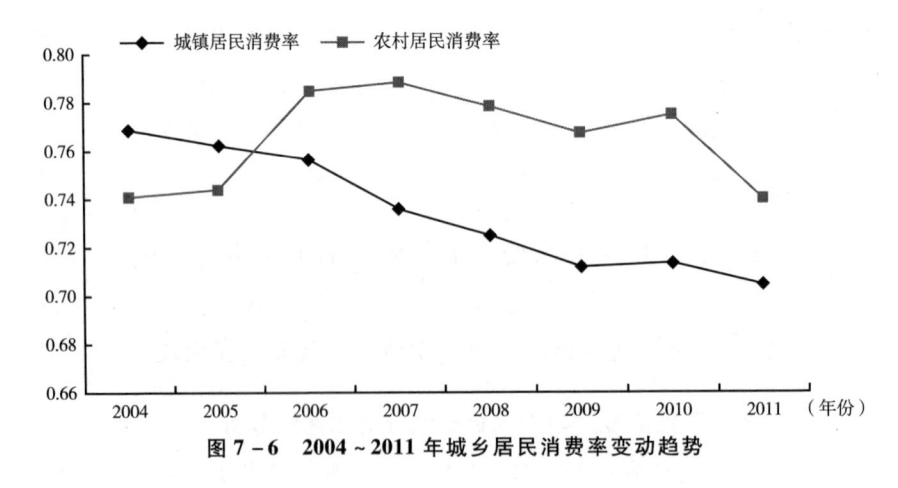

图7-6 2004~2011年城乡居民消费率变动趋势

根据凯恩斯经典消费理论的相关表述，居民收入的变动会使消费量产生相应的变化。由图7-6可以看出，随着居民收入水平的提高，城镇居民消费率明显在逐年下降,农村居民的消费率呈现倒 U 形。

随着中国居民收入水平的提高,消费的内涵也在不断改变,当然这其中也必然包含着消费者对家庭耐用品选择的变化。本节将着重研究典型的数码产品市场中收入分布变迁所带来的消费行为转变问题。由 CHNS 数据得出的家庭数码产品保有情况见表 7-7,可以看出,无论是农村还是城镇的居民,对电脑、照相机、手机三种数码产品的拥有量整体逐年增加,三种产品中,手机的增长速度十分惊人。同时,中国居民家庭平均年收入的增长也非常明显,城乡收入的差距也在不断加大。值得注意的是,城乡居民数码产品拥有比例的差异十分显著,尤其是电脑和照相机这两类数码产品。造成这种差距的原因,以及对相关影响因素的分析,都是后续论证中所重点关注的问题。

表 7-7 城乡居民样本家庭数码产品的保有情况

区域	年份	家庭样本量(户)	样本家庭电脑拥有比例(%)	样本家庭照相机拥有比例(%)	样本家庭手机拥有比例(%)	样本家庭平均年收入(元)
农村	2004	2624	5.18	6.59	49.96	14315.5
	2006	2716	6.92	6.48	73.60	17739.6
	2009	2769	16.90	7.87	126.87	20500.0
	2011	3270	30.98	15.14	159.02	28045.0
城镇	2004	1912	14.54	20.14	65.43	22623.6
	2006	1424	28.91	31.23	115.31	26479.4
	2009	1298	48.07	36.21	176.12	38753.4
	2011	2047	68.44	47.48	188.08	44600.0

(二) 国内外相关研究的文献综述

国外对耐用品相关问题的研究起步较早,无论是研究角度还是研究内容都十分广泛。Roos 和 Szeliski(1939)把动态理论放入消费需求函数中进而研究汽车市场,发现动态需求方程在估计汽车需求价格弹性时具有很大优势。Chow(1957)开创性地运用生物学增长模型,采用 Gompertz 曲线微分方程对美国的汽车消费情况进行了分析。Stone 和 Rowe(1975)在耐用消费品消费研究中引入了存量调整模型。该研究的主要思想为:假定在收入、耐用消费品现期价格等因素影响下会产生一个理想存量，消费者通过对上期实际存量和现期理想存量进行对比分析，从而对现期存量进行调整。Darby（1972）运用 PIH 下的消费函数设定形式，分别讨论了持久收入和暂时性收入对非耐用品和耐用品消费支出的影响。

到 20 世纪 80 年代以后，国外学者对耐用品的研究进入了一个新阶段。Mankiw（1982）发现耐用品的消费过程存在随机游走现象。Bernanke（1983）提出在耐用品消费过程中理性预期是真实存在的，他认为消费者不但不会主动让自己的耐用品贬值，还会为了降低耐用品贬值的速度，而有意识地推迟购买。Blinder（1987）认为每个独立的家庭都会对各种耐用消费品保有水平的范围做出理性的决定，即如果耐用消费品的保有水平不在预计的范围内，消费者的家庭就会卖出或购入相应的耐用品。Bar-Ilan 和 Blinder（1992）认为耐用品具有提供将来收入的功能，消费者可以通过拥有耐用品起到类似预防性储蓄的作用。在 Arrow、Harris 和 Marschak（1951）运用（S，s）模型研究投资品存量之后，Caballero（1993）及 Caballero 和 Engel（1999）分别对（S，s）模型进行了不同程度的扩展和完善。此后，该模型被广泛地应用于耐用品消费的研究中，如 Wendy（2003）采用（S，s）模型分析了收入不确定对家庭住房购买行为的影响。

在对微观数据的使用方面，国外学者的起步也是比较早的。Farrell（1954）基于离散选择的情形，运用微观数据对耐用品的需求进行了分析，这是 Probit 技术分析首次被应用到耐用品的研究中。Eberly（1994）利用 1983 年和 1986 年美国家庭的微观调查数据，预测了美国家庭对汽车的需求。Attanasio（2000）基于 1984～1988 年 CES 的家庭调查数据，对美国家庭是否购买汽车的概率进行了估计，并在模型中加入了家庭特征变量。Campbell 和 Cocco（2007）应用微观数据分析了英国房价的变化对家庭消费的影响，研究结果表明，房价的变动会对老年住房拥有者产生较大的影响，而对年轻的租房者几乎不存在影响。

反观国内对耐用品消费的研究，大多是从宏观层面出发。在研究初期，我国学者主要对耐用品的拥有量进行描述性分析，虽然得出的结论具有启示性，但对相关理论模型的应用较少，很难对耐用品消费的各方面进行深入刻画。尹忠立（1991）最早提出了城乡居民的耐用品消费市场具有二元结构的特性。他认为在耐用品消费市场中，较低水平的农村消费需求和较高水平的城镇消费需求是并存的，并得出收入分配以及基础设施的差距是导致耐用品消费市场二元结构特性的原因。姜长云（1999）对农村耐用品消费的需求与现状分别进行了截面分析和时序分析，得出千元级对百元级耐用品逐渐形成替代的结论。封建强（1999）对我国30个省（自治区、直辖市）35种耐用品的统计数据进行分析的结果表明，耐用品的消费呈现比较明显的区位性特征，且对耐用消费品升级影响最大的因素是收入。张红霞（2008）将陕西省城乡居民耐用品消费调查数据进行了对比分析，结果表明城镇居民家庭日常耐用品的消费已经基本饱和，在日常耐用品的消费方面农村居民与城镇居民相差较大，仍旧处于普及阶段。但由于数据限制，以上研究得出的结论还不够细致和完善。随着研究的不断深入，一些理论模型被运用到对耐用品的分析中，从而可以得出更加令人信服的实证研究结果。孙巍等（2008）以持久收入假说和生命周期理论相结合的分析框架为基本出发点，对我国房地产市场的财富效应进行检验，结果表明收入仍然是影响消费的最主要因素。尹清非（2010）从（S, s）模型出发，通过一系列推导得出耐用品消费的宏观模型，并由此分析了消费人数占家庭规模的比重对耐用品宏观需求的影响。吴春霞等（2010）采用三种不同的消费需求模式，将农村居民对耐用品的购买行为和消费态度的差别进行分析研究，发现农村居民家庭耐用品消费总量逐步增加，虽然与城镇居民相比仍有差距，但这一差距有缩小的趋势。

由于耐用品消费具有离散性特点，统计年鉴上的数据并不能精确细致地刻画耐用品消费的相关特征。另外，随着国内微观调查的逐步开展，应用微观数据对我国居民耐用品消费进行研究的成果也不断涌现。樊潇彦等（2007）采用大规模微观调查数据，运用（S, s）模型的基本方程，就改革中收入风险、收入差距以及城乡之间的区别对我国居民耐用品消费的影响进行了研究。黄静、屠梅曾（2009）运用微观数据，构建LC-PIH分析框架，在这个理论模型下检验住房财富对家庭耐用品消费的影响。结果表明，住房财富每增加1%，耐用品消费相应地增长0.08%~0.12%。邓婷（2009）通过对微观调查问卷的数据分析，从耐用品消费和医疗消费等五个方面对城乡家庭消费结构的差异进行了比较。张大永、曹红（2012）应用 CHFS 数据，探讨了房屋价值、金融资产以及其他家庭财富对消费的影响。

针对近年来数码产品的迅速兴起，洪增高（1994）对我国电子产品的市场和趋势进行了展望与预测。卢小君等（2010）以电子产品消费为例，对大学生是否受到"消费者民族中心主义"的影响进行了实证研究。可以看出，虽然我国消费市场发生了很大的变化，数码产品的消费风潮也不断涌现，但对数码产品消费行为展开实证研究的成果较少。

本节所要研究的典型数码产品是一个特有市场，数码产品既具有耐用品的特质，又存在其独有的特性，如更新换代速度快，带有炫耀性从而容易引发消费者的追逐购买，同时它也是新兴耐用品市场的一个缩影。由此，本节试图从居民收入分布和保有水平这两方面切入，采用多期大样本家庭调查数据对城乡居民的数码产品消费行为进行深入探索。

二　城乡居民不同收入组群典型数码产品消费行为分析

（一）城乡居民收入及典型数码产品保有水平的描述性统计

收入是影响居民消费的最基本因素，为了考察不同收入等级居民的数码产品消费行为有何不同，以及各因素对其的影响是否会随着时间推移而有所变化，图 7-7 和图 7-8 给出了统计得出的各收入等级城乡居民收入的变化情况。可以看出，随着经济的不断发展，城乡居民的整体收入都是在不断增长的，尤其是 2006~2009 年，中等收入和高收入组的收入有了非常显著的提高。与此同时，三个组别的收入差距是在不断扩大的，具体表现为低收入组的收入增长变化并不明显，而高收入组的增长速度始终高于其他两个收入组。另外，同一时间段城镇居民的收入均高于农村居民，并且这种差距非常明显。

伴随收入水平的不断提高，城乡居民对数码产品的需求结构会发生相应变化。表 7-8 和表 7-9 给出了城乡各收入等级居民每百户对电脑、照相机和手机三种数码产品的保有量变化情况。通过表 7-8 可以看出，农村居民对大部分数码产品的拥有量逐年提高；对电脑的使用尚未普及，低收入和中等收入组的拥有水平较低，但是每个时间段的增长率都较高；对

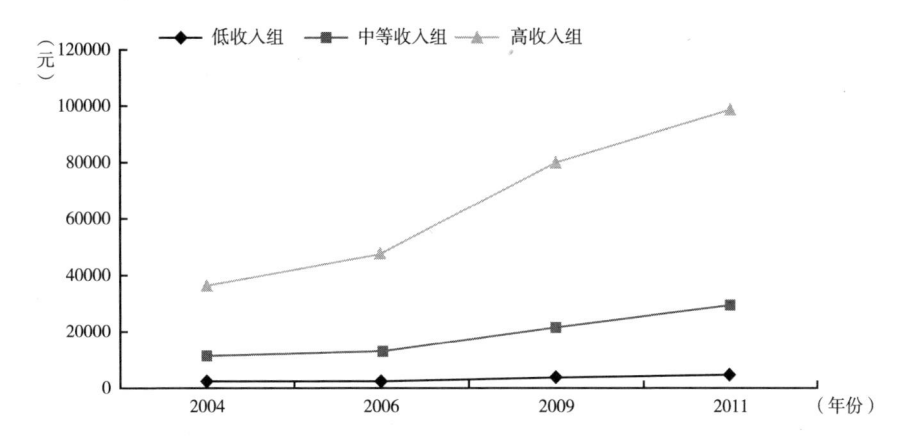

图 7-7　农村分收入组群居民家庭年均收入对照

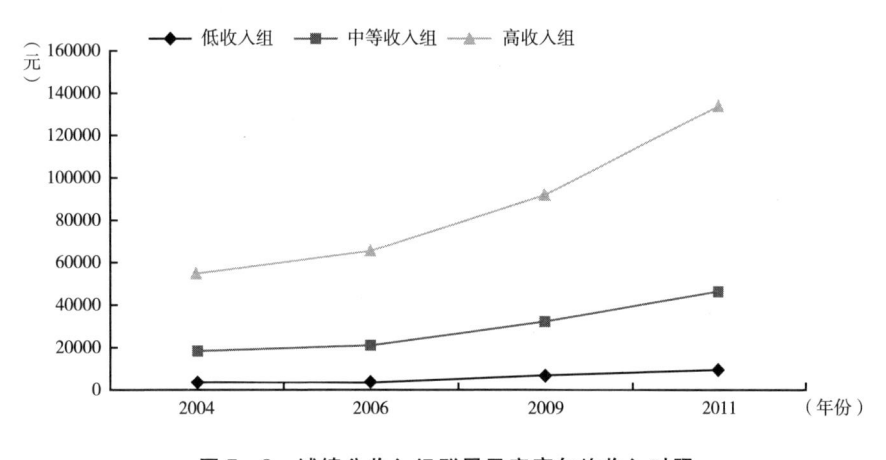

图 7-8　城镇分收入组群居民家庭年均收入对照

照相机的拥有量非常低，且增长十分缓慢，2009年低收入组的照相机保有量甚至出现了下滑的状态；手机无论是在拥有量还是在增长率方面都明显高于另外两种产品。对比各组保有量可以发现，农村低收入组对数码产品的拥有水平滞后于高收入组七年以上。根据表 7-9 可以发现，整体上城镇居民的手机拥有量及增长率是最显著的；虽然在 2004~2006 年三个阶层对照相机的拥有量都高于对电脑的拥有量，但是 2009 年出现了明显的转折，电脑的拥有量首次超过照相机。仅从数码产品的拥有量上分析，城乡差距还是比较明显的，尤其是低收入和中等收入组之间，这种差距更为显著，这说明城乡居民对此类商品的消费仍有很大区别。

表7-8 农村按收入分组后每百户居民数码产品拥有情况

年份	电脑(台) 低收入组	电脑(台) 中等收入组	电脑(台) 高收入组	照相机(台) 低收入组	照相机(台) 中等收入组	照相机(台) 高收入组	手机(部) 低收入组	手机(部) 中等收入组	手机(部) 高收入组
2004	2.7	3.9	11.5	1.9	4.2	18.5	24.5	40.6	103.8
2006	3.8	4.1	18.5	3.1	4.4	16.1	41.6	65.3	130.9
2009	5.0	14.8	35.3	2.3	6.4	17.9	75.5	124.0	187.0
2011	9.9	24.7	71.2	4.3	10.2	40.8	98.9	154.8	232.1

表7-9 城镇按收入分组后每百户居民数码产品拥有情况

年份	电脑(台) 低收入组	电脑(台) 中等收入组	电脑(台) 高收入组	照相机(台) 低收入组	照相机(台) 中等收入组	照相机(台) 高收入组	手机(部) 低收入组	手机(部) 中等收入组	手机(部) 高收入组
2004	6.6	17.2	42.9	7.7	24.3	57.1	36.3	84.0	159.0
2006	9.7	25.1	48.5	12.0	25.4	58.9	63.7	111.3	182.1
2009	18.5	40.6	83.5	8.9	28.1	55.8	114.3	213.8	225.0
2011	32.0	65.0	115.1	14.9	43.4	92.2	137.9	184.9	247.6

(二) 收入组群划分下模型结果的实证分析

可建立如下回归模型:

$$Y = c + \alpha X_1 + \beta X_2 + \gamma X_3 + \eta X_4 + \varepsilon$$

其中,Y表示家庭的数码产品消费,X_1、X_2、X_3和X_4分别表示家庭收入、家庭规模、户主受教育程度以及价格指数,ε为随机误差项,其余参数均为待估参数。由此可利用STATA软件对其进行估计。由于各收入组所选用的变量相同,故将结果放在一起进行对比分析。

1. 低收入组城乡居民家庭典型数码产品消费行为的计量研究

由表7-10可知,首先,关于电脑消费,农村家庭的收入水平在整个研究阶段均未对电脑的保有水平产生显著影响,仅在2011年户主受教育程度和价格指数对保有水平开始产生影响。由于收入过低,该群体所得收入大部分都会被用于满足基本生活需求。对于城镇家庭,2004~2006年,收入对电脑保有量的影响显著为负,且影响最大,2009~2011年收入对

表 7-10 低收入组城乡居民数码产品模型估计结果

数码产品	参数	农村 2004 年	农村 2006 年	农村 2009 年	农村 2011 年	城镇 2004 年	城镇 2006 年	城镇 2009 年	城镇 2011 年
电脑	α	-0.1396	-0.3079	0.1945	0.0881	-2.3556**	-0.3832*	0.1587	0.0343
电脑	β	0.1268	0.0727	0.0601	0.0050	-0.1269	0.0116	0.0406*	0.0217*
电脑	γ	0.5527	0.3085	-0.0027	0.1097*	1.4724**	0.0137	0.2481**	0.0543
电脑	η	6.3618	-1.1193	-0.7434	1.2315***	-5.3321*	1.1373**	2.1002***	2.7536***
照相机	α	0.2267	-0.6439	0.5640	0.0720	0.1623	-0.0955	-0.0457	0.0160
照相机	β	-0.0239	-0.0190	-0.0044	0.0352*	0.0099	-0.0079	0.0233	0.0035
照相机	γ	-0.1578	-0.0299	0.3666	-0.0387	0.2363	-0.3673	-0.0510	0.3092**
照相机	η	1.1044	3.3830	2.0206*	-0.0813	-0.5118	0.3752	1.3672*	0.4830
手机	α	-0.1022	-0.0215	-0.0410	-0.0163	-0.1141	-0.2204	0.0826	0.0586
手机	β	0.0169	0.0151	0.0122*	0.0118**	-0.0401	0.0146	0.0157	0.0210***
手机	γ	0.0561	0.0882	0.0877**	0.1732***	-0.0330	0.1404*	0.2923***	0.1597***
手机	η	0.0544	-0.2475	0.3185	0.3696**	1.5840	-0.0261	0.4521**	0.3897***

***、**、* 分别表示在 1%、5% 和 10% 的置信水平下显著。

电脑保有水平的影响不再显著。直到后期家庭规模、受教育程度以及价格指数的影响才逐渐开始显著。说明只有收入达到消费门槛之后，其他因素才会随之产生作用。其次，关于照相机消费，农村居民的各解释变量对其保有水平的影响基本都不显著，只在2009年和2011年，价格指数和家庭规模分别对保有水平产生了正向的影响。直至2011年，农村低收入组的每百户家庭照相机拥有量也只有4.3台。城镇居民对照相机的保有量虽然高于农村，但是其水平也很低。实证结果表明，仅在2009年和2011年，价格指数和户主受教育程度分别对城镇居民照相机保有水平有正向影响。最后，对手机的估计结果表明，低收入组城乡居民的收入水平对手机保有水平的影响均不显著，而家庭控制变量分别从2006年和2009年开始显著。

综上可知，影响城乡居民对数码产品保有水平的因素虽有不同，但区别不大。对于低收入组，当期收入主要用于生活的基本开销，数码产品的价格较为昂贵，要使其保有量增加必然要动用储蓄，当期收入对数码产品保有水平的影响基本不显著。而能够拥有数码产品的家庭，或是因为户主受教育程度较高，能够接受新鲜事物，并且可以看到数码产品对提升生活品质的正面影响，或是因为家庭规模较大，人均成本较低。所以要刺激这部分群体的消费，价格补贴政策是可行而且十分必要的。

2. 中等收入组城乡居民家庭典型数码产品消费行为的计量研究

根据表7-11可知，首先，在电脑消费方面，农村家庭的收入始终未对保有量产生显著影响，家庭规模仅出现过短暂的作用，随后户主的受教育程度开始出现了正向的影响，价格指数虽然一直影响显著，但影响程度趋于下降。而城镇家庭的收入对电脑保有水平的影响一直显著，影响程度逐渐降低，但到2011年又有所回升。与之相对应，价格指数的影响整体呈上升状态。其次，关于照相机的估计结果表明，2006年农村家庭收入对照相机保有水平的弹性达到0.8658，也就是说，当家庭收入每增加1%，照相机的保有水平会提升0.8658%。同样，城镇居民2006年的家庭收入弹性达到了0.7175，之后收入对保有水平的影响一直显著，只是显著水平逐年降低。最后，对于手机消费来说，无论是收入水平还是家庭控制变量，均对农村家庭的手机保有水平产生了显著影响。收入对手机保有水平

表 7-11 中等收入组城乡居民数码产品模型估计结果

数码产品	参数	农村 2004 年	农村 2006 年	农村 2009 年	农村 2011 年	城镇 2004 年	城镇 2006 年	城镇 2009 年	城镇 2011 年
电脑	α	0.6133	0.4852	0.2619	0.1282	0.5401*	0.5185***	0.2236**	0.3360***
电脑	β	0.1123**	-0.0064	0.0103	0.0089	-0.0038	0.0056	-0.0017	0.0111*
电脑	γ	0.0524	0.1167	0.1119**	0.1062***	-0.0652	0.0942	0.0300	0.0938**
电脑	η	2.3694***	2.6730***	2.2744***	1.9456***	1.7119***	2.2402***	2.2696***	2.3304***
照相机	α	-0.0871	0.8658**	0.2229*	0.0734	0.3135	0.7175***	0.3343*	0.2219*
照相机	β	0.0350**	-0.0121	0.0243	-0.0049	-0.0262**	-0.0147	-0.0066	0.0076
照相机	γ	-0.1280	0.0211	-0.0094	-0.0173	-0.0480	-0.0521	0.0784	-0.0664
照相机	η	-0.1530	-0.03677	0.6219**	-0.0380	0.2591	0.5266**	0.4644**	1.0902***
手机	α	0.5118***	0.4676*	0.2596***	0.2167***	0.5095***	0.5435***	0.1496*	0.4491***
手机	β	0.0142*	0.0108**	0.0081**	0.0133***	0.0163***	0.0063	0.0175***	0.0266***
手机	γ	0.0470*	0.0903***	0.1683***	0.1553***	0.0566	0.0916***	0.0141***	0.1322***
手机	η	0.0412	0.3615***	0.3375***	0.3434***	0.2542*	0.1979	0.2897***	-0.0210

***、**、* 分别表示在 1%、5% 和 10% 的置信水平下显著。

的影响程度逐年下降，家庭规模的影响程度较为稳定，受教育程度的影响程度整体有所提高，价格指数的影响出现后一直保持稳定。城乡按收入分组后，中等收入组每百户居民手机拥有量分别在2006年和2009年突破了100台，说明收入增加，家庭对手机的保有水平随之提高，且以家庭为单位的拥有量基本达到饱和状态，手机已不再属于高档耐用品。

由上述结果可以看出，虽然手机市场基本饱和，但是电脑和照相机仍有很大缺口。中等收入居民的消费潜力巨大，是值得重点关注的消费群体，因此相关厂家可以提供性价比高的产品来刺激消费者的购买欲望从而促进消费。

3. 高收入组城乡居民家庭典型数码产品消费行为的计量研究

由表7-12中农村居民电脑消费的估计结果可知，首先，高收入组居民的收入并非一直对电脑的保有水平产生影响，而家庭规模和受教育程度在多数年份对保有水平有积极影响。在城镇家庭，从2006年开始受教育程度对电脑保有水平的影响较为显著，收入和家庭规模都只在2004年对其产生了影响。价格指数的影响先下降后升高，且升高幅度明显。其次，对照相机的估计结果表明，农村家庭收入、家庭规模和价格指数整体上都对照相机的保有水平产生了显著的影响，但这些影响并不是连续的。城镇仅在2006年出现了对照相机保有水平有显著影响的因素：收入和家庭规模，但是这种影响非常短暂。最后，对于手机消费来说，高收入组的农村家庭收入对手机保有水平整体上有显著影响，仅在2009年收入增加极快的时间段内不显著，2011年收入对保有水平的影响甚至超过了2004年。收入对城镇家庭手机保有水平的显著影响只出现在初期，且价格指数始终没有产生影响，后期家庭特征变量的影响较为显著。此外，收入对高收入组城镇家庭中手机保有水平的影响不及农村家庭显著，这可能是由于手机已经成为居民生活的必需品，对于高收入组城镇居民来说，价格已不再是影响其消费的主要因素。

综上所述，对于我国高收入阶层来说，家庭收入高并且处于稳步增长的状态，其对各种数码产品的需求基本已经饱和，消费需求更多地转向产品的高档次和高性能方面。因此相关产业理应做出适时调整，针对这类消费群体提供更智能、更个性化的数码产品。

表7-12 高收入组城乡居民数码产品模型估计结果

数码产品	参数	农村				城镇			
		2004年	2006年	2009年	2011年	2004年	2006年	2009年	2011年
电脑	α	0.4125	0.2477	0.1658*	0.2032**	0.5168**	0.2428	0.0849	-0.0248
	β	0.0404**	0.0233*	0.0199***	0.0093	0.03589***	-0.0019	0.0059	0.0068
	γ	-0.1632*	0.0999	0.0928***	0.0756***	0.0447	0.1490*	0.1353***	0.0906*
	η	0.5055	2.7606***	1.4371***	1.4371***	2.9981***	2.6604***	2.1908***	4.6476***
照相机	α	0.3045	0.8078***	0.2851	0.1944**	0.3300	0.6925**	-0.0487	0.0878
	β	0.0068	0.0268**	0.0218	0.0140**	0.0231	-0.0223*	0.0081	0.0039
	γ	-0.0343	-0.0839	-0.0097	0.0148	0.0887	0.0183	0.0524	-0.0288
	η	0.1409	0.0616	0.9306***	0.5061***	-0.0942	0.0838	0.4290	0.1495
手机	α	0.4526***	0.2190**	0.1024	0.5242***	0.4366**	0.4184***	0.0662	0.1387
	β	0.0106*	0.0172***	0.0149***	0.0158***	-0.0033	0.0033	0.0214***	0.0160**
	γ	0.0111	0.0912***	0.1394***	0.1300***	-0.0054	0.1357**	0.1947***	0.1519***
	η	0.3770**	0.3484***	0.1897**	0.6184***	0.0136	-0.0733	0.1697	-0.3579

***、**、*分别表示在1%、5%和10%的置信水平下显著。

第三节 收入分布变迁的电脑消费市场效应

一 我国电脑消费市场发展现状及研究概述

(一) 我国城乡居民电脑保有量的描述性分析

随着收入水平的提高，我国城乡居民耐用品消费支出大幅度提高。近几年，电子类产品支出占耐用品总支出的比例逐年提升并占据越来越重要的地位。本章采用 CHNS 大样本微观家庭调查数据对城乡居民的电脑保有量进行分析，从表 7-13 可以看出，城乡居民电脑保有量逐年提升，城镇居民电脑保有量普遍高于农村。2004 年农村居民电脑保有量为每百户 5.18 台，而到 2011 年我国农村居民电脑保有量增长到每百户 30.98 台，增长 4.98 倍。城镇居民 2004 年电脑保有量为 14.54 台，到 2011 年城镇居民电脑保有量增长到每百户 68.44 台，增长 3.71 倍。2004 年城镇居民电脑保有量为农村居民的 2.8 倍，而到 2011 年城镇居民电脑保有量仅为农村居民的 2.2 倍。由此可以看出，我国城镇居民电脑保有量远高于农村居民，但是农村居民电脑保有量增长速度快于城镇，城乡居民电脑保有量差距逐年缩小。说明我国农村居民电脑消费市场潜力巨大，而城镇居民电脑消费需求逐渐缩小，我国政府应注重农村市场的发展，并不断调整城乡电脑消费市场的分布特征。

表 7-13 城乡居民电脑保有量

年份	城镇 家庭样本量（个）	城镇 电脑保有量（台/百户）	农村 家庭样本量（个）	农村 电脑保有量（台/百户）
2004	1912	14.54	2624	5.18
2006	1424	28.91	2716	6.92
2009	1298	48.07	2769	16.9
2011	2047	68.44	3270	30.98

由表 7-14 可以看出，2004 年我国低收入组城镇居民电脑保有量是农村居民的 2.44 倍，中等收入组城镇居民电脑保有量是农村居民的 4.1

倍,而高收入组城镇居民电脑保有量是农村居民的 2.32 倍。到 2011 年各收入组城镇居民电脑保有量分别是农村居民的 3.23 倍、6.37 倍和 2.82 倍。上述统计结果表明城乡中等收入组居民电脑保有量增长速度较快,高于整体增长速度,而高收入组居民电脑保有量增长速度最慢,城乡电脑保有量差距缩小主要是受到中等收入组居民的影响。

除此之外,从表 7-14 可以看出,2009~2011 年我国城镇低收入组居民家庭电脑保有量和农村高收入组居民家庭电脑保有量相差无几,说明我国农村居民电脑保有量远远低于城镇居民。2011 年城镇高收入组居民家庭电脑保有量达到每百户 115.1 台,说明高收入组城镇居民家庭电脑消费已经饱和,而农村高收入组家庭电脑消费 2011 年才达到每百户 40.8 台,因此我国农村电脑类产品消费市场存在巨大潜力,我国政府应该注重开发农村消费市场,进而提升我国整体消费需求。

表 7-14 按收入分组后城乡居民电脑保有量

单位:台/百户

年份	城镇			农村		
	低收入组	中等收入组	高收入组	低收入组	中等收入组	高收入组
2004	6.6	17.2	42.9	2.7	4.2	18.5
2006	9.7	25.1	48.5	3.8	4.4	16.1
2009	18.5	40.6	83.5	5.0	6.4	17.9
2011	32.0	65.0	115.1	9.9	10.2	40.8

(二) 对二元经济结构及耐用品消费研究的评述

二元经济最初是由 Boeke (1953) 提出的,其在《二元社会的经济学和经济政策》一书中提出印度尼西亚是一个存在"二元结构"的社会,即由传统社会和资本主义现代经济部门两部分构成。次年,英国经济学家 Lewis 给出了具体的二元结构模型,该模型适用于发展中国家以传统农业和现代工业为基础的经济结构,其认为农村劳动力不断流向城市,城市吸收全部劳动力之后,二元经济结构消失,为无限劳动力供给的二元经济结构理论奠定了基础。Ranis 和 Fei (1961) 补充修正了 Lewis 的二元结构模型,提升了农业部门在经济发展中的地位。Jorgenson (1961) 将发展中国家的经济结构分为传统农业部门和现代工业部门两部分，并通过研究发现两个部门在发展过程中呈现非对称性。Fei 和 Ranis（1963）同样修正了 Lewis 的二元经济理论，他们认为应该利用生产率的提升来释放农村劳动力和农业剩余，农业部门和工业部门对经济发展同样重要，因此，他们提出在发展经济的过程中必须充分重视农业发展，在很大程度上修正了二元经济发展理论。Rakshit（1982）在二元经济结构中引入凯恩斯理论，利用生产和需求来研究发展中国家内需不足的问题，从刺激需求促进经济发展的视角为二元经济转型提供新思路。

与西方发达国家保护农民政策相悖的是，发展中国家长期以来在城乡之间形成的政策和制度是"城市偏好"。"城市偏好"一直以来就是影响城乡二元结构发展的重要因素，随着经济发展，"城市偏好"政策愈演愈烈。王德文、何宇鹏（2005）认为随着经济发展造成城乡差距不断扩大的原因是"城市偏好"政策的增强。Olson（1985）指出，农村劳动力在国家政策的影响下不断向城镇转移，并且由于"城市偏好"政策的存在，农村资金等要素不断流向城市。Lipton（1984）利用"城市偏好"概念阐明城乡之间存在的矛盾，认为发展中国家的城市阶级和农村阶级存在冲突，城镇阶级通过自身的政治优势掌握更多资源，这种方式的发展结果就是城镇越来越富裕而农村越来越贫困，城乡差距不断拉大。Corbridge（1989）指出"城市偏好"是由农产品价格偏低、农村技术和基础设施（教育、医疗等）落后等原因造成的。蔡昉（2003）指出改革的临界点正处于城乡差距扩大到阈值的临界点，城乡差距不会无限制地扩大。城乡二元结构是二元经济的重要组成部分，因此破除城乡二元结构对消除二元经济具有重要意义。

消除城乡差距首先要将城乡发展结合起来，一方面不断增强城乡之间的关联性，另一方面要从促进农村发展着手，利用城镇反哺农村策略。目前，国内外学者对如何促进城乡市场联合发展的研究成果颇多。Ravallion（2002）认为应该在城乡之间建立一个缓冲市场，用来加强城乡之间的经济和政治联系，因此提出了"次级城市发展战略"。他认为发展中国家应该在全国范围内建立一套完整的次级城市体系，主要用来加强农村和小城市、小城市和大城市之间的交流，进而促进城乡一体化发展。Unwin

(1989)通过对古巴城乡关系的研究发现,将城市和农村分开研究是不全面的,加强城乡之间的相互作用对促进发展具有重要作用。McGee(1991)指出加强城乡之间的联系对区域发展具有重要影响。除此之外,加强农村发展对消除城乡二元经济同样具有至关重要的作用。Keeble(1992)通过对案例的分析发现,城市产业主要集中在高科技制造业,而农村产业主要集中在旅游业、农业和零售业。Lowe 和 Talbot(2000)认为农村市场吸收金融资金能力差,缺乏相应的商业服务。Courtney(2000)利用实证分析研究了农村小城镇之间的经济关联性问题。Yong 和 Jung(1988)利用理论分析和实证检验研究了韩国的新文化运动。Minten(1999)认为加强基础设施建设是提高农产品价格的必要条件。Shilpi 和 Emran(2002)认为农产品的销售依赖中间商,中间商对农村商品市场的发展具有重要作用。同时,由于中国市场存在典型的二元经济现象,国外学者对中国农村市场也做了研究。Park 等(2002)认为在整合农村市场时,不仅要关注城乡交易壁垒的存在,还要关注农村基础设施建设和生产系统化发展,这些因素对农村市场发展存在重要影响。Rozelle 和 Park 等(1997)指出中国粮食市场受外界影响较小,市场整合程度不断提高。目前,诸多研究表明城乡市场之间存在差异,并提出要消除这种差异要从城乡联合发展和发展农村市场两方面入手,但是这些研究缺乏相应的实证分析。

目前,国内学者对我国典型二元经济结构做了诸多研究,并为促进城乡一体化发展做了相对深入的分析。王德章、王锦良(2007)研究分析了中国新农村建设与城乡市场协同发展之间的关联性,发现城乡市场发展过程中存在互动性且农村市场发展的影响大于城镇市场。因此,应该深化城乡市场互动发展,在城乡之间寻找缓冲点,促进城市市场发挥辐射作用。林毅夫(1999)提出"新农村运动"这一概念,认为解决我国内需不足问题的关键在于拉动农村需求,我国政府应该在这一运动中起到核心作用。杜作峰(2001)认为应该加强我国农村市场网络建设,进而促进城镇化发展。温铁军(2003)研究了城乡产权制度和经济制度对农村经济发展与建设的影响后提出,要想解决好我国农村经济问题只能从制度方面着手。孙巍等(2013)利用 Engel-LA/AIDS 两阶段模型研究了我国城镇居民耐用品消费行为的变化特点，发现我国城镇居民收入翻番转折点处于2004年，并且在收入翻番前后城镇居民耐用品消费行为变化呈现稳定发展趋势，表明影响我国城镇居民消费的主要因素是居民收入的快速增加。

尹忠立（1991）认为造成我国经济形势低迷的关键因素是我国耐用品消费市场二元化，指出二元市场结构就是指较低消费的农村需求层次与较高消费的城市需求层次。朱琛、朱永熙（2011）认为金融危机加大了我国农村劳动力就业压力，农业生产率下降，农村居民收入降低，进而导致我国城乡二元消费结构进一步加深。宗强（2007）指出要改变我国的二元消费结构，仅增加农村收入是不够的，必须从制度改革入手。计保平（2000）利用数据统计分析指出，消除我国城乡消费市场二元结构要从产品角度着手，关注产品创新设计、质量与市场针对性。

国内外关于二元经济结构的研究主要是围绕二元结构的形成原因和如何消除二元结构进行的，缺乏相应的实证分析，并且相关研究主要是针对亚洲和非洲的发展中小国进行的，缺乏代表性，而中国作为世界上最大的发展中国家，对其进行研究更具代表性。

随着收入水平的提升，我国居民消费率却呈现下降趋势。不少学者认为收入差距扩大是消费率偏低的主要原因，但是少部分学者证明收入差距扩大并不足以解释我国内需不足问题。李凤升（2011）认为人均收入水平和人均消费水平之间存在长期稳定的均衡关系，且城乡居民生活水平差距呈扩大倾向。朱琛（2012）采用2002～2009年31个省（自治区、直辖市）的数据研究了我国城乡区域之间的消费差距，认为我国不同省（自治区、直辖市）的城乡消费差距逐年扩大。目前，很多学者认为我国消费不足的主要原因是收入差距过大。张继海、臧旭恒（2005）通过研究我国总消费与收入差距之间的相关关系，发现两者之间存在负相关关系；王小鲁（2007）通过对我国内需不足问题的研究，分析得出我国储蓄过度、消费不足的主要原因是收入差距过大；张屹山、陈默（2012）通过对我国内需和国内收入变迁之间关系的研究，发现阻碍经济增长的主要原因是收入差距扩大。虽然学者们利用计量方法实证分析得出我国收入差距过大阻碍了我国消费增长，但是其理论来自凯恩斯著名的"边际消费递减规律"。由于该假说是在先验性基础上建立起来的，缺乏微观基础，因此建立在该假说之上的研究存在某种程度的偏差。李军（2003）和陈建宝等（2009）指出消费倾向总是随收入增加而减小的直观感觉并不可靠，"边际消费递减规律"并不总是成立。苏鹏、孙巍（2013）利用门限回归模型对收入差距和消费之间的关联性进行探讨，指出如果仅从需求的角度看，我国收入差距不足以解释内需不足的问题。苏鹏等（2014）利用 CHIP 微观调查数据研究收入变迁对总消费的影响后发现，收入分布变迁的水平效应对总消费影响较大，收入差距对总消费的影响并不大。孙巍、苏鹏（2013）将支出引入 AIDS 模型，从支出角度分析我国收入变迁对消费结构产生的影响，发现对我国整体消费结构起到决定性作用的是收入的均值效应，而方差效应和残差效应主要影响单个市场的消费需求。

随着耐用品消费支出占总消费支出的比例不断加大，耐用品消费行为已经成为经济研究中的一项重要分支，国内外很多经济学家通过对耐用品消费市场的研究来分析经济形势和消费结构变迁。目前，对我国电子产品的研究多集中在创新科技、大学生消费以及对市场的预测方面，几乎没有城乡居民对电子产品消费差异方面的研究。一方面，CHNS 数据库中包含了大量电子产品的消费数据，便于数据的筛选和使用；另一方面，由于电子产品既具有一期购买多期使用的耐用品特性，又具有更新换代快的特性，因此作者选取电子产品作为研究对象，能够更好地揭示我国电子消费市场的变化特征。除此之外，由于手机类电子产品的城乡居民购买量几乎达到饱和，摄像机类等较高端的电子产品还未全面走入居民家庭，而电脑正处于两者之间，因此，选取电脑消费作为研究对象，不仅能够代表电子产品的消费市场特征，也对把握我国消费市场的整体变化趋势和发展方向具有现实意义。在二元经济条件下，我国城乡居民收入差距呈现逐年扩大趋势，那么我国城乡居民消费是否呈现同样的变化趋势？本章将利用分位数回归和反事实分析研究我国城乡居民消费差距的变化趋势。

二 基于分位数回归的城乡电脑消费组群差异性动态特征分析

基于分位数回归估计，构建计量模型如下：

$$\ln C_i = \alpha_0 + \alpha_1 \ln(Y)_i + \beta(HS) + \gamma(E) + \lambda D\_city + (\varepsilon)_i$$

变量的说明如下：C 是家庭电脑消费支出，家庭电脑消费支出主要根据电脑消费总量数据获得；Y 为家庭可支配收入，i 代表不同的分位数；D_city 代表是否为城镇居民的虚拟变量，城镇居民为 1，非城镇居民为 0；HS 为家庭规模，E 为户主受教育程度，α、β 和 γ 分别为家庭收入对数、家庭规模和户主受教育程度对家庭电脑消费的影响系数。在此基础上对电脑消费组群差异性动态特征进行分析。

（一）城乡居民电脑消费影响因素动态趋势分析

本章采用分位数回归，是由于收入分布与消费分布在很大程度上具有一致性，即较高消费阶层的消费很大一部分来自高收入者，而低消费阶层的主要消费人员则聚集在低收入阶层。因此，本章选取消费作为分位数回归的被解释变量，通过研究收入、受教育程度和家庭规模对不同消费阶层的影响，分析电脑消费市场的变化规律及城乡差别，并通过相关产业政策实现投资的前瞻性，使供给侧结构性改革找到可以遵循的规律和政策基础。下面分析解释变量对被解释变量的影响。

1. 受教育程度对电脑消费的影响

2004 年城镇居民受教育程度对较低价格层次的电脑消费影响显著，2006 年和 2009 年受教育水平对电脑消费影响不显著，而 2011 年城镇居民受教育程度对中高价格层次电脑消费影响显著，说明受教育程度对电脑消费具有引导作用。受教育程度对电脑消费价格层次的影响由较低价格层次转移到较高价格层次，说明受教育程度越高，居民对电脑消费的需求就越强。受教育程度对城镇居民电脑消费的影响之所以呈现这种特征，主要有两方面原因：一方面，城镇家庭受教育程度普遍较高，因此受教育程度对城镇居民电脑消费的影响并不显著；另一方面，受教育程度较高的居民接受新事物的能力强于一般居民，其消费行为具有超前性。随着我国政府对农村教育投入的增加，农村居民电脑类产品的消费出现明显变化特征。从表 7-15 至表 7-18 可以看出，2004 年受教育程度对农村居民绝大多数价格层次的电脑消费影响显著，而 2006 年受教育程度只对价格层次较低的电脑消费影响显著，到了 2011 年受教育程度对电脑消费甚至出现了负面影响。说明受教育程度较高的农村家庭先期购买电脑，且由于受教育程度较高的人群在 2004 年已经购买，其他农村居民家庭购买电脑的欲望较弱并且同时受到收入的影响,因此农村居民电脑消费水平有所降低,这就是受教育程度对农村居民电脑消费的影响越来越弱的原因。2011年受教育程度对电脑消费存在负向影响,说明农村居民收入较低,对于已经拥有电脑的家庭来说,购买第二台电脑的可能性较低,因此受教育程度对电脑消费影响为负。

总体来说,受教育程度对农村居民家庭电脑消费的影响远远大于城镇居民,这是由于农村居民对电脑的认识及操作比较陌生,所以电脑市场对普通农民来说吸引力不大,但是对于受过教育的农村居民来说,电脑会给他们的生活带来巨大的改变,因此教育程度对农村居民的电脑消费具有显著影响,这种影响随着时代的发展而逐渐减弱。受教育程度对城乡居民的电脑消费具有引导作用,即受教育程度较高的城镇居民是最先购买电脑的,并且随着电子产品更新换代的加快和收入水平的提高,其对电脑性能的要求不断提高。

表 7-15   2004 年城乡居民电脑消费分位数回归

2004 年城镇居民电脑消费分位数回归				
分位数	截距项	α	β	γ
0.1	-5.8409*	0.9102*	-0.3746**	0.1025*
0.2	-1.0086	0.5333*	-0.1017	0.1011*
0.3	2.2394*	0.4843*	-0.1196*	0.0261***
0.4	4.2098*	0.3870*	-0.0615***	-0.0052
0.5	5.2969*	0.3033*	-0.0370	-0.0058
0.6	6.6195*	0.1652*	0.0097	-0.0007
0.7	7.3813*	0.1119**	-0.0147	-0.0008
0.8	7.8481*	0.0977*	-0.0445*	-0.0042
0.9	7.9502*	0.0987*	-0.0447**	-0.0012
2004 年农村居民电脑消费分位数回归				
分位数	截距项	α	β	γ
0.1	0.1031	0.3625**	-0.2310***	0.0542**
0.2	-6.7993*	1.1274*	-0.1474	0.0823*
0.3	-4.1205*	1.0276*	-0.3951*	0.0841*
0.4	-2.5503*	1.0537*	-0.4814*	0.0358**
0.5	-1.9188*	1.0327*	-0.4429*	0.0255**
0.6	0.5481	0.7529*	-0.2270**	0.0262*
0.7	2.3818***	0.5940*	-0.2181*	0.0244*
0.8	5.5165*	0.3283*	-0.2203*	0.0150*
0.9	8.6548*	0.0528	-0.1808*	0.0116

***、**、*分别表示在1%、5%和10%的置信水平下显著。

2. 家庭规模对电脑消费的影响

从表7-15可以看出，2004年家庭规模对城乡居民电脑消费的影响为负，且随着消费价格层次的提高，家庭规模对电脑消费的影响整体上越来越弱，说明城乡居民家庭规模越大，电脑价格越高，电脑产品消费水平越低。2004年城乡居民收入水平较低，且电脑属于奢侈品范畴，所以城乡居民家庭规模越大，在基本消费方面的投入就越多，进而对电脑这类耐用品的消费就会减少。城乡居民在购买电脑时，会考虑到自身的经济状况，在满足基本生活需求的情况下，才会考虑购买电脑类电子产品。

随着收入水平的提高，家庭规模对电脑产品消费的影响逐渐由负转正。从表7-16可以看出，2006年城镇家庭规模对电脑消费的影响大多数情况下显著。我国城镇居民家庭规模对电脑消费呈现促进作用，而农村居民家庭规模仅在低分位数处对电脑消费有所促进，表明2006年我国城

表7-16 2006年城乡居民电脑消费分位数回归

分位数	截距项	α	β	γ
\multicolumn{5}{c}{2006年城镇居民电脑消费分位数回归}
0.1	1.9043	0.2153	0.1762	0.0684 **
0.2	4.6317 *	0.1656	0.1816 *	0.0146
0.3	6.4800 *	0.0471	0.2005 *	0.0093
0.4	6.3382 *	0.1231 *	0.1258 *	0.0031
0.5	6.7725 *	0.104 **	0.0934 *	0.0039 ***
0.6	7.3722 *	0.0740 *	0.0732 *	0.0002
0.7	7.9314 ***	0.0361 *	0.0599 *	-0.0001
0.8	7.8897 *	0.0531 **	0.0443	0.0001
0.9	8.0236 *	0.0550 *	0.0606 *	-0.0006
\multicolumn{5}{c}{2006年农村居民电脑消费分位数回归}
0.1	-8.7212 *	0.9799 *	0.3956 *	0.0792 *
0.2	-5.0159 *	0.8549 *	0.1408 ***	0.0905 *
0.3	-1.9947 ***	0.7713 *	0.0280	0.0538 *
0.4	0.5049	0.6028 *	0.0097	0.0401 *
0.5	5.7657 *	0.1983 ***	-0.0357	0.0193 *
0.6	7.4864 *	0.0602	-0.0058	0.0095
0.7	7.7283 *	0.0536	0.0013	0.0058
0.8	8.3844 *	-0.0015	0.0142	0.0046
0.9	8.5650 *	0.0135	-0.0022	0.0002

***、**、* 分别表示在1%、5%和10%的置信水平下显著。

镇居民收入水平已经能够满足基本生活需求，其消费模式开始发生转变。2009 年城镇较高消费层次居民的家庭规模对电脑消费呈现负向影响，到了 2011 年家庭规模才对中高价格层次电脑消费呈现正向显著影响，说明 2009 年我国经济出现波动，物价水平增长速度高于居民收入增长速度，因此影响我国居民的电脑消费水平。

上述分析结果表明城镇居民收入提高较快，电脑消费快速增加，2006 年电脑对城镇居民来说已由奢侈品转为正常商品，城镇居民对电脑的了解也越来越多，城镇居民中的较高收入者会根据家庭人员的需求进行电脑消费，这就使城镇居民家庭规模对电脑消费的影响显著，到 2011 年城镇居民家庭的电脑消费几乎达到饱和状态，家庭规模对电脑消费不产生影响，此时，城镇居民不再追求电脑的拥有量，而是开始关注电脑的使用性能。

与城镇居民家庭相比较，农村居民家庭收入提升较慢，2006~2009 年农村居民家庭收入的提高幅度远远小于城镇居民家庭收入的提高幅度，电脑类电子产品对农村家庭来说还处于奢侈品和正常商品之间，农村家庭不会按照家庭人数购买电脑，而是会根据自身收入条件购买，所以农村居民家庭规模对电脑消费的影响不显著。到 2011 年农村居民家庭电脑购买量依然较低，距离饱和水平尚有一段距离，因此随着收入水平的提升家庭规模对电脑消费依然会具有显著影响，直到电脑消费达到饱和。从家庭规模对电脑消费的影响可以看出农村居民电脑消费落后城镇居民电脑消费 6 年左右。

3. 家庭收入对电脑消费的影响

目前，农村居民的电脑消费收入弹性普遍高于城镇居民的电脑消费弹性，说明制约农村居民消费的是收入水平的提升而非完全的收入差距的扩大。从消费角度来看，我国消费市场总体性过强，而且市场消费水平设计主要针对消费潜力较大的城镇居民，而非消费疲软的农村居民，这就进一步造成农村居民消费水平偏低的现象，因此分化我国城乡消费市场对提升我国农村居民的消费水平具有重要意义。

2004 年，城乡居民家庭收入对电脑在各个消费阶层的影响几乎全部显著，这是由于电脑刚开始进入居民家庭，所以城乡居民根据自身消费需求购买各个价格层次的电脑，农村居民对电脑产品的需求收入弹性大于 1，说明电脑对于农村居民来说还属于奢侈品范畴，受收入影响显著。

2006年，城镇电脑消费主要聚集在中高以上消费阶段，这说明城镇居民在满足基本消费需求后，开始追求高品质、高性能的电脑产品；而农村家庭由于收入水平低于城镇居民，所以对电脑的消费还处于较低阶段。2009年城镇居民电脑消费主要聚集在中等消费水平，这说明城镇居民的电脑消费开始稳定，这一时期城镇居民开始追求性价比较高的电脑，综合考虑价格和质量，而不再仅仅关注价格。

2009年农村居民再一次不分消费阶段地购买电脑，这说明电脑的使用寿命在4~5年。2004年以后，城镇居民的购买行为不具有更新换代的周期性特征，这是因为城镇居民的收入水平对电脑消费行为的约束力降低，其购买电脑的行为具有随需性，即不再根据电脑寿命更换，而是更注重电脑的使用性能。

表7–17　2009年城乡居民电脑消费分位数回归

2009年城镇居民电脑消费分位数回归				
分位数	截距项	α	β	γ
0.1	5.8531*	0.0473	0.1473*	0.0025
0.2	5.8564*	0.1355*	0.0576*	-0.0026
0.3	6.2878*	0.1204*	0.0133	0.0039**
0.4	7.4081*	0.0573*	-0.0110	-0.0006
0.5	8.0064*	0.0421	-0.0210	0.0008
0.6	7.4997*	0.0735*	-0.0317*	0.0010
0.7	8.2940*	0.0625	-0.0425	0.0008
0.8	7.9966*	0.0462*	-0.0067	0.0005
0.9	8.3670*	0.0177	-0.0128	0.0015
2009年农村居民电脑消费分位数回归				
分位数	截距项	α	β	γ
0.1	-2.7872**	0.5904*	0.0009	0.1106*
0.2	4.2870*	0.2477*	-0.0246**	0.0217*
0.3	6.0667*	0.1387*	-0.0013	0.0047**
0.4	5.9386*	0.1614*	-0.0056	0.0081*
0.5	7.1989*	0.0751**	-0.0036	0.0006
0.6	6.9902*	0.0913*	0.0299	0.0013
0.7	7.2699*	0.0868*	0.0136*	0.0003
0.8	7.3707*	0.0905*	0.0054	0.0000
0.9	7.6791*	0.0839*	-0.0055	-0.0028**

***、**、*分别表示在1%、5%和10%的置信水平下显著。

表7-18　2011年城乡居民电脑消费分位数回归

2011年城镇居民电脑消费分位数回归

分位数	截距项	α	β	γ
0.1	5.1771*	-0.0259	0.1690**	0.0217
0.2	7.1003*	-0.0910	0.0110	0.0244
0.3	6.3259*	-0.0028	0.0019	0.0376*
0.4	7.1272*	0.0178	-0.0098	0.0130
0.5	6.8230*	0.0474	-0.0115	0.0208**
0.6	7.1030*	0.0593***	0.0021	0.0105***
0.7	7.0712*	0.0739**	-0.0038	0.0118*
0.8	7.4446*	0.0455***	-0.0107	0.0168*
0.9	7.8875*	0.0428*	-0.0011	0.0069

2011年农村居民电脑消费分位数回归

分位数	截距项	α	β	γ
0.1	5.5988**	0.0877	0.1054	-0.0126
0.2	6.0900*	0.1015***	0.0899***	-0.0161***
0.3	6.8629*	0.0836	0.0235	-0.0130
0.4	7.2883*	0.0379**	0.0248	-0.0054
0.5	6.9284*	0.0875*	0.0536*	-0.0073
0.6	7.1755*	0.0783**	0.0252***	-0.0041
0.7	7.3776*	0.0755	0.0272***	-0.0079**
0.8	7.4478*	0.0780	0.0106	-0.0032
0.9	7.6088*	0.0800	0.0022	-0.0031

***、**、*分别表示在1%、5%和10%的置信水平下显著。

2011年城镇居民较低价格层次的电脑消费倾向为负，说明随着城镇居民收入的增加，低价格层次的电脑需求量降低，较高收入者不再需求低价格层次的电脑，城镇居民和农村居民对电脑产品的需求特征开始出现明显分化。从电脑的保有量来看，2011年城镇高收入组家庭每百户拥有电脑约为115台，说明对于高收入组家庭来说，电脑已经变成生活必需品，已经处于饱和状态。而对于农村居民家庭来说，高收入组家庭电脑拥有量还未达到 50%。从城乡居民电脑消费保有量来看，农村 2011 年电脑产品保有量和城镇居民 2006 年的电脑保有量相差无几，再一次印证农村居民电脑消费落后城镇电脑消费 6 年左右。因此，针对城乡居民电脑消费的需求差异，我国厂商和政府应该共同设计出更具有针对性的产品，使我国城乡居民都能够购买到符合自身需求的产品。

随着收入差距的扩大，我国城乡居民消费也出现了显著分化趋势。由表 7-18 可以看出，城镇居民消费多聚集在较高消费层面，而农村居民消费则多聚集在较低消费层面，这说明随着收入显著分化的出现，城乡居民消费也出现了明显的分化现象。2004 年城镇居民收入对城镇居民电脑消费的影响较大，而 2011 年只有较高价格层次的电脑消费受收入影响显著，这足以说明电脑在城镇居民生活中已经开始由奢侈品向必需品转换。但是对于高收入人群来说，他们开始追求更高价格的电脑产品，即更高规格的奢侈品电脑，此时电脑已经不作为正常消费品存在。而对于农村居民来说，收入对电脑消费在各个收入阶层的影响都较为显著，这说明农村居民对电脑的购买受收入约束较大，因此对于农村居民来说，其追求的更多是电脑的实用性。

（二）城乡居民电脑消费倾向动态变化特征分析

随着收入的增加，我国电脑消费水平显著上升，并且城镇居民消费水平明显高于农村消费。但是随着收入水平的提高和收入差距的扩大，我国城乡居民的边际消费倾向都存在下降趋势，并且城镇居民的电脑消费倾向普遍低于农村居民。

从图 7-9 可以看出，我国城乡低消费组群居民的电脑消费倾向都存在下降趋势，且农村居民的电脑消费倾向高于城镇居民。但是随着收入的增加，农村居民消费倾向的下降幅度远远大于城镇居民，因此城乡居民电脑消费倾向差距呈现缩小趋势，2006 年之后城乡居民电脑消费倾向差距大幅度缩小，并且呈现持续下降趋势。说明城乡居民的消费模式随着收入的增加不断转变，农村居民消费模式受收入的影响大于城镇居民，因此居民收入的增加在提高城乡居民消费水平的同时也转变了城乡居民的消费模式，消费模式的转变进一步促进城乡居民消费，并且随着收入的增加，农村居民消费水平的增长幅度远大于城镇居民。

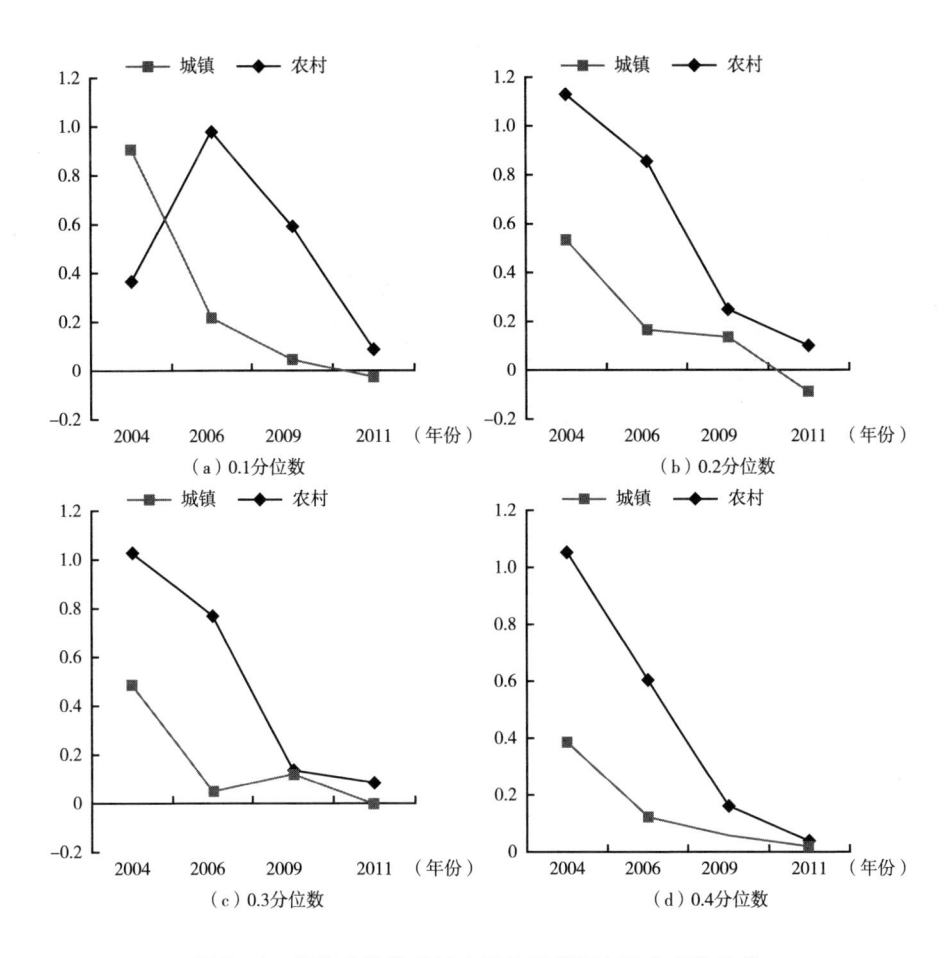

图 7-9 较低分位数处城乡居民消费倾向动态变化趋势

图 7-10 表明我国城乡中等消费阶层的电脑消费倾向差距缩小幅度大于低消费阶层，城乡低消费阶层电脑消费倾向于 2009 年大幅度缩小，而中等消费阶层电脑消费倾向于 2006 年大幅度缩小，说明随着消费阶层的提高，我国城乡居民电脑消费倾向的转变速度加快。在 0.6 和 0.7 分位数处我国城乡居民电脑消费倾向与 2006 年之后几乎相同，甚至出现反超趋势，表明随着收入的增加我国城乡居民的消费行为趋同，因此提高我国农村居民收入对于提升国内消费需求具有深远影响。

随着我国城乡居民消费层次的提高，我国城乡居民的消费倾向差异出

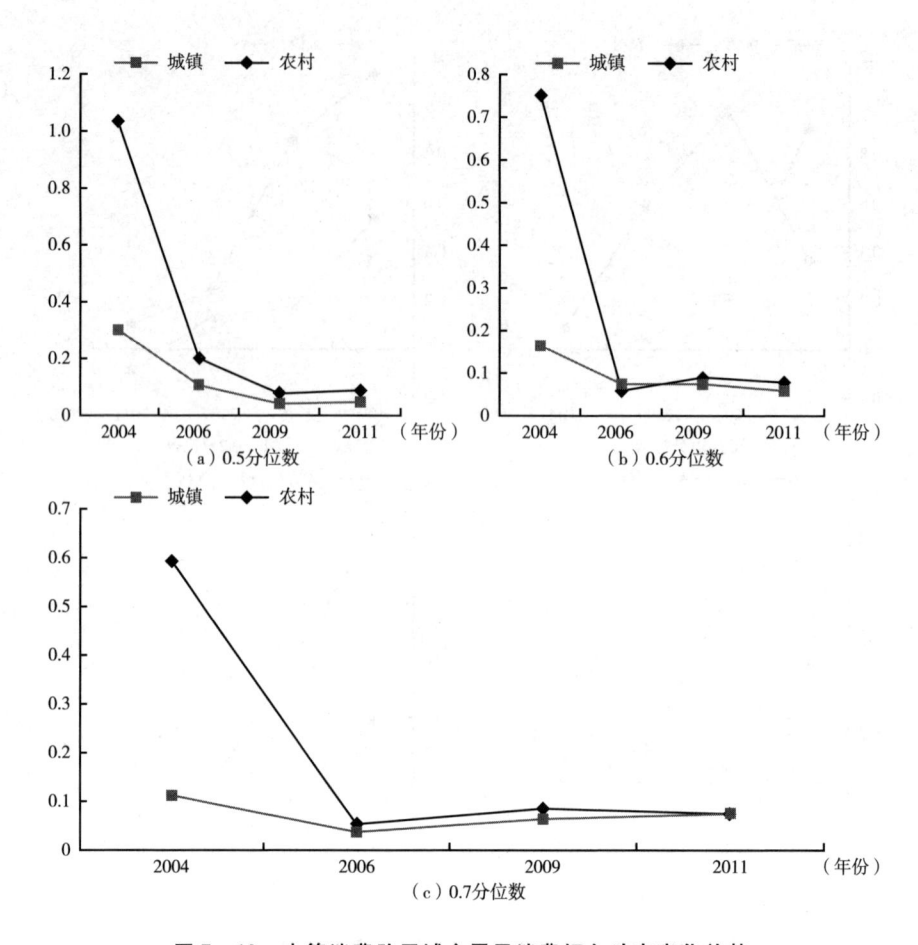

图 7-10　中等消费阶层城乡居民消费倾向动态变化趋势

现明显变动趋势。随着消费层次的提高，我国城乡居民的消费倾向差异缩小趋势越来越明显，在高分位数处甚至出现反转趋势。图 7-11 表明 0.8 分位数处我国城乡居民消费倾向于 2006 年出现逆转，2006 年农村居民消费倾向低于城镇居民，但是随后农村居民消费倾向再次高于城镇居民。而在 0.9 分位点处，2004 年农村居民电脑消费倾向低于城镇居民，直到 2008 年左右我国城乡居民电脑消费倾向才出现反转趋势，农村居民电脑消费倾向大幅度提高，而城镇居民电脑消费倾向却出现降低趋势，因而造成城乡居民电脑消费倾向呈交叉形式，随后城乡居民消费倾向差距逐渐缩小。表明我国城乡居民电脑消费倾向在高分位数处波动较大，但是随着收入的增加，我国高分位数处农村居民消费市场潜力远远大于城镇居民，我国政府应该注重开拓农村消费市场，缩小城乡差距，并合理实施具有针对性的产业政策，引导有效投资进入相关市场。

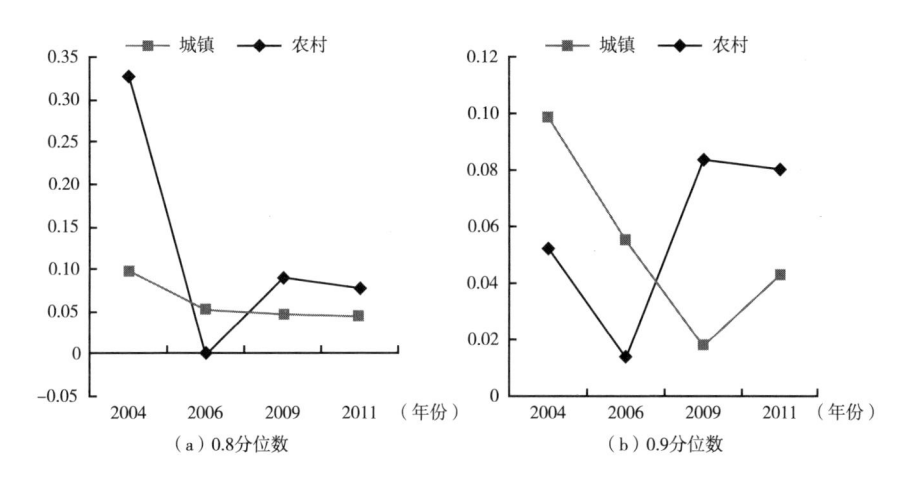

图 7-11　较高分位数处城乡居民消费倾向动态变化趋势

不同分位数处我国城乡居民消费倾向呈现不同的变化趋势，表明我国不同收入阶层的居民消费模式存在差异，因此我国政府要深入研究我国城乡居民不同分位数处的消费动态差异特征，进而针对城乡不同收入阶层制定相应的政策，在提升不同收入阶层消费水平的同时更好地促进我国整体消费需求的增加。

三　城乡电脑消费反事实差异分解的实证分析

在分位数回归基础上，本节利用反事实分析研究，如果农村居民按照城镇居民的影响变量进行消费，农村居民的电脑消费会出现何种变化？定义反事实消费为 $F(y^* \mid Z^u, \beta^r)$，其中 y^* 为反事实消费，Z^u 表示影响农村居民消费变量的分布，β^r 表示农村居民消费系数。反事实消费 y^* 的计算步骤如下：用农村数据在每一个分位数 θ 处做分位数回归（选取 $\theta = 0.1, 0.2, \cdots, 0.9$），得到农村电脑消费系数 β^r；从城镇居民电脑消费样本中随机抽取数据组成子样本，子样本容量为 θ，表示为 Z^u；将以上两步得出的结果相结合得到反事实消费 $y^* = Z^u \beta^r$。

接着对城乡居民消费差异进行分解，将每一分位数下的城乡居民消费和反事实消费分别表示为 $y^u(\theta)$、$y^r(\theta)$ 和 $y^*(\theta)$。我国居民城乡消费差异在分位数 θ 处表示如下式：

$$y^u - y^r = (y^u - y^*) + (y^r - y^*)$$

右边第一项表示回报效应，度量的是在不同分位数处各个变量回报率的不同造成的城乡消费差异度部分；右边等式的第二项表示变量效应，是指在不同分位数处城乡消费影响变量的不同所造成的城乡差异部分。在此基础上，进一步实证分析城乡居民电脑消费的差异特征。

（一）不同消费层次划分下城乡电脑消费的反事实预测

通过分位数回归发现我国城乡居民电脑消费差距存在缩小趋势，接下来利用反事实分析法进一步研究城乡居民电脑消费差距的变化特征。采用农村居民消费模式和城镇居民收入水平构建农村居民反事实消费支出，对比城乡居民消费支出和反事实消费支出的差异来研究我国城乡居民消费模式的动态变化特征。2004 年、2006 年、2009 年和 2011 年城乡居民电脑消费反事实预测情况分别见表 7-19 至表 7-21。由表 7-19 可以看出，农村居民反事实消费远远高于农村居民消费，而只有在 0.5 分位数以上，农村居民反事实消费才会高于城镇居民电脑消费。在 0.5 分位数处农村居民反事实消费高于农村居民电脑消费 60.7%，仅高于城镇居民电脑消费的 5.7%。在 0.9 分位数处农村居民反事实消费高于农村居民电脑消费 22.6%，高于城镇居民电脑消费 8.3%。通过上述统计分析结果可以看出，城乡居民电脑消费支出在反事实条件下存在以下特征：较低分位数处农村居民反事实消费要低于城镇居民，即农村低消费层次居民的电脑类产品消费在收入增加时不增反降，但是从消费差可以看出，我国城镇居民消费支出和农村居民反事实消费之间的整体差距存在缩小趋势。出现此类特征的内在原因在于农村低消费阶层在收入增加时，首先要满足基本生活需求，只有在保证基本生活水平的情况下才会购买电脑类非必需品。但是随着收入的增加，农村低消费阶层会逐渐摆脱这种情况，进入电脑类产品消费阶段，进而促进此类产品的消费市场发展，这一过程需要长时间的收入积累，因此短时间内该类消费人群的消费潜力很难被激发。

表7-19 2004年城乡居民电脑消费反事实预测

单位：元

分位数	城镇收入	农村收入	城镇消费	农村消费	反事实消费	消费差
0.1	14745.15	7835.19	66.67	30.00	56.46	-10.21
0.2	22813.48	12390.65	1000.00	70.00	128.88	-871.12
0.3	27952.93	15976.00	2000.00	450.00	787.36	-1212.64
0.4	33502.43	21002.44	3000.00	1500.00	2392.75	-607.25
0.5	40452.25	25180.03	3800.00	2500.00	4016.30	216.30
0.6	46708.44	32636.14	4000.00	3500.00	5009.16	1009.16
0.7	55687.75	37551.06	5000.00	4000.00	5931.95	931.95
0.8	70433.04	47588.97	5200.00	5000.00	7400.14	2200.14
0.9	90546.98	73863.80	7000.00	6185.00	7581.97	581.97

表7-20 2006年城乡居民电脑消费反事实预测

单位：元

分位数	城镇收入	农村收入	城镇消费	农村消费	反事实消费	消费差
0.1	14052.72	9156.65	790.00	57.00	87.48	-702.52
0.2	22984.92	15589.52	2000.00	800.00	1179.51	-820.49
0.3	29671.73	23819.53	2700.00	2000.00	2491.38	-208.62
0.4	35125.73	27928.32	3000.00	3000.00	3773.13	773.13
0.5	40488.08	31472.33	4000.00	3600.00	4631.28	631.28
0.6	46018.58	40036.40	4500.00	4000.00	4597.67	97.67
0.7	55567.64	48853.04	5000.00	4500.00	5118.50	118.50
0.8	66628.02	58436.37	5400.00	5000.00	5700.90	300.90
0.9	102188.80	83043.34	6500.00	6000.00	7383.29	883.29

表7-21 2009年城乡居民电脑消费反事实预测

单位：元

分位数	城镇收入	农村收入	城镇消费	农村消费	反事实消费	消费差
0.1	16710.53	13894.74	1000.00	800.00	962.12	-37.88
0.2	25446.34	21620.84	2000.00	1500.00	1765.40	-234.60
0.3	33573.50	27412.76	2000.00	2000.00	2449.48	449.48
0.4	42920.40	34682.42	3000.00	2500.00	3093.82	93.82
0.5	51558.01	40855.23	3000.00	3000.00	3785.91	785.91
0.6	60359.96	48968.90	3500.00	3100.00	3821.12	321.12
0.7	69323.14	57825.99	4000.00	4000.00	4795.29	795.29
0.8	81687.24	71157.89	5000.00	4000.00	4591.89	-408.11
0.9	111457.40	108592.70	5000.00	5000.00	5131.90	131.90

处于中低消费阶层的农村居民反事实消费支出与城镇居民消费支出的差额由2004年的负值转为正值,并且消费差距存在明显的缩小倾向。因此,提升农村居民收入水平能够大幅度提升电脑类产品的消费市场潜力。较高分位数处农村居民反事实消费明显高于城镇居民电脑消费,表明如果农村居民收入水平能够达到城镇居民收入水平,那么农村居民消费水平也会出现大幅度提高。同时,随着收入的提高,城乡之间的消费差逐渐缩小,说明当时我国针对城乡差距问题采取的政策措施取得了一定效果。

表7-22　2011年城乡居民电脑消费反事实预测

单位:元

分位数	城镇收入	农村收入	城镇消费	农村消费	反事实消费	消费差
0.1	19594.50	11687.92	400.00	800.00	1341.18	941.18
0.2	26964.00	22000.00	1000.00	1000.00	1225.64	225.64
0.3	37819.00	29710.00	1500.00	2000.00	2545.88	1045.88
0.4	46000.00	37200.00	2000.00	2000.00	2473.12	473.12
0.5	54360.00	46280.00	2500.00	2500.00	2936.47	436.47
0.6	65526.00	55753.33	3000.00	3000.00	3525.85	525.85
0.7	78109.00	65050.00	3500.00	3025.00	3632.28	132.28
0.8	96324.00	78600.00	4000.00	3800.00	4656.89	656.89
0.9	128790.00	106800.00	5000.00	4500.00	5426.54	426.54

农村居民反事实消费预测结果表明,提高低消费阶层农村居民的收入在短时间内提升的是基本生活消费支出,随着收入的持续提高,电脑类产品的消费支出才会增加,而提升中高消费阶层居民的收入水平则能在短期内大幅度提高农村居民的电脑类产品消费水平。因此,我国政府可以针对农村不同消费阶层居民的消费特征制定相应的政策,进一步激发我国农村居民的消费潜力。总而言之,我国农村消费市场存在巨大潜力,应该更加注重挖掘农村消费市场的潜力,进而解决消费率偏低的问题。除此之外,农村居民反事实消费与城镇居民消费的差额逐年降低,表明收入不再是制约我国农村居民消费的唯一因素,那么影响城乡居民消费差异的主要因素是什么?对此,接下来通过对我国城乡居民电脑消费差异的进一步分解,研究出现差异的原因。

(二) 不同消费层次划分下城乡电脑消费差异分解实证研究

变量影响和回报影响是城乡居民电脑消费差异分解的两项重要因素，变量影响是指城乡收入差距对消费差异的影响，而回报影响是指城乡居民消费模式不同带来的差异贡献度。为了考察不同消费阶层居民消费差异的影响因素变化，表7-23至表7-26给出了2004年、2006年、2009年和2011年的城乡消费差异分解情况，从中可以看出我国城乡居民电脑消费差异影响因素动态趋势变化特征。从表7-23可以看出，随着消费层次的提高，城乡居民电脑消费差异变动趋势逐渐缩小，在0.2分位数处城乡居民电脑消费差异达到1.9928，其中变量影响贡献度为0.55（通过变量影响与城乡差异之比得出）；在0.5分位数处城乡居民电脑消费差异为0.7832，其中变量影响贡献度为0.80；而在0.8分位数处城乡居民电脑消费差异仅为0.0571，其中变量影响贡献度超出城乡差异量，此时回报影响为负。说明我国城乡居民电脑消费差异主要集中于中低消费阶层，但是整体差异依然比较大。

表7-23 2004年城乡居民消费差异分解

分位数	城乡差异	变量影响	回报影响
0.1	1.1756	0.8523	0.3233
0.2	1.9928	1.0943	0.8985
0.3	1.6069	0.9895	0.6174
0.4	1.1324	0.7920	0.3404
0.5	0.7832	0.6298	0.1534
0.6	0.5006	0.4889	0.0117
0.7	0.2525	0.3695	-0.1170
0.8	0.0571	0.2919	-0.2348
0.9	-0.0799	0.2104	-0.2903

表7-24 2006年城乡居民消费差异分解

分位数	城乡差异	变量影响	回报影响
0.1	2.4813	0.2855	2.1958
0.2	1.3149	0.3086	1.0063
0.3	0.7041	0.1782	0.5259
0.4	0.2559	0.1173	0.1386

续表

分位数	城乡差异	变量影响	回报影响
0.5	0.0769	0.0448	0.0321
0.6	0.1173	0.0243	0.0930
0.7	0.0790	0.0226	0.0564
0.8	0.1018	0.0000	0.1018
0.9	0.0834	0.0001	0.0833

表 7-25 2009 年城乡居民消费差异分解

分位数	城乡差异	变量影响	回报影响
0.1	0.6479	0.0961	0.5518
0.2	0.1364	0.0363	0.1001
0.3	0.0835	0.0284	0.0551
0.4	0.1380	0.0215	0.1165
0.5	0.0200	0.0122	0.0078
0.6	0.0633	0.0105	0.0528
0.7	0.0454	0.0133	0.0321
0.8	0.1316	0.0123	0.1193
0.9	0.0436	0.0121	0.0315

表 7-26 2011 年城乡居民消费差异分解

分位数	城乡差异	变量影响	回报影响
0.1	0.3661	0.0856	0.2805
0.2	0.2289	0.0850	0.1439
0.3	0.0101	0.0016	0.0085
0.4	0.0639	0.0019	0.0620
0.5	0.0271	0.0029	0.0242
0.6	0.0315	0.0025	0.0290
0.7	0.0289	0.0017	0.0272
0.8	0.0189	0.0023	0.0166
0.9	0.0377	0.0000	

我国城乡居民电脑消费差异主要来源于各个影响因素的变量影响和回报影响，且变量影响对城乡居民消费差异的贡献度明显高于回报影响。2004 年变量影响对城乡居民电脑消费差异具有正向促进作用，而回报影响对较高消费阶层居民的城乡消费差异具有抑制作用。

2006年城乡居民电脑消费差异随着消费阶层的提高逐渐降低，整体上回报影响对城乡差异的贡献度明显高于变量影响。在0.1分位数处城乡差异达到2.4813，回报影响贡献度达到0.88；在0.5分位数处城乡差异仅有0.0769，回报影响贡献度仅为0.42；在0.9分位数处城乡差异和0.5分位数处相差无几，但是其回报影响贡献度接近1，表明低消费阶层城乡居民消费差异依然较大，而中高消费阶层城乡居民电脑消费差异呈现缩小趋势。除此之外，随着回报影响对城乡居民电脑消费差异贡献度的提升，我国城乡居民消费模式的不同成为造成城乡居民消费差异的主要因素。

2009年城乡居民电脑消费差异分解结果表明回报影响依然是城乡消费差异的主要因素。与2004年和2006年相比，城乡居民电脑消费差异在各个分位数处存在缩小趋势，并且降低幅度较大。

表7-23至表7-26表明，我国城乡居民电脑消费差异在2004年后逐年缩小。从2004年到2006年，低分位数处和高分位数处的城乡差距略有扩大倾向，但是2006年之后城乡居民电脑消费差异整体保持缩小趋势。表明我国城乡居民电脑消费差距转折点处于2005年前后。2004年城乡居民电脑消费差异影响因素主要来源于变量影响，变量影响作用远远高于回报影响，而2004年之后城乡居民电脑消费差异影响因素主要来源于回报影响，说明居民收入差距变化对消费的影响逐渐减弱。

总之，我国城乡居民电脑消费差异存在缩小趋势，在0.1分位数处由2004年的1.1756缩小到2011年的0.3661，并且造成城乡差异的主要因素由变量影响转变为回报影响。在0.5分位数处，2004年变量影响的贡献度为0.80，而到2011年其贡献度为0.11。在0.9分位数处，2004年城乡差异变量影响表现为反向影响，回报影响远远高于变量影响，回报影响与城乡差异同向变动，到2011年变量影响贡献度为0，表明2011年城乡高消费阶层居民的电脑消费差异全部来源于回报影响。上述数据特征表明高消费阶层和低消费阶层城乡居民的变量影响对城乡居民电脑消费差异的影响越来越弱，而城乡居民消费模式差异对城乡居民电脑消费差异的影响越来越大；同时，我国中等消费阶层城乡居民的电脑消费模式和收入差距变化趋势较为稳定，变量影响和回报影响依然是影响我国城乡居民电脑消费差异的主要因素。

第四节　本章小结

改革开放以来我国居民的收入分布变迁导致汽车、数码产品等耐用品消费逐渐成为消费市场的主角。由此，本章进一步基于收入分布变迁视角，以上述典型商品市场为例，采用相适应的计量模型，刻画其独有的消费演变特征，具体结论如下。

在汽车消费方面，由实证结果可以看出，无论是从分组还是全国整体来看，收入分布变迁的水平效应几乎（最高收入组例外）均起到了决定性的正向拉动作用，但其在汽车市场上的作用并未得到充分体现，这主要归结于与其同时存在的离散效应对低收入者具有抑制作用，同时离散效应对中等以上高收入人群的需求具有正向的促进作用，这点保证了其在全国整体来看仍具有积极作用。而异质效应由于数据原因略显微弱，但是后续研究在可能情况下仍是必须对其加以考虑的，尤其是在市场后期，由个体特征决定的异质效应很有可能成为主导。结合收入分布变迁趋势，对汽车市场的发展仍需在各方面予以重视。因为收入分布变迁的水平效应对汽车市场需求的拉动作用可能会有所削弱，离散效应的积极作用在一段时间后也会消失，因而汽车市场可能出现需求萎缩。所以，在居民收入分布变迁的过程中应注意以下几点：①要以整体收入的提高为主，扩大改革成果的受益面，充分发挥收入分布变迁的水平消费效应；②控制并保持适当的收入差距，发挥收入分布变迁的离散效应和异质效应在汽车等耐用品市场初期的积极作用，维持市场的需求旺盛；③稳定物价，尤其是房价，降低其对低、中低和中等收入组汽车需求的削弱作用，实现"收入倍增"的消费效用最大化。

在数码产品消费方面，随着市场规模的不断扩大，居民数码产品的消费特征也发生了较大的变化，手机的消费基本饱和但仍在增加，而电脑和照相机消费市场具有很大的市场潜力。城乡之间收入分布状况各异，城乡不同收入等级居民的消费行为也呈现显著的差异，具体表现为以下几点。第二，在收入方面，其变化对城乡数码产品消费都具有一定的促进作用，但对农村的影响要大于城镇，即收入的增加更有利于农村居民购买力的提升。第二，在价格水平方面，城乡居民消费档次差距明显。城镇居民倾向于高档次数码产品的消费，对数码产品的需求向高价格、高质量和多功能转变；农村居民对价格变动较为敏感，消费价格水平整体低于城镇居民。第三，在家庭控制变量方面，户主受教育程度对城乡居民消费行为的影响基本一致，都有一定的促进作用，且影响较为稳定。家庭规模对数码产品的正向影响非常显著，说明城镇居民对数码产品的消费需求由家庭化向个人化转变，这一点在三种数码产品上均有体现，而家庭规模对农村居民的影响仅在手机上体现得较为明显。第四，在保有量方面，城乡居民数码产品的拥有量差距显著，农村居民对数码产品的保有量具有明显的滞后性。相较于城镇居民，农村居民的消费环境明显落后，居民家庭生活的现代化进程明显慢于城镇，并且农村居民更重视产品的实用性。

进一步对数码产品中最典型的电脑消费展开研究，本章通过分位数回归及反事实分解方法对我国城乡不同消费阶层居民的电脑消费进行了估计并得出以下结论。第一，我国居民受教育程度高低对电脑类高科技产品的消费具有显著影响，且对农村的影响远远高于城镇，由于边际效应递减规律，受教育程度对城镇居民的影响将逐渐减弱。但随着农村居民教育投入的不断加大，农村居民电脑类产品的消费将会出现大幅增长。第二，随着我国居民收入水平的提高，家庭规模对电脑类产品消费的影响由负转正。这是因为在收入水平较低时，居民首先要满足生活必需品的消费，且家庭规模越大基本生活支出越高，因此家庭规模对电脑类产品的消费产生了负向影响，随着收入的增加这种影响逐渐转正，直至失去作用。第三，我国农村居民的电脑消费弹性普遍高于城镇居民，说明提高我国农村居民收入能够大幅提升其电脑消费水平，促进农村电脑类产品消费市场的发展。通过对不同分位数处城乡居民电脑消费差异性动态特征的分析发现：一方面，我国农村居民电脑类产品消费水平远远落后于城镇居民，相差6年左右；另一方面，我国农村电脑消费市场具有周期性特征而城镇电脑消费市场不具有该特征，且该周期性和电脑更新换代周期具有一致性，表明农村居民电脑消费依然受到收入制约。第四，我国农村居民的反事实电脑消费远高于城镇居民，进一步说明提高我国农村居民收入对其电脑类产品的消费有促进作用。第五，我国城乡居民的电脑消费差异表现出逐年缩小的趋势，且拐点出现于 2005 年左右。影响城乡电脑消费差异的主要因素由变量影响逐渐转为回报影响，说明居民消费模式的变化已逐渐成为影响城乡差异的主要因素之一。针对上述结论，给出如下几方面的政策建议。第一，我国政府部门在制定相关产业政策时，应当注重城乡有别并根据不同组群居民的消费特征实施精准调整，制定有针对性的政策措施。同时也要注重扶持农村经济发展，关注农村消费热点，在提高农村居民收入的同时适当地实施特定商品的消费补贴政策，促进农村居民消费模式转变和消费水平提升。第二，在供给侧改革过程中，政府应当有意识地引导厂商实现针对不同收入人群的产品设计，来提升城乡各层次消费人群的消费倾向，进而促进内需的有效增长，实现双赢。第三，除了提高农村居民收入外，我国政府还应该加大对农村教育的投入支出，并制定其他相关政策来有效提升农村居民的生活水平，优化农村居民消费模式，从而更好地发掘农村消费市场的潜力。

第八章
收入分布变迁与新时代中国社会的主要矛盾

第一节 收入分布变迁的消费市场效应理论体系的再阐述

党的十九大明确指出，中国特色社会主义进入新时代，我国社会主要矛盾已经转化为人民日益增长的美好生活需要和不平衡不充分的发展之间的矛盾。新的社会主要矛盾的一个直接表现是，在中国经济40多年持续快速增长和人民收入水平普遍显著提高的背景下，供给与需求结构间缺乏可持续良性互动的问题越来越凸显。如何把不适应人们日益增长的美好生活需要的旧供给结构，同居民随收入增长带来的新消费需求联系起来，自然成为我们破解新时代主要矛盾这一长期任务的应有之义。由此可见，新矛盾下供给侧结构性改革的内涵就不能仅限于"去产能、去库存、去杠杆、降成本和补短板"，长远来看，更需要探索能够适应人民美好生活需要的长效供给侧结构性改革的全新内涵。因此，如何从经济学视角，深刻解析人民收入日益增长所带来的美好生活需要和供给侧不平衡不充分发展之间的矛盾，进而提出行之有效的经济政策思路，是逐步化解直到最终解决新时代中国社会主要矛盾的关键。

一 中国居民的收入分布变迁

人民美好生活需要的日益增长来源于收入水平的显著提升。改革开放以来中国居民收入快速增长的特殊规律直接决定了消费需求演变的独有特征，进而对经济发展的不平衡和不充分产生巨大的影响。因此，科学理解和准确判断居民收入增长的趋势和规律是化解新时代中国社会主要矛盾的关键。

自 20 世纪 70 年代末改革开放以来，我国经济持续快速增长，取得了令世人瞩目的成就，人民收入水平也得到了极大的提升。图 8-1 是利用家庭调查数据绘制的城镇居民收入分布变迁图。图中我国居民收入的变化趋势可归纳为收入水平的提高和收入分配差距的扩大两方面，分别对应在收入分布曲线上，则可以分为中心位置的水平右移和分布形状的改变两部分。仔细分析中国居民收入增长的变化特征，将发现低收入人群进入 21 世纪后持续减小，中低收入人口密度 2007 年达到峰值 40% 后出现下降趋势，步入减小阶段，中高收入阶层则始终保持持续增长态势，尤其是高收入人口以接近指数的趋势猛增。各收入阶层的收入分布变迁效果显著且呈现差异化特征。进一步对收入分布变迁进行实证的反事实分析可以发现，各收入区间人口密度的变化，一部分是由于经济发展带动整体收入提高，即均值效应；另一部分是分配体制等因素造成整体的收入提高不均等，即方差效应和残差效应的总和。在变迁的过程中，均值效应作用最大，其次是方差效应，残差效应最小；在大部分区间内方差效应与均值效应相互抵消，但在高收入区间方差效应与均值效应同向作用，导致高收入人群扩张的速度高于其他收入组。

可见，我国收入分布变迁趋势确实值得关注。一方面表现为收入分布变迁的社会效应，即不断有越来越多的居民脱贫进入小康和富裕生活状态，在这个过程中应时刻兼顾公平与效率，不断巩固改革成果；另一方面则是收入分布变迁的市场效应，即伴随中高收入各层次人群的迅速扩张，必然会因为各种中高档消费品需求的持续快速扩张而导致波动性的显著供求非均衡现象发生，某些商品供不应求和价格显著上升，比如房地产和一些基础性生产资料的价格暴涨，并且还有继续上涨的趋势，对此，如何科学引导和预测居民生活水平快速提高带来的市场需求变迁效应，是整个国民经济和各主要行业亟待解决的关键问题，也是供给侧结构性改革必须面对的重要课题。

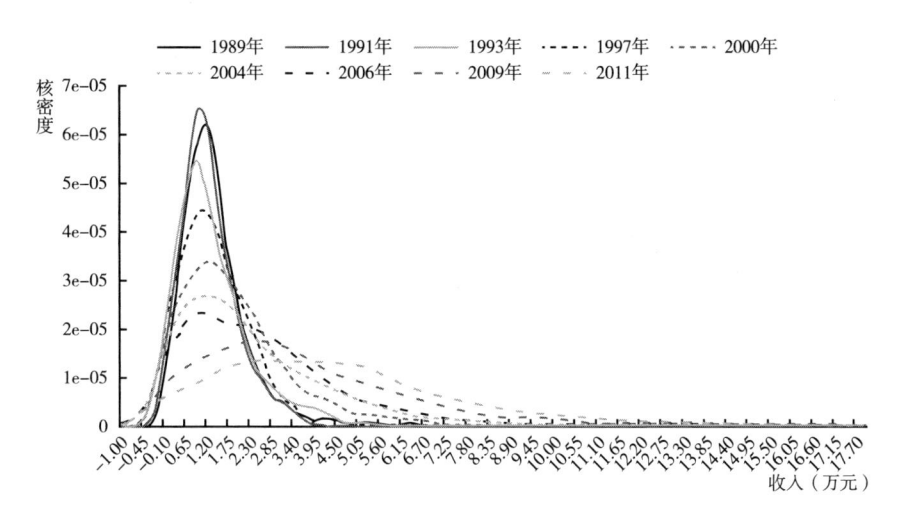

图 8-1 基于 CHNS 家庭调查数据的居民收入分布变迁

本书之所以采用收入分布变迁这一新的居民收入刻画方式，是期望准确揭示在每个时期达到某一消费水平的人口密度或人口规模。收入水平的快速提高及其分布密度的动态演变，是持续形成新的消费升级和不断涌现更高水平消费需求人群的动力源泉。收入分布变迁的测度模式为研究持续形成且不断释放的需求冲击效应——收入分布变迁的消费市场效应，奠定了坚实的现实基础。

二 收入分布变迁对需求冲击的理论与实证基础

（一）收入分布效应存在的理论基础

至此，重新回顾这一领域的理论脉络可以发现，能够体现收入分布变迁影响消费的早期思想来自凯恩斯（1936）提出的"边际消费倾向递减规律"，它从先验性经验判断出发表明了收入不同的消费者将会存在不同的边际消费倾向。也就是说，收入分布上不同消费者的边际消费倾向不尽相同，并且收入分布的变动对处于不同收入水平消费者的边际消费倾向的影响效果也存在区别。而明确指出总消费会受到收入分布影响的消费理论首次出现在 Blinder（1973）的遗赠储蓄模型中，其结果表明只要消费的边际效用弹性不等于遗赠的边际效用弹性，居民的平均消费倾向便会随着收入的不同而不同。具体来说，当收入水平非常低时，居民几乎把其所有的收入用于基本生活消费支出，具有很高的消费倾向，储蓄倾向极低，但这是低级的、被动的高消费；随着收入的逐渐提升，居民将形成较高的储蓄倾向和较低的消费倾向，其额外的收入大部分转化为预防性储蓄，规避未来的风险，但是其消费潜力很大；而当收入提升至中等水平时，居民的平均储蓄倾向最低，故其对应的平均消费倾向应最高；其后，随着收入的继续提升，居民的储蓄倾向会由于遗赠动机的加强而逐渐升高，消费倾向进而走低。而当经济中存在具有上述特征的消费者时，根据收入分布变迁形式的不同，对总体消费的影响必然会出现差异。例如，当收入分布更扁平化，即最低收入和最高收入消费者占总体的比例较高时，对应上述不同收入居民的边际消费倾向变化趋势，将得出总消费会出现下降的结论。由此也就从理论上证实了居民消费确实存在收入分布效应。

（二）收入分布效应存在的实证证据

居民消费分布变化依赖于收入分布变迁的特征。为了验证这种"分布效应"的存在性，本书对比了2007年和2013年居民收入分布和消费分布变化的趋势。其中，收入分布变迁的特征表现为：整体向右移动、分布中间密度下降、密度曲线右端出现厚尾。而消费分布同样表现为这三种变化特征，且变化的幅度均小于收入分布。这样的结果，一方面体现了收入对消费的约束作用，即收入分布决定消费分布；另一方面也暗示收入分布变迁的特征将可能通过对居民消费分布的影响而最终左右总体消费的变化。

收入分布变迁的特征决定总消费的变化趋势。由于收入分布变迁可由均值变化特征、方差变化特征和残差变化特征共同决定，而它们又分别会对消费分布产生不同的影响，即均值效应、方差效应和残差效应。其中，均值效应由收入分布整体的左右移动引起，实证结果表明当收入分布向右移动时，能够有效提升中低消费水平居民的消费热情，但会对已处于高消费水平居民的消费行为形成阻碍。方差效应则与收入分布的扁平程度有关，实证结果表明收入分布扁平化趋势减弱，可以有效促进各个消费水平居民的消费支出，促进程度明显高于收入分布右移所带来的效果，且消费水平越高其作用越明显。最后的残差效应体现的则是收入分布中个体间的收入增长差异性对消费分布的影响，通过2007～2013年的收入分布变迁趋势可见，中等收入组群的收入增长速度要明显快于高收入组群，而这种残差效应同样作用在消费分布上，使各消费水平群体的消费支出均获得了积极的影响。综上所述，收入分布变迁确实能够通过对消费分布的作用进而影响全社会的总体消费，这不仅是消费市场的收入分布效应理论的出发点，而且对如何通过相应的收入分配政策来获得预期调控目标具有重要的参考意义。

三 收入分布变迁的消费市场效应理论内涵

收入分布变迁从根本上改变了居民的消费行为特征，且在中国由于其变迁的总量巨大、速度较快，因此市场无法将需求的迅速转变有效地传递给供给侧，从而导致市场不同层次的供需矛盾不断产生且逐渐扩大。消费是这一复杂矛盾中可以被精确捕捉和观察的变量，它是供需结构相互作用后市场演变的真实反映。居民消费并不是单一的自发行为，而是与市场供给相互适应的结果。

（一）消费市场演变的非线性特征

在特定的收入分布下不同收入组群的消费会呈现独有的非线性特征，而当收入分布变迁发生时，这种消费的非线性特征也将随之改变，从而对消费市场产生冲击。实证检验表明，收入分布变迁使居民消费的非线性特征发生了显著的变化。具体来讲，在2002~2007年收入分布变迁导致食品和衣着消费整体呈现下降趋势，家庭设备和教育娱乐消费逐渐趋于稳定并显现消费萎缩的风险，交通通信消费虽然依然呈现上升趋势但消费倾向有所减弱，医疗保健和居住消费则开始逐渐展现出活力。可以看出由于收入分布变迁的发生，居民收入水平对消费需求的影响及其间接导致的消费需求对经济增长的贡献，都已不再具有显著的整体效应，同时这也暗含着居民消费需求的某种动向。概括来讲，当某些商品的消费出现下降趋势时，如食品、衣着、家庭设备和教育娱乐类商品，这就预示着对该类商品的需求已经逐渐趋于饱和，商品"量"的增长已经不能再带动消费的增长，因此更需要注重"质"的提升来进一步满足居民的消费需求。而当某些商品的消费正处于上升期时，如交通通信类商品，则表明居民的收入水平恰好与该类型消费需求相匹配，收入的增长使得居民能够跨越该商品的消费门槛而大量涌入该消费市场，从而使其呈现显著的成长性特征。最后，当某些发展享受型商品始终处于较低消费水平时，如医疗保健和居住类商品，则说明居民的收入水平还不能使其完全进入该消费领域以使相应的消费市场获得充分的发展，对这些商品的需求属于更高级的潜在需求，一旦收入达到一定水平其消费需求将可能呈现爆发式增长。

（二）消费市场演变的异质性特征

在收入分布变迁的冲击下，居民消费的异质性特征对总消费的影响十分有限。例如，在2002~2007年收入分布变迁所带来的消费异质效应对总消费分布改变的贡献，在消费分布的较低分位数上较为明显，而随着分位数的上升逐渐减弱。这说明居民消费需求的异质性特征在所选数据阶段并没有被充分地挖掘，消费增长更多的是依靠收入的显著提升而使消费者能够进入更多的消费领域来达成的。而当某种商品消费逐渐达到饱和状态后，欲获得进一步的提升则完全取决于对异质性的充分关注和解读，进而准确把握居民消费的个性化需求特征。

消费的异质性特征在典型商品市场中的体现同样不明显，这里以汽车和电脑消费为例来进行说明。其中，对于城镇居民的汽车消费，除了婚姻状况和户主年龄在消费分布上仅有的几个分位数上有显著的影响外，其余如家庭规模、户主性别、户主受教育程度等特征变量对汽车消费的影响均不显著。对于农村居民来说，几乎所有家庭特征变量均不显著。而对于数码产品消费来说，城乡居民的受教育程度则均成为除收入水平之外的重要影响因素。可见，对于类似于汽车等商品来说，收入水平依然是拉动消费增长的主要动力，这是由于其价格较高，大多数居民的收入还不足以使其跨越如此高的消费门槛，因此消费的异质性特征暂时还无法显现；而对于数码产品来说，由于价格不再是约束消费者购买行为的主要因素，因此其他如受教育程度等体现居民消费异质性特征的变量的作用逐渐开始展现。综上所述，当收入是约束消费的主要因素时，消费需求的拉动主要取决于收入的增长；而当收入的约束作用逐渐减弱时，消费需求的进一步提升则将更多地取决于收入之外的其他因素，或者说取决于市场中的商品能否适应并匹配居民消费的异质性特征。

（三）消费市场演变的结构动态特征

在收入分布变迁作用下，居民消费结构的转变不仅发生在食品、衣着、家庭设备、交通通信、教育娱乐、医疗保健、居住以及杂项八大类商品上，在各大类商品内部也有体现。此外，从商品使用时限的角度考虑，上述八大类商品又可以分为耐用品和非耐用品，它们内部的消费结构同样会有相应改变。这些来自不同层次的消费结构转变特征，既是居民消费状况的真实表现，也是居民消费需求结构在未来将如何演变和发展的前奏。

关于大类商品的消费结构，在"十五"时期，我国城镇居民消费结构在收入变迁作用下整体上由生存型向发展型演变升级，整体上居民收入提高的水平效应，是当时消费结构持续升级的主要原因。而到了"十一五"期间，社会整体需求呈现下降趋势，主要原因在于彼时收入的水平效应不再有效，而离散效应和异质效应渐渐占据了主导地位，也就是说，城镇居民收入的差异性对个别市场消费的积极作用开始显现，这可以认为是大类商品内部结构开始转变的宏观证据。以食品大类为例，实证研究的结果均表明近年来在居民食品消费内部结构中，肉类食品的收入弹性与主粮类食品相比呈现下降趋势，说明收入已不再是约束居民购买肉类食品的主要因素，这个结论从一个侧面展示了在收入分布变迁下居民食品内部消费结构的升级特征。另外，由于使用时限较长的耐用品相对于非耐用品的价格会较高，其更容易受到收入约束的影响。比如，我国城镇居民耐用品消费的内部结构在收入分布变迁过程中就表现出了不同的变化趋势。主要体现为：家庭交通工具和住房消费随着收入水平的提高而呈现一定的收敛性；通信工具和文化娱乐用品的消费倾向出现了大幅度下降，其已从奢侈品转变为生活必需品；家庭耐用消费品和医疗及保健器具的消费未有明显的改变；室内装饰品、床上用品和家庭日用杂品依然呈现生活必需品的性质。

由此可见，居民的消费结构转变，是一个由大类商品消费结构先行变化，并逐渐渗透到各大类商品内部的变化过程，而且它预示着居民的消费需求将先后在整体上及大类商品内部呈现从生存型消费向享受发展型消费演变的消费升级趋势。另外，从商品的性质来讲，消费升级的过程可以看作商品从奢侈品变为生活必需品的过程。而已经沦为生活必需品的商品能否通过创新和升级成为新的商品，将是能否引领未来居民消费需求升级的关键。

（四）典型消费市场演变的差异化特征

在典型消费市场中，收入分布变迁的均值效应始终是促进消费增长的重要因素，使居民能够不断进入新的消费领域。而随着居民整体收入水平提高，收入分布的方差效应及残差效应则更加凸显居民的消费组群异质性特征。

在汽车消费方面，由实证结果可以看出，无论是从分组还是从全国整体来看，收入分布变迁的水平效应几乎均起到了决定性的正向拉动作用，但由于方差效应的抑制作用，其在汽车市场上并未得到充分体现。对于方差效应和残差效应导致的居民消费异质性特征，由于数据原因略显微弱，但可预期对市场后期，个体特征决定的消费需求很有可能成为主导。

在数码产品消费方面，收入的增长对城乡居民消费的影响都具有一定的促进作用，但收入增长对农村居民的影响大于城镇居民，对手机的消费基本饱和但仍在增加，而电脑和照相机具有很大的市场潜力。城乡居民的收入分布变迁不同步，城镇居民消费行为的变化显得更为快速并且多变，城镇居民倾向于消费高档次数码产品，对数码产品的消费需求由家庭化向个人化转变。农村居民对数码产品的保有量具有明显的滞后性，其更重视产品的实用性，消费环境及家庭生活的现代化进程明显落后于城镇。此外，在电脑消费市场城乡消费差异逐年缩小，且左右消费差异的主要因素由变量影响逐渐转为回报影响，也就是说，我国农村居民消费的异质性特征逐渐代替收入水平的提升，成为影响城乡差异的主要因素。

第二节 新时代居民消费的新特征与中国社会的主要矛盾

一 收入分布变迁与新时代居民消费的新特征

改革开放以来，中国经济进入了前所未有的高增长阶段。社会生产力极大释放，人民生活水平迅速提高，成功从一个贫困落后的国家成为中等收入国家，并进一步向成为高收入国家的目标稳步前进。在这个现代化进程中，居民收入分布变迁十分显著，具体表现为：收入分布曲线明显右移，表明居民收入水平普遍有了大幅提高；收入分布曲线趋于扁平化，说明收入差距扩大趋势较为严重；收入分布曲线由单峰状态向多峰状态转变，体现了不同收入人群规模或密度的变化特征。伴随着居民的收入分布变迁，国内消费需求也发生了天翻地覆的变化，从温饱型向小康型，继而向富裕型消费逐步升级。近年来，随着经济增长方式的转变、居民生活水平的进一步提高以及消费文化的改变，我国消费市场出现了一些新变化和新特征，逐步走向新的变迁时代。

（1）收入分布变迁诱发消费非线性特征，消费能力显著提升。居民收入水平是影响消费需求的最根本因素，根据消费经济学理论及世界各国经验，当人均 GDP 突破 1000 美元时，居民的消费结构将从生存型消费转向享受发展型消费。按照国际货币基金组织的预测，到 2030 年，中国的经济总量将占到全球经济的 24%。在良好的预期下，我国居民的收入水平也将持续提升。收入的持续稳定增长给消费需求提供了最坚实的保障，居民消费能力必将显著提升。

（2）收入分布变迁诱发消费异质性特征，消费需求日趋多样化和个性化。经济水平的提升为消费需求的满足提供了必要的条件，消费品的丰富及多样化为消费需求的满足提供了可能性。新时代的居民不再满足于衣食无忧，而是不断追求消费的更高境界和层次。追求舒适与享受，追求消费附加值，如成就感、归属感和认同感等，已经成为消费的重要内容和形式。与消费需求多样性密切相关的是新时代居民消费的个性化特点。现代社会更加开放与包容，反映在消费领域，便表现为居民在购买商品的同时，更希望通过商品的个性化来树立其在该消费领域的话语权，以此获得身份认同和自我表达，越来越多地去追求高雅、层次、个性、品位以及风格等方面的消费需求。新时代的居民消费不仅关注商品的使用价值，更关注其符号价值和象征意义。

（3）收入分布变迁诱发消费结构转变特征，消费结构迈向富裕型。自 2012 年以后，我国居民的整体消费需求已经开始出现逐步转向富裕型的特征，小康型消费结构已经逐步被替换。从温饱型向小康型转变过程中，在居民消费结构中比例增长最快的分别是家庭设备支出、居住支出、教育娱乐支出及交通通信支出。而在小康型向富裕型转变的过程中，比例增长变动排序为交通通信支出、医疗保健支出及教育娱乐支出。例如，与信息消费相关的平板电脑和智能手机等硬件设备以及网络购物和语音通信等软件消费都呈现非常强劲的增长势头；以旅游、体育和健身消费为重点的闲暇消费掀起热潮，正在改变着我国居民的生活观念与生活方式，居民的教育娱乐支出已经超过衣着支出、家庭设备支出及居住支出等项目，反映了人们对更高层次、更大比重精神生活的需求。

二 收入分布变迁的消费市场效应与供给侧不平衡不充分的诱发机制

在计划经济到市场经济的转型过程中，伴随着居民收入的显著提升和消费需求的快速更迭，商品的过剩是不可避免的。历史上我国供给端的结构调整也不止一次被纳入改革的目标，1998年初党中央、国务院对纺织工业深化改革、调整结构、解困扭亏工作的系列举措就是"去产能、去库存"最典型的一次。而每一次供给侧改革的主旨无不是为了新经济环境下的供需再平衡，它是适应市场需求的重要手段和内在要求，不仅会发生在当下，同样也会出现在未来。

（一）收入分布变迁的消费市场效应是从需求侧到供给侧的传导路径

所谓收入分布变迁的消费市场效应，是指根据我国居民间歇性周期波动的消费行为特点，在市场机制作用下，由居民收入水平及其分布的动态演化引致的居民消费需求偏好和档次的转变，以及在局部多个单一市场轮番呈现的供不应求和价格虚高等消费市场的非均衡现象。

首先，收入分布变迁对居民消费需求的影响，包括居民收入水平及分布的变化两个层面。收入水平的变化体现的是整体人均收入的水准，通常决定居民整体性的消费档次，而方差和残差等分布的改变更多表示的是居民各个组群或者个体之间收入提高的差异性，其变化的直接效果是造成收入异质人群的出现，进而表现为在实际消费中居民不同的需求特征，从而导致消费分层的出现。

其次，市场是在商品交换过程中实现供求双方信号传递的，从需求方向供给方传导的这条路径来看,购买者在市场上进行交换活动的同时,也在向市场输入有关消费方面的信息。而这些信息经过市场转换,又以新的形式反馈输出。而后,企业便可根据商品的市场销售状况,对消费偏好和需求潜力做出判断和预测,从而决定和调整企业的经营方向。由此形成了收入分布变迁在消费市场中的完整传导路径。

最后,按照供给方对市场需求信号的识别结果,可将某个消费市场定性为衰退、平稳发展以及起步等若干个阶段。在不同的阶段,收入分布变迁对该消费市场的最终影响效果不尽相同。具体来说,当某个消费市场处于衰退阶段时,收入水平的快速提高会导致其衰退的进程加速,但此时收入差距的扩大等收入分布形状上的变化会延缓这一趋势;而当某个消费市场处于平稳发展阶段时,收入水平的提高会使这一商品普及进程加快,同时收入差距仍是起延缓作用,放慢市场需求的急剧膨胀;当某个消费市场是新兴市场时,收入水平提升的作用仍是促进其需求增长,但与前两个市场不同,此时收入差距和偏度等形状变化会使居民进入该市场的速度进一步加快,收入水平提升和形状变化两者的作用方向一致。因此,居民收入分布的市场效应在上述三个不同阶段消费市场中的传导效果是完全不同的,以至于同样需要具体分析收入分布变迁对总消费需求的影响。

(二)收入分布变迁的消费市场效应与供给侧的非均衡演变

1. 收入分布变迁的消费市场非线性效应与供给侧适应需求侧的滞后性

伴随收入水平的提高及其分布的动态演变,在多种与人民生活水平提高相对应的商品市场,先后出现了爆发式的需求增长,市场自身的局限性使快速转变的需求信号的传递出现偏差,加剧了供需的失衡。市场的局限性主要表现为自发性、盲目性和滞后性。当商品涨价时,卖方会自发加大生产投入;当减价时,卖方会自发减少生产投入。而且市场参与者大多以价格的增幅来决定是否参与及参与程度。参与者盲目自发地投入生产,而生产是一个相对于价格变动调整耗时较长的过程,所以可能当一种商品价格下降时,它的供应量却依然在上升,在短期内会形成供不应求和投资过热的消费需求冲击效应。当这些商品市场进入饱和或成熟的更新换代状态,又会出现供过于求和产能过剩状态。因此可以认为,供不应求和产能过剩都是经济发展不充分或者不平衡的市场反应。

2. 收入分布变迁的消费异质性与供给侧竞争的不充分

伴随收入水平及其分布的演变，因为消费群体之间除收入水平以外还存在城乡、性别、民族和年龄等多种异质性因素，所以会诱发不同群体之间消费需求冲击的梯度效应或者异质化效应。新时代的居民不再满足于衣食无忧，而是追求消费的舒适与享受，追求消费附加值，更希望通过商品的个性化来树立其在消费领域内的话语权，更关注消费的符号价值和象征意义。消费异质性特征一方面使消费潜力的释放呈现分群的差异化趋势，这在一定程度上弱化了消费市场的非线性冲击；另一方面，因为消费需求多样化趋势，在不同商品市场之间或者不同消费者组群之间会诱发供求不平衡或不充分现象。该问题其实可以理解为市场竞争不充分，在偏离市场机制的环境下，价格难以在市场传导机制中发挥资源的优化配置作用，导致效率降低，而供给侧改革在很大程度上是要创造公平竞争的环境，尽量减少无效率的和非市场的政策措施，用更多的以市场机制为主导的政策来代替，鼓励创新和新产业的发展。

3. 收入分布变迁的消费结构效应与供给侧结构的不平衡

居民的收入分布变迁在不同层面改变着居民的消费支出选择，居民需求结构逐渐开始发生明显变化。首先，基本消费需求发生阶段性变化。由"衣""食"消费逐渐转向"住""行"消费，而近年来，"住""行"消费先后进入低增长阶段。其次，需求结构加快转型升级。随着恩格尔系数持续下降、居民受教育程度普遍提高和人口老龄化加快，旅游、养老、教育、医疗等服务需求快速增长。消费者有意愿并有能力实现更高级的消费，但这种消费结构升级的诉求迟迟无法获得有效满足。另外，由于我国的人口基数庞大，上述这些消费需求升级所引起的量的变化将是十分显著的，这势必会使消费市场的需求侧产生剧烈的波动。而且不同消费群体之间的消费结构同样具有异质性及动态差异特征，使得供给侧面对更加复杂多样的动态消费结构特征，由此进一步加剧市场发展的不平衡不充分现象。

4. 收入分布变迁的典型市场消费效应与供给侧的产业差异性

由于不同商品存在市场特征差异，消费者处于特定收入水平和消费偏好条件下，会在不同商品市场之间或者同一市场的不同发展阶段之间，表现出完全不同的市场供求特征，这种市场供求的动态演变也是不平衡不充分发展的具体表现。由此，收入分布变迁的消费需求冲击可能进一步造成供给侧投资和产能配置的非对称效应，基本表现为市场需求诱导下的投资进入过热和产能退出刚性。两者之间这种明显的非对称性效应表明，市场机制具有自发引导投资进入的诱导效应，但不具有显著的自我化解过剩产能的调节能力。

伴随着供给和需求不平衡、不协调的矛盾和问题日益凸显，供给侧改革的诉求逐渐显现出来。针对供给侧对需求侧变化的适应性调整明显滞后的核心问题，供给侧结构性改革旨在用改革的办法矫正供需结构错配和要素配置扭曲，减少无效和低端供给，扩大有效和中高端供给，促进要素流动和优化配置，实现更高水平的供需平衡，促使我国经济步入新的良性循环。

第三节　基于需求侧导向的供给侧结构性改革思路

一　关于拉动消费需求增长的收入分配政策

由收入分布变迁引起的消费需求的非线性、异质性以及结构升级特征，对某些消费市场乃至所有消费市场均带来了不同程度的冲击。而需求信号在通过市场传达给供给侧的过程中，由于市场自身的局限性，需求信号的传递出现偏误，以至于在整个传导路径上需求的冲击效果被不断放大，这对经济的稳定发展尤为不利。因此，如何通过合理的收入分配政策，从传导路径的源头有效弱化需求冲击的影响，将是决策部门需要重视的问题。

首先，消费非线性特征出现的主要原因在于低收入组群的规模较大。由于中等收入或高收入组群的消费并不会存在过于明显的门槛效应，而某些高档商品或者新兴产品的价格确实对中低收入组群形成了明显的挤出效应，致使中低收入组群跨越过某种商品的消费门槛后爆发式地出现大量需求，而相对偏好较弱的商品或者相关的替代品出现相应的需求减少。这就需要在收入分配的过程中，在促进居民收入增长的同时注意缩小各收入组群的收入分配差距，以达到在扩大消费市场规模的同时维持市场平稳发展的目的，在逐步实现由"效率优先，兼顾公平"向"效率与公平并重"的政策转变过程中，实现市场和经济运行的稳定协调发展。

其次，消费异质性特征出现的前提是部分居民对各类商品的基本需求得到满足。在此基础上，随着收入水平的进一步提升，居民的消费需求将呈现一定的个性化趋势。此时，消费者的购买行为已经不仅停留在"物"的层面，而更加看重通过"物"来体现自身的个性化选择，并在某种程度上实现精神层面的满足。此外，受教育程度的提升同样是塑造居民消费异质性特征的关键因素。因此，收入分配政策在初次分配中应关注整体收入的提升，尤其需要关注农村居民收入水平的提升，同时还应该利用再次分配调节机制促进居民的教育公平，合理配置教育资源，重点向农村、边远地区以及贫困地区倾斜。

最后，在居民消费结构升级方面，不能忽视收入差距的作用。根据本书的理论与实证分析可知，高收入组群能够引领并促进市场形成新的消费热点，那么收入差距的适度存在，将有助于激发市场自身的活力，并带动消费结构的升级。而这一点从高收入组群对国外奢侈品、数码产品等消费品持续高涨的消费热情中也可略见一斑。但收入差距仍需要控制在一定的范围内，以最大限度地保证社会公平。从收入分布的角度来看，收入差距可以通过改变低收入组群和高收入组群收入水平增长速度的差异来进行调节，如要缩小差距，便可通过加快低收入组群的收入增长速度，而减慢高收入组群的收入增长速度来实现。在具体政策层面，则需要收入补贴以及相应的税收政策来配合实现。

二 推动供给侧结构性改革的政策思考

2017年1月22日，习总书记在中共中央政治局就如何深入推进供给侧结构性改革进行第三十八次集体学习时强调，推进供给侧结构性改革是我国经济发展进入新常态的必然选择，是经济发展新常态下我国宏观经济管理必须确立的战略思路。必须把改善供给侧结构作为主攻方向，从生产端入手，提高供给体系质量和效率，扩大有效和中高端供给，增强供给侧结构对需求变化的适应性，推动我国经济朝着更高质量、更有效率、更加公平、更可持续的方向发展。

要解决新时代中国社会的主要矛盾，首先要尊重市场规律。新时代的中国经济在走向繁荣富强的过程中，收入分布变迁诱发的消费需求冲击所带来的市场效应具有复杂性、多样性、时变性和非对称性等特征。在人口众多、幅员辽阔、增长快速的中国，一方面要尊重市场规律，全面认识收入分布变迁的市场效应，是在经济政策制定之前需要完成的艰巨任务；另一方面也需要依靠市场引导机制，通过"大众创业、万众创新"以及扶持中小企业发展的政策增强市场的有效性，不断满足人民日新月异的对美好生活的需求。

其次，要解决新时代中国社会的主要矛盾，在尊重市场规律的基础上，还必须用政策引导市场预期。收入分布变迁的消费需求冲击及其诱发的市场效应，具有自发性和盲目性等特点。在社会主义市场经济体制下，违背市场规律一定不会成功，但是在尊重市场规律的前提下，如何发挥社会主义制度的优越性，用好宏观经济调控手段，变被动适应市场的调整为用政策引导市场的消费与投资预期，适度避免市场自发行为的盲目性和过剩产能退出的刚性，从而加强产业政策的前瞻性和主动性，应该是经济政策制定的关键。

因此，适应市场预期的前瞻性产业政策机制与政策体系的设计和实施，是逐步化解新时代中国社会主要矛盾的核心，技术创新和产业升级是提供适应市场预期的商品的必要条件。实现供给侧结构性改革的本质，首先就是要把握市场运行机制和规律，及时准确地判断收入分布变迁带来的市场效应及其演化规律，并在市场机制失灵或者不能达到产业发展预期目标的情况下，通过具有前瞻性的产业政策机制去引导市场的投资与消费，使供给侧适应需求侧的发展需要。

三　供需两侧配合化解新时代中国社会主要矛盾的政策思路

解决好供给和需求问题，是化解新时代中国社会主要矛盾的根本。供给和需求是对立统一的整体，供需之间的不平衡和不匹配，会导致资源的错配和结构的扭曲，而确保供需长期的动态平衡是稳定经济和发展经济的重要前提。由于居民收入分布变迁是诱发供求失衡的持续性动因，在全面推进供给侧结构性改革的新阶段，更需要重视需求侧的管理，进而从根本上探索化解新时代中国社会主要矛盾的政策思路。

一方面，需求侧管理是供给侧结构性改革顺利实施的基础。供给侧结构性改革是对我国旧有产业结构的重大调整，这有可能进一步加大国内经济潜在的下行压力，系统性风险也将持续累积。因此单纯实施供给侧结构性改革的逐项措施，可能会对国民经济的平稳运行和改革的有序推进产生一定的不确定性。此时需求侧管理的"稳定器"作用就显得非常必要了。而且，在供给侧结构性改革背景下，需求侧管理的内涵应更加丰富，它不仅表现为对需求的刺激性经济政策，还更加突出了对需求的有效刺激和积极引导等政策思路。在当前消费领域的需求增速较快、潜力巨大的背景下，居民收入分布变迁的消费市场效应持续显现，并且随着市场机制的传导呈现不断放大的态势。在这种情况下，需求侧管理更应该注重引导相关产业准确把握市场需求，通过引导企业由自发的适应性市场预期决策机制行为向宏观政策引导下更加透明的前瞻性市场预期行为转变，从而使需求侧管理更有效地服务于供给侧结构性改革，逐步实现供给侧短期目标和长期目标的趋同，在确保有效需求稳步提升的同时，实现供给侧的稳定和可持续发展。

另一方面，供给侧结构性改革将进一步提振国内需求、适应有效需求。供给侧结构性改革的主要任务就是促进要素流动和优化配置，积极改善供给品质、提高供给质量，发挥消费牵引力，最终实现更高水平的供需平衡。当前我国经济表现出的需求不足与产能过剩的矛盾现象的关键就在于有效供给严重缺失，导致中高端需求大量外流，供求错配十分严重。供给侧结构性改革就是要以适应需求、引导需求并且创造需求为导向，在主动适应居民收入分布变迁消费市场效应的基础上，灵活运用供给侧改革"加减乘除"的政策手段，努力营造一个良好平等的贸易流通新环境，以打破原来供求关系割裂的旧局势，形成供求有效沟通互联的新面貌，通过提高市场的有效性推动有效需求与有效投资的有机互动和良性循环，实现我国经济既高速又高质的健康发展。

消费市场发展的不平衡不充分是经济发展中不平衡不充分问题的重中

之重。系统探索和全面把握收入分布变迁消费市场效应的特征和规律，有助于摸清人民日益增长的美好生活需要的发展脉络。在此基础上，瞄准居民消费需求的演变趋势特征，着力深化供给侧结构性改革，实现供求体系迈向中高端水平，在不断化解新时代中国社会主要矛盾的进程中，实现国民经济的稳定协调发展。

参考文献

[1] Ahluwalia, M. S., "Income Distribution and Development: Some Stylized Facts," *American Economic Review*, 1976, 66 (2): 128 – 135.

[2] Ahmad, I. A., Ran, I. S., "Selection of Smoothing Parameters Via Kernel Contrasts," *Under Revision*, 2003, 15 (5): 18 – 25.

[3] Ahmad, I., "On Multivariate Kernel Estimation for Samples from Weighted Distributions," *Statistics and Probability Letters*, 1995, 22 (2): 121 – 129.

[4] Ahmad, I., Leelahanon, S., Li, Q., "Efficient Estimation of a Semiparametric Partially Linear Varying Coefficient Model," *The Annals of Statistics*, 2005, 33 (1): 258 – 283.

[5] Ando, A., Modigliani, F., "The Life-cycle Hypothesis of Saving: Aggregate Implications and Tests," *The American Economic Review*, 1963, 53 (1): 55 – 84.

[6] Arrow, K. J., Harris, T., Marschak, J., "Optimal Inventory Policy," *Econometrica*, 1951, 19 (3): 250 – 272.

[7] Atkinson, A. B., "The Changing Distribution of Income: Evidence and Explanations," *German Economic Review*, 2000, 1 (1): 3 – 18.

[8] Attanasio, O. P., "Consumer Durables and Inertial Behavior: Estimation and Aggregation of (S, s) Rules for Automobile Purchases," *Review of Economic Studies*, 2000, 67 (4): 667 – 696.

[9] Aziz, J., Duenwald, C., "China's Provincial Growth Dynamics," IMF Working Paper, No. 1, 2001.

[10] Bain, A. D., *The Growth of TV Ownership in U. K.*, Cambridge: Cambridge University Press, 1963.

[11] Baker, P., Blundell, R., Micklewright, J., "Modelling Household Energy Expenditures Using Micro-Data," *Economics Journal*, 1989, 99 (397): 720 – 738.

[12] Barnes, M., Hughes, A., "A Quantile Regression Analysis of the Cross Section of Stock Market Return," Working Paper, Federal Reserve Bank of Boston, 2002.

[13] Barrodale, I., Roberts, F. D. K., "An Improved Algorithm for Discrete l1 Linear Approximation," *SIAM Journal on Numerical Analysis*, 1973, 10 (5): 839 – 848.

[14] Bar-Ilan, A., Blinder, A. S., "Consumer Durables: Evidence on the Optimality of Usually Doing Nothing," *Journal of Money, Credit and Banking*, 1992, 24 (2): 258 – 272.

[15] Bassett, G., Chen, H., "*Quantile Style: Quantiles to Assess Mutual Fund Investment Styles*," Presented at the International Conference on Economic Applications of Quantile Regression, Konstanz, 2000.

[16] Beierlein, J. G., Dunn, J. W., McConnon, J. C., "The Demand for Electricity and Natural Gas in the Northeastern United States," *The Review of Economics and Statistics*, 1981, 63 (3): 403 – 408.

[17] Bernanke, B. S., "Irreversibility, Uncertainty, and Cyclical Investment," *The Quarterly Journal of Economics*, 1983, 98 (1): 85 – 106.

[18] Bertola, G. L., Guiso, L. Pistaferri, "Uncertainty and Consumer Durables Adjustment," *Review of Economic Studies*, 2005, 72 (4): 973 – 1007.

[19] Blanciforti, L., Green, R., "An Almost Ideal Demand System Incorporating Habits: An Analysis of Expenditures on Food and Aggregate Commodity Groups," *The Review of Economics and Statistics*, 1983, 65 (3): 511 – 515.

[20] Blinder, A. S., "A Model of Inherited Wealth," *The Quarterly Journal*

of Economics, 1973, 87 (4): 608 – 626.

[21] Blinder, A. S., "Credit Rationing and Effective Supply Failures," Economic Journal, 1987, 97: 327 – 52.

[22] Blinder, A. S., "Distribution Effects and the Aggregate Consumption Function," The Journal of Political Economy, 1975: 447 – 475.

[23] Blinder, A. S., "The Relationship between Distribution Effects and the Consumption," The Journal of Political Economy, 2002, 132 (3): 447 – 476.

[24] Blundell, R., Pashardes, P., Weber, G., "What Do We Learn about Consumer Demand Patterns from Micro Data?" American Economic Review, 1993, 83 (3): 570 – 597.

[25] Boeke, J. H., "Economics and Economic Policy of Dual Societies," Institute of Pacific Relations, 1953.

[26] Borooah, V. K., Sharpe, D. R., "Aggregate Consumption and the Distribution of Income in the United Kingdom: An Econometric Analysis," Economic Journal, 1986, 96 (382): 449 – 466.

[27] Bowman, A. W., "An Alternative Method of Cross-validation for the Smoothing of Density Estimates," Biometrika, 1984, 71 (2): 353 – 360.

[28] Brems, H., "Long-run Automobile Demand," The Journal of Marketing, 1956, 20 (4): 379 – 384.

[29] Browning, M., Deaton, A., Irish, M., "A Profitable Approach to Labor Supply and Commodity Demands over the Life-cycle," Econometrica, 1985, 53 (3): 503 – 544.

[30] Buchinsky, M., "Changes in US Wage Structure 1963 – 1987: An Application of Quantile Resression," Econometrica, 1994, 62: 405 – 458.

[31] Burkhauser, R. V., Crews, A. D., Daly, M. C., Jenkins, S. P., "Testing the Significance of Income Distribution Changes over the 1980s Business Cycle: A Cross-National Comparison," Journal of Applied Econometrics, 1999, 14: 253 – 272.

[32] Burkhauser, R. V., Tovba, L., "Income Inequality in the 1900s:

Comparing the United States, Great Britain and Germany," *The Japanese Journal of Social Security Policy*, 2005, 4（1）：1 – 16.

［33］ Burney, N. A., Akmal, M., "Food Demand in Pakistan: An Application of the Extended Linear Expenditure System," *Journal of Agricultural Economics*, 1991, 42（2）：185 – 195.

［34］ Buse, A., "Aggregation, Distribution and Dynamics in the Linear and Quadratic Expenditure Systems," *The Review of Economics and Statistics*, 1992,（74）：45 – 53.

［35］ Buse, A., "Evaluating the Linearized Almost Ideal Demand System," *American Journal of Agricultural Economics*, 1994, 76（4）：781 – 793.

［36］ Button, K., Ngoe, N., Hine, J., "Modelling Vehicle Ownership and Use in Low Income Countries," *Journal of Transport Economics and Policy*, 1993, 27（1）：51 – 67.

［37］ Caballero, R. J., Engel, E. M. R. A., "Explaining Investment Dynamics in U. S. Manufacturing: A Generalized（S, s）Approach," *Econometrica*, 1999, 67（4）：783 – 826.

［38］ Caballero, R. J., "Consumption Puzzles and Precautionary Saving," *Journal of Monetary Economics*, 1990, 25：113 – 136.

［39］ Caballero, R. J., "Durable Goods: An Explanation for their Slow Adjustment," *Journal of Political Economy*, 1993, 101：351 – 384.

［40］ Cambell, J. Y., Deaton, A. S., "Why is Consumption so Smooth," *Review of Economic Study*, 1989, 56：357 – 373.

［41］ Campbell, J. Y., Mankiw, N. G., "The Response of Consumption to Income: A Cross-country Investigation," *European Economic Review*, 1991, 35（4）：723 – 756.

［42］ Campbell, J. Y., Cocco, J. F., "How Do House Prices Affect Consumption? Evidence from Micro Data," *Journal of Monetary Economics*, 2007, 54（3）：591 – 621.

［43］ Caner, M., Hansen, B. E., "Instrumental Variable Estimation of a Threshold Model," *Econometric Theory*, 2004, 20（5）：813 – 843.

[44] Carroll, C. D., "Buffer-stock Saving and the Life Cycle/Permanent Income Hypothesis," *The Quarterly Journal of Economics*, 1997, 112 (1): 1 – 55.

[45] Chakrabarty, M., Schmalenbach, A., Racine, J., "On the Distributional Effects of Income in an Aggregate Consumption Relation," *Canadian Journal of Economics / Revue canadienne d'Economique*, 2006, 39 (4): 1121 – 1243.

[46] Chan, K. S., "Consistency and Limiting Distribution of the Least Squares Estimator of a Threshold Autoregressive Model," *The Annals of Statistics*, 1993, 21: 520 – 533.

[47] Chernozhukov, V., Hansen, C., Jansson, M., "Inference Approaches for Instrumental Variable Quantile Regression," *Economics Letters*, 2007, 95 (2): 272 – 277.

[48] Chernozhukov, V., Hansen, C., "Instrumental Variable Quantile Regression: A Robust Inference Approach," *Journal of Econometrics*, 2008, 142 (1): 379 – 398.

[49] Chernozhukov, V., Hansen, C., "The Effects of 401 (k) Participation on the Wealth Distribution: An Instrumental Quantile Regression Analysis," *Review of Economics and Statistics*, 2004, 86 (3): 735 – 751.

[50] Chow, G. C., *Demand for Automobiles in the United States: A Study in Consumer Durables*, North-Holland Publishing Company, 1957.

[51] Colin, O. W., "A Cross-Validation Bandwidth Choice for Kernel Density Estimates with Selection Biased Data," *Journal of Multivariate Analysis*, 1997, 61 (1): 38 – 60.

[52] Collado, M. D., "Estimating Dynamic Models from Time Series of Independent Cross-sections," *Journal of Econometrics*, 1997, 82 (1): 37 – 62.

[53] Corbridge, S., *Urban-rural Relations and the Counterrevolution in Development Theory and Practice*, London University Press, 1989.

[54] Courtney, P. R., "Small Towns and the Rural Economy: A Study of

their Contemporary Functions and Potential Role in Rural Development," The University of Plymouth, PhD Thesis, 2000.

[55] Cowell, F. A., Jenkins, S. P., Litchfield, J. A., "The Changing Shape of the UK Income Distribution: Kernel Density Estimates," In: Hills, John, (ed) *New Equalities: The Changing Distribution of Income and Wealth in the United Kingdom*. Cambridge: Cambridge University Press, 1996.

[56] Cowell, F. A., *Measuring Inequality*, London: Prentice Hall/Harvester Wheatsheaf, 1995.

[57] Cragg, J. G., Uhler, R. S., "The Demand for Automobiles," *The Canadian Journal of Economics*, 1970, 3 (3): 386 – 406.

[58] Cramer, J. S., *A Statistical Model of the Ownership of Major Consumer Durables*, Cambridge: Cambridge University Press, 1962.

[59] Cutler, D. M., Katz, L. F., "Rising Inequality? Changes in the Distribution of Income and Consumption in the 1980s," National Bureau of Economic Research, 1992.

[60] Dagum, C., "A New Model for Personal Income Distribution: Specification and Estimation," *Economie Appliquée*, 1977, 30 (3): 413 – 437.

[61] Dagum, C., "Wealth Distribution Models: Analysis and Applications," *Statistica*, 2006, (3): 235 – 268.

[62] Darby, M., "The Allocation of Transitory Income among Consumer Assets," *American Economic Review*, 1972, 62: 928 – 941.

[63] Dargay, J., Gately, D., Sommer, M., "Vehicle Ownership and Income Growth, Worldwide: 1960 – 2030," *The Energy Journal*, 2007, 28 (4): 143 – 170.

[64] Deaton, A., Muellbauer, J., "An Almost Ideal Demand System," *The American Economic Review*, 1980, 70 (3): 312 – 326.

[65] Deaton, A., *The Analysis of Household Surveys: A Micro-econometric Approach to Development Policy*, Baltimore and London: Johns Hopkins University Press, 1997.

[66] Deaton, A., "Panel Data from Time Series of Cross-sections," *Journal of Econometrics*, 1985, 30 (1): 109 – 126.

[67] Deaton, A., "Saving and Liquidity Constraints," *Econometrica*, 1991, 59 (5): 1221 – 1248.

[68] Delforce, J., "Using the Almost Ideal Demand System to Model Household Expenditure," University of New England South Pacific Smallholder Project, 1989, 7: 40 – 41.

[69] Diewert, W. E., "Exact and Superlative Index Numbers," *Journal of Econometrics*, 1976, 4 (2): 115 – 145.

[70] Dissanayake, D., Morikawa, T., "Investigating Household Vehicle Ownership, Mode Choice and Trip Sharing Decisions Using a Combined Revealed Preference/Stated Preference Nested Logit Model: Case Study in Bangkok Metropolitan Region," *Journal of Transport Geography*, 2010, 18 (3): 402 – 410.

[71] Dong, D., Capps, Jr O., "Impacts of Income Distribution on Market Demand," 1998 Annual Meeting, August 2 – 5, Salt Lake City, UT. American Agricultural Economics Association (New Name 2008: Agricultural and Applied Economics Association), 1998 (20996).

[72] Duesenberry, J. S., *Income Saving and the Theory*, Harvard University Press, 1949.

[73] Dynan, K. E., "Habit Formation in Consumer Preferences: Evidence from Panel Data," *American Economic Review*, 2000, 90 (3): 391 – 406.

[74] Dynan, K. E., "How Prudent are Consumers?" *Journal of Political Economy*, 1993, 101 (6): 1104 – 1113.

[75] Eberly, J. C., "Adjustment of Consumers' Durables Stocks: Evidence from Automobile Purchases," *Journal of Political Economy*, 1994, 102 (3): 403 – 36.

[76] Engle, R. F., Manganelli, S., "CAViaR: Conditional Autoregressive Value at Risk by Regression Quantiles," *Journal of Business and Economic Statistics*, 2004, 22: 367 – 381.

[77] Fan, S. G., Wailes, E. J., Cramer, G. L., "Household Demand in Rural China: A Two-stage LES-AIDS Model," *American Journal of Agricultural Economics*, 1995, 77 (1): 54 – 62.

[78] Farrell, M. J., "The Demand for Motor-Cars in the United States," *Journal of the Royal Statistical Society*, 1954. 117 (2): 171 – 201.

[79] Fei, J. C., Ranis, G., "A Model of Growth and Employment in the Open Dualistic Economy: The Cases of Korea and Taiwan," *Journal of Development Studies*, 1963, 11 (2): 32 – 63.

[80] Firpo, S., Fortin, N. M., Lemieux, T., "Unconditional Quantile Regressions," *Econometrica*, 2009, 77 (3): 953 – 973.

[81] Fitzenberger, B., Kurz, C., "New Insights on Earnings Trends across Skill Groups and Industries in West Germany," *Empirical Economics*, 2003, 28 (3): 479 – 514.

[82] Flavin, M. A., "The Adjustment of Consumption to Changing Expectations about Future Income," *Journal of Political Economy*, 1981, 89 (5): 974 – 1009.

[83] Flavin, M. A., "The Excess Smoothness of Consumption: Identification and Estimation," *Review of Economic Studies*, 1993, 60: 651 – 666.

[84] Friedman, M., *A Theory of the Consumption Function*, Princeton: Princeton University Press, 1957.

[85] Frolich, M., Melly, B., "Unconditional Quantile Treatment Effects under Endogeneity," *IZA Discussion Papers*, 2008.

[86] Frolich, M., Melly, B., "Unconditional Quantile Treatment Effects under Endogeneity," *Journal of Business & Economic Statistics*, 2013, 31 (3): 346 – 357.

[87] Gibrat, R., *Les inégalités économiques*, Recueil Sirey, 1931.

[88] Giles, J., Yoo, K., "Precautionary Behavior, Migrant Networks and Household Consumption Decisions: An Empirical Analysis Using Household Panel Data from Rural China," *The Review of Economics and Statistics*, 2007, 89 (3): 534 – 551.

[89] Girma, S., "A Quasi-differencing Approach to Dynamic Modelling from a Time Series of Independent Cross-sections," *Journal of Econometrics*, 2000, 98 (2): 365 – 383.

[90] Gorman, W. M., "Community Preference Fields," *Econometrica: Journal of the Econometric Society*, 1953, 21: 63 – 80.

[91] Gorman, W. M., "Lecture Notes," London School of Economics, Mimeo, 1971.

[92] Gorman, W. M., "On a Class of Preference Fields," *Metroeconomica*, 1961, 13 (2): 53 – 56.

[93] Gorman, W. M., "Separable Utility and Aggregation," *Econometrica*, 1959, 27 (3): 469 – 481.

[94] Gosling, A., Machin, S., Meghir, C., "What has Happened to Men's Wages since the Mid – 1960s?" *Fiscal Studies*, 1994, 15 (4): 63 – 87.

[95] Green, P. J., Silverman, B. W., *Nonparametric Regression and Generalized Linear Models*, Chapman and Hall/CRC, 1994.

[96] Green, R., Alston, J., "Elasticities in AIDS Models," *American Journal of Agricultural Economics*, 1990, 72: 442 – 445.

[97] Grossman, S., Laroque, G., "Asset Pricing and Optimal Portfolio Choice in the Presence of Illiquid Durable Consumption Goods," *Econometrica*, 1990, 58 (1): 25 – 51.

[98] Hall, P., Marron, J. S., Park, B. V., "Smoothed Cross-Validation," *Probability Theory and Related Fields*, 1992, 92 (1): 1 – 20.

[99] Hall, R. E., "Stochastic Implications of the Life Cycle-Permanent Income Hypothesis: Theory and Evidence," *The Journal of Political Economy*, 1978, 86 (6): 971 – 987.

[100] Hannan, E. J., "Principles of Econometrics," *Technometrics*, 1973, 15 (1): 195 – 196.

[101] Hansen, B. E., Seo, B., "Testing for Two-regime Threshold Cointegration in Vector Error-correction Models," *Journal of Econometrics*, 2002, 110 (2): 293 – 318.

[102] Hansen, B. E., "Inference in TAR Models," *Studies in Nonlinear Dynamics and Econometrics*, 1997, 2 (1): 1-14.

[103] Hansen, B. E., "Inference When a Nuisance Parameter is Not Identified under the Null Hypothesis," *Econometrica*, 1996, 64, 413-430.

[104] Hansen, B. E., "Sample Splitting and Threshold Estimation," *Econometrica*, 2000, 68: 575-603.

[105] Hansen, B. E., "Threshold Effects in Non-Dynamic Panels: Estimation, Testing, and Inference," *Journal of Econometrics*, 1999, 93: 345-386.

[106] Hansen, H., "New Developments in Fruit and Vegetables Consumption in the Period 1999-2004 in Denmark-A Quantile Regression Approach," European Association of Agricultural Economists in its Series 2008 International Congress, Belgium, 2008.

[107] Hardle, W., Linton, O., "Applied Nonparametric Methods," *Handbook of Econometrics*, 1994, 4: 2295-2339.

[108] Hardle, W., Linton, O., "Applied Nonparametric Methods," In *Handbook of Econometrics* (Edited by McFadden, D., Engle, R.), The Netherlands: North-Holland Publishing Co., 1994.

[109] Heien, D. M., "Demographic Effects and the Multiperiod Consumption Function," *Journal of Political Economy*, 1972, 80 (1): 125-138.

[110] Hendricks, W., Koenker, R., "Hierarchical Spline Models for Conditional Quantiles and the Demand for Electricity," *Journal of American Statistical Association*, 1991, 87: 58-68.

[111] Hyslop, D., Maré, D., "Understanding Changes in the Distribution of Household Incomes in New Zealand between 1983-86 and 1995-98," New Zealand Treasury, 2001.

[112] Ibrahim A. Ahmad, Yanqin Fan, "Optimal Bandwidth for Kernel Density Estimators of Functions of Observations," *Statistics & Probability Letters*, 2005, 51 (3): 245-251.

[113] Jenkins, S. P., Van Kerm, P., "Accounting for Income Distribution

Trends: A Density Function Decomposition Approach," *Journal of Economic Inequality*, 2005, (3): 43-61.

[114] Jenkins, S. P., "Did the Middle Class Shrink during the 1980s? UK Evidence from Kernel Density Estimates," *Economics Letters*, 1995, 49 (4): 407-413.

[115] Jones, E., Mustiful, B. W., "Purchasing Behaviour of Higher-and Lower-Income Shoppers: A Look at Breakfast Cereals," *Applied Economics*, 1996, 28 (1): 131-137.

[116] Jorgenson, D. W., "The Development of a Dual Economy," *Economic Journal*, 1961, 71 (282): 309-334.

[117] Karlssom, A., "Nonlinear Quantile Regression Estimation of Longitudinal Data," *Communications in Statistics Simulation and Computation*, 2007, 37 (1): 114-131.

[118] Karmarkar, N., "A New Polynomial-time Algorithm for Linear Programming," *Combinatorica*, 1984, 4: 373-395.

[119] Keeble, D. E., "Industrial Decline, Regional Policy and the Urban-rural Manufacturing Shift in the United Kingdom," *Environment and Planning A*, 1992, 12 (8): 945-962.

[120] Keynes, J. M., *The General Theory of Employment, Interest and Money*, New York, 1936.

[121] Klein, L. R., Rubin, H., "A Constant-utility Index of the Cost of Living," *The Review of Economic Studies*, 1947, 15 (2): 84-87.

[122] Koenker, R., Bassett, G., "Regression Quantiles," *Econometrica*, 1978, 46 (1): 33-50.

[123] Koenker, R., Kevin F. Hallock, "Quantile Regression," *The Journal of Economic Perspectives*, 2001, 15 (4): 143-156.

[124] Koenker, R., Machado, J. A. F., "Goodness of Fit and Related Inference Processes for Quantile Regression," *Journal of the American Statistical Association*, 1999, 94 (448): 1296-1310.

[125] Koenker, R., *Quantile Regression*, Cambridge University Press, 2005.

[126] Koenker, R., "Confidence Intervals for Quantile Regression," In *Asymptotic Statistics: Proceeding of the 5th Prague Sympo-sium on Asymptotic Statistics* (Edited by Huskova, M.), 1994.

[127] Koenker, R., "Quantile Regression for Longitudinal Data," *Journal of Multivariate Analysis*, 2004, 91 (1): 74 - 89.

[128] Kremer, S., Bick, A., Nautz, D., "Inflation and Growth: New Evidence from a Dynamic Panel Threshold Analysis," *Empirical Economics*, 2013, 44 (2): 861 - 878.

[129] Kumar, S., Russel, T., "Technological Change, Technological Catch-up and Capital Deepening: Relative Contributions to Growth and Convergence," *American Economic Review*, 2002, 92: 527 - 548.

[130] Lambert, R., Larue, B., Yelou, C., Criner G., "Fish and Meat Demand in Cannada: Regional Differences and Weak," *Agribusiness*, 2006, 22 (2): 175 - 199.

[131] Leland, H. E., "Saving and Uncertainty: The Precautionary Demand for Saving," *The Quarterly Journal of Economics*, 1968, 82 (3): 465 - 473.

[132] Leser, C., "Forms of Engel Functions," *Econometrica*, 1963, 31 (4): 694 - 703.

[133] Li, H., Zou, H., "Income Inequality is not Harmful for Growth: Theory and Evidence," *Review of Development Economics*, 1998, 2 (3): 318 - 334.

[134] Lipton, M., "Urban Bias Revisited," *Journal of Development Studies*, 1984, 20 (3): 139 - 166.

[135] Lluch, C., Williams, R., "Consumer Demand Systems and Aggregate Consumption in the USA: An Application of the Extended Linear Expenditure System," *Canadian Journal of Economics*, 1975, 8 (1): 49 - 66.

[136] Lluch, C., Williams, R., "Cross Country Demand and Savings Patterns: An Application of the Extended Linear Expenditure System," *The Review of Economics and Statistics*, 1975, 8: 320 - 328.

[137] Lluch, C., "The Extended Linear Expenditure System," *European Economic Review*, 1973, 4 (1): 21 – 32.

[138] Lou, F., Li, X., "An Empirical Analysis of Income Disparity and Consumption in China," *Frontiers of Economics in China*, 2011, 6 (1): 157 – 170.

[139] Lowe, P., Talbot, H., "Policy for Small Business Support in Rural Areas: A Critical Assessment of the Proposals for the Small Business Service," *Regional Studies*, 2000, 34 (5): 479 – 487.

[140] Ma, L., Pohlman, L., "Return Forecasts and Optimal Portfolio Construction: A Quantile Regression Approach," *The European Journal of Finance*, 2008, 14 (5): 409 – 425.

[141] Machado, J., Mata, J., "Counterfactual Decomposition of Changes in Wage Distributions Using Quantitle Regression," *Journal of Applied Econometrics*, 2005, 20: 445 – 465.

[142] Madan, M. D., Ferdous, A., Ferdinand, J. P., "A Multistage Budgeting Approach to the Analysis of Demand for Fish: An Application to Inland Areas of Bangladesh," *Marine Resource Economics*, 2011, 26: 35 – 58.

[143] Madsen, K., Nielsen, H. B., "A Finite Smoothing Algorithm for Linear L1 Estimation," *SIAM Journal on Optimization*, 1993, 2: 223 – 235.

[144] Manfred, M. F., Peter, S., "Income Distribution Dynamics and Cross-region Convergence in Europe: Spatial Filtering and Novel Stochastic Kernel Representations," *Journal of Geographical Systems*, 2008, 10 (2): 109 – 139.

[145] Mankiw, N. G., "Hall's Consumption Hypothesis and Durable Goods," *Journal of Monetary Economics*, 1982, 10: 417 – 425.

[146] Manning, W., Blumberg, L., Moulton, L., "The Demand for Alcohol: The Differential Response to Price," *Journal of Health Economics*, 1995, 14: 123 – 148.

[147] Manski, C. F., *Identification Problems in the Social Sciences*, Harvard University Press, 1995.

[148] McDonald, J. B., "Some Generalized Functions for the Size Distribution of Income," *Econometrica*, 1984, 52: 647 - 663.

[149] McGee, T. G., *The Emergence of Desakota Region in Asia: Expanding a Hypothesis*, University of Hawaii Press, 1991.

[150] Melly, B., "Decomposition of Differences in Distribution Using Quantile Regression," *Labour Economics*, 2005, 12 (4): 577 - 590.

[151] Minoiu, C., "Poverty Analysis based on Kernel Density Estimates from Grouped Data," Working Paper, 2006.

[152] Minten, B., "Infrastructure, Market Access, and Agricultural Prices: Evidence from Madagascar," International Food Policy Research Institute, 1999.

[153] Modigliani, F., Ando, A., "The 'Permanent Income' and the 'Life Cycle' Hypothesis of Saving Behavior: Comparison and Tests," Proceedings of the Conference on Consumption and Saving, 1960, 2: 49 - 174.

[154] Modigliani, F., Brumberg, R., *Post Keynesian Economics*, New Brunswick N. J. : Rutgers University Press, 1954.

[155] Montenegro, C., "The Structure of Wages in Chile 1960 - 1996: An Application of Quantile Regression," *Estudios de Economia*, 1998, 25: 71 - 98.

[156] Muellbauer, J., "Community Preferences and the Representative Consumer," *Econometrica*, 1976, 44 (5): 979 - 999.

[157] Musgrave, P., "Income Distribution and the Aggregate Consumption Function," *Journal of Political Economy*, 1980, 88 (3): 504 - 525.

[158] Obayelu, A. E., Okoruwa, V. O., Ajani, O. I. Y., "Cross-sectional Analysis of Food Demand in the North Central," *Nigeria, China Agricultural Economic Review*, 2009, 1 (2): 173 - 193.

[159] Olson, K. R., "Identification of Fragipans by Means of Mercury Intrusion Porosimetry," *Soil Science Society of America Journal*, 1985, 6 (49): 406 – 409.

[160] O'Dea, D., "The Changes in New Zealand's Income Distribution," New Zealand Treasury, 2000.

[161] Pareto, V., "La Legge Della Domanda," *Giornale Degli Economist*, 1986, 12: 59 – 68.

[162] Park, A., Jin, H., Rozelle, S., Huang, J., "Market Emergence and Transition: Arbitrage, Transition Costs, and Autarky in China's Grain Markets," *American Journal of Agricultural Economics*, 2002, 84: 136 – 157.

[163] Parzen, E., "On Estimation of a Probability Density Function and Mode," *Annals of Mathematical Statistics*, 1962, 33 (3): 1065 – 1076.

[164] Pashardes, P., "Bias in Estimating the Almost Ideal Demand System with the Stone Index Approximation," *The Economic Journal*, 1993, 103: 908 – 915.

[165] Pearce, I. F., *A Contribution to Demand Analysis*, Clarendon Press, 1964.

[166] Phillips, P. C. B., Ouliaris, S., "Asymptotic Properties of Residual Based Tests for Cointegration," *Econometrica*, 1990, 58 (1): 165 – 193.

[167] Pittau, M. G., Zelli, R., "Testing for Changing Shapes of Income Distribution: Italian Evidence in the 1990s from Kernel Density Estimates," *Empirical Economics*, 2004, 29 (2): 415 – 430.

[168] Powell, D., "Unconditional Quantile Regression for Exogenous or Endogenous Treatment Variables," *SSRN Electronic Journal*, Working Paper, 2011.

[169] Quah, D., "Empirics for Growth and Distribution: Stratification, Polarization, and Convergence Clubs," *Journal of Economic Growth*, 1997, 1 (1): 27 – 59.

[170] Quah, D., "Galton's Fallacy and Tests of the Convergence Hypothesis," *Scandinavian Journal of Economics*, 1993, 95: 427 – 443.

[171] Quah, D., "Twin Peaks Growth and Convergence in Models of Distribution Dynamics," *Economic Journal*, 1996, 106: 1045 – 1055.

[172] Rakshit, M., "Income, Saving and Capital Formation in India: A Step towards a Solution of the Saving-Investment Puzzle," *Economic and Political Weekly*, 1982, 17 (14/16): 561 – 572.

[173] Ranis, G., Fei, J. C., "A Theory of Economic Development," *American Economic Review*, 1961, 51 (4): 533 – 565.

[174] Ravallion, M., "On the Urbanization of Poverty," *Journal of Development Economics*, 2002, 68: 435 – 442.

[175] Reed, W. J., "On Pareto's Law and the Determinants of Pareto Exponents," *Journal of Income Distribution*, 2004, 13: 7 – 17.

[176] Reed, W. J., "The Pareto Law of Incomes—An Explanation and an Extension," *Physica A: Statistical Mechanics and its Applications*, 2003, 319: 469 – 486.

[177] Ronning, G., Schulze, N., "A Micro-econometric Characterization of Household Consumption Using Quantile Regression," *Applied Economics Quarterly*, 2004, (4): 183 – 208.

[178] Roos, C. F., Szeliski, V., "The Concept of Demand and Price Elasticity—The Dynamics of Automobile Demand," *Journal of the American Statistical Association*, 1939, 34 (208): 652 – 664.

[179] Rosenblatt, M., "Remarks on Some Nonparametric Estimates of a Density Function," *The Annals of Mathematical Statistics*, 1956, 27 (3): 832 – 837.

[180] Rozelle, S., Park, A., Huang, J., Jin, H., "Liberalization and Rural Market Integration in China," *American Journal of Agricultural Economics*, 1997, 79 (2): 635 – 642.

[181] Rudemo, M., "Empirical Choice of Histograms and Kernel Density Estimators," *Scandinavian Journal of Statistics*, 1982, 9: 65 – 78.

[182] Sala-i-Martin, X., "The World Distribution of Income," *Quarterly Journal of Economics*, 2006, 121: 351 – 397.

[183] Salem, A. B. Z., Mount, T. D., "A Convenient Descriptive Model of Income Distribution: The Gamma Density," *Econometrica*, 1974, 42 (6): 1115 – 1127.

[184] Schultz, T,, Mwabu, G., "Labour Unions and the Distribution of Wages and Employment in South Africa," *Industrial and Labor Relations Review*, 1998, 51: 680 – 703.

[185] Shaw, E. S., *Financial Deepening in Economic Development*, New York: Oxford University Press, 1999.

[186] Shi Xinzheng, Terry Sicular, Yaohui Ahao, "Analyzing Urban-Rural Income Inequality in China," Discussion Draft, CCER, Peking University, 2005.

[187] Shiller, R. J., *Market Volatility*, Mass.: MIT Press, 1989.

[188] Shiller, R. J., "Market Volatility and Investor Behavior," *American Economic Review*, 1990, 80: 58 – 62.

[189] Shiller, R. J., "Measuring Bubble Expectations and Investor Confidence," *Journal of Psychology and Markets*, 2000, 1 (1): 49 – 60.

[190] Shilpi, F., Emran, M. S., "Marketing Externalities and Market Development," World Bank Policy Research Working Paper, 2002.

[191] Silverman, B. W., "Using Kernel Density Estimates to Investigate Multimodality," *Journal of the Royal Statistical Society. Series B (Methodological)*, 1981, 43: 97 – 99.

[192] Simmons, P., "Evidence on the Impact of Income Distribution on Consumer Demand in the UK 1955 – 68," *The Review of Economic Studies*, 1980, 47 (5): 893 – 906.

[193] Singh, S. K., Maddala, G. S., "A Function for Size Distribution of Incomes," *Econometrica*, 1976, 44: 963 – 970.

[194] Stiglitz, J. E., "Distribution of Income and Wealth among Individuals," *Econometrica*, 1969, 37 (3): 382 – 397.

[195] Stoker, T. M. , "Empirical Approaches to the Problem of Aggregation over Individuals," *Journal of Economic Literature*, 1993, 31: 1827 – 1874.

[196] Stoker, T. M. , "Simple Tests of Distributional Effects on Macroeconomic Equations," *The Journal of Political Economy*, 1986, 94 (4): 763 – 795.

[197] Stone, R. , Rowe, D. A. , "The Market Demand for Durable Goods," *Econometrica*, 1975, 25 (3): 423 – 443.

[198] Stone, R. , "Linear Expenditure Systems and Demand Analysis: An Application to the Pattern of British Demand," *The Economic Journal*, 1954, 64 (9): 511 – 527.

[199] Storchmann, K. , "Long-run Gasoline Demand for Passenger Cars: The Role of Income Distribution," *Energy Economics*, 2005, 27 (1): 25 – 58.

[200] Sun Wei, "Semiparametric Analysis of Income Inequality: An Application to China," Dissertation, 2005, University of California.

[201] Taillie, C. , "Lorenz Ordering within the Generalized Gamma Family of Income Distributions," *Statistical Distributions in Scientific Work*, 1981, 6: 181 – 192.

[202] Tatiane, A. M. , Carlos, R. A. , Fernando, G. S. , "Demand Elasticities for Food Products in Brazil: A Two-stage Budgeting System," *Applied Economics*, 2008, 40 (19): 2557 – 2572.

[203] Theil, H. , *Principles of Econometrics*, New York: North Holland Press, 1971.

[204] Theil, H. , "The Information Approach to Demand Analysis," *Econometrica*, 1965, 33 (1): 67 – 87.

[205] Thomas S. Stoker, "Simple Tests of Distributional Effects on Macroeconomic Equations," *Journal of Political Economy*, 1986, 94 (4): 763 – 795.

[206] Tong, H. , *Threshold Models in Non-linear Time Series Analysis*, New

York: Springer, 1983.

[207] Tong, H., "On a Threshold Model," In *Pattern Recognition and Signal Processing* (Edited by Chen C.), The Netherlands: Sijthoff & Noordhoff, 1978.

[208] Tsay, R. S., "Testing and Modelling Threshold Autoregressive Processes," *Journal of the American Statistical Association*, 1989, 84: 231 – 240.

[209] Unwin, T., *Rural-urban Interaction in Developing Countries: A Theoretical Perspective*, Routledge, 1989.

[210] Wan, G., "Accounting for Income Inequality in Rural China: A Regression-based Approach," *Journal of Comparative Economics*, 2004, 32 (2): 348 – 363.

[211] Wendy, E. D., "The Effects of Precautionary Saving Motives on (S, s) Bands for Home Purchases," *Regional Science and Urban Economics*, 2003, 33 (4): 467 – 488.

[212] Wilfling, B., Krämer, W., "The Lorenz-ordering of Singh-Maddala Income Distributions," *Economics Letters*, 1993, 43 (1): 53 – 57.

[213] Working, H., "Statistical Laws of Family Expenditure," *Journal of the American Statistical Association*, 1943, 38: 43 – 56.

[214] Wu, C. O., "Kernel Smoothing of the Nonparametric Maximum Likelihood Estimation for Biased Sampling Models," *Math Methods Statist*, 1996, 5: 275 – 298.

[215] Yen, S. T., Chern, W. S., "Flexible Demand Systems with Serially Correlated Errors: Fat and Oil Consumption in the United States," *American Journal of Agicultural Economics*, 1992, 8: 689 – 697.

[216] Yong, H. C., Jung J. J., "Urbanizing the Rural Economy of Korea: The Central Government Policies to Develop Industries in Rural Areas," *Asian Journal of Public Administration*, 1988, 10: 175 – 192.

[217] Yu, K., Jones, M. C., "Local Linear Quantile Regression," *Journal of the American Statistical Association*, 1998, 93 (441): 228 – 237.

[218] Zeldes, S. P., "Consumption and Liquidity Constraints: An Empirical Investigation," *The Journal of Political Economy*, 1989, 97 (2): 305 - 346.

[219] Zeldes, S. P., "Optimal Consumption with Stochastic Income: Deviations from Certainty Equivalence," *The Quarterly Journal of Economics*, 1989, 104 (2): 275 - 298.

[220] Zellner, A., "An Efficient Method of Estimating Seemingly Unrelated Regressions and Tests for Aggregation Bias," *Journal of the American Statistical Association*, 1962, 57 (298): 348 - 368.

[221] Zheng, Z., Henneberry Shida, "The Impact of Changes in Income Distribution on Current and Future Food Demand in Urban China," *Journal of Agricultural and Resource Economics*, 2010, 35 (4): 51 - 71.

[222] Zhou, J., Zhang, D., "A Research on the Relationship between Urban Households' Income and Expenditure in Hainan," *Technology and Investment*, 2013, 4: 12 - 17.

[223] 〔英〕安格斯·迪顿、〔英〕约翰·米尔鲍尔：《经济学与消费者行为》，龚志民等译，中国人民大学出版社，2005。

[224] 白仲林：《面板数据模型的设定、统计检验和新进展》，《统计与信息论坛》2010 年第 25 (10) 期，第 3~12 页。

[225] 白仲林、赵亮：《天津市城镇居民收入流动性的实证分析——伪面板数据门限自回归模型的估计与检验》，天津市社会科学界第七届学术年会优秀论文集，2011，第 1029~1040 页。

[226] 白仲林、赵亮：《我国通货膨胀率的最优目标区间几何?》，《统计研究》2011 年第 6 期，第 6~10 页。

[227] 卞志村、杨全年：《中国货币政策效应的区域性配给均衡分析》，《金融研究》2010 年第 9 期，第 34~50 页。

[228] 蔡昉：《城乡收入差距与制度变革的临界点》，《中国社会科学》2003 年第 5 期，第 16~25 页。

[229] 蔡玉程、金晓彤：《关于我国消费需求不足问题的思考》，《江汉论坛》1999 年第 12 期，第 23~24 页。

[230] 曹杰、张万诚:《逐步门限自回归模型及其建模方案》,《南京气象学院学报》1993 年第 4 期, 第 500 ~ 503 页。

[231] 陈斌开:《收入分配与中国居民消费——理论和基于中国的实证研究》,《南开经济研究》2012 年第 1 期, 第 33 ~ 49 页。

[232] 陈建宝、杜小敏、董海龙:《基于分位数回归的中国居民收入和消费的实证分析》,《统计与信息论坛》2009 年第 24 (7) 期, 第 44 ~ 50 页。

[233] 陈建宝、李坤明:《收入分配、人口结构与消费结构:理论与实证研究》,《上海经济研究》2013 年第 4 期, 第 74 ~ 87 页。

[234] 陈娟、林龙、叶阿忠:《基于分位数回归的中国居民消费研究》,《数量经济技术经济研究》2008 年第 25 (2) 期, 第 16 ~ 27 页。

[235] 陈娟、孙敬水:《我国城镇居民收入不平等变动实证研究——基于收入分布变化分解的视角》,《统计研究》2009 年第 26 (9) 期, 第 77 ~ 81 页。

[236] 陈强:《高级计量经济学及 Stata 应用》, 高等教育出版社, 2010。

[237] 陈秋玲、曹庆瑾、张阿丽:《基于扩展线性支出系统模型的我国城镇居民消费结构分析》,《管理学报》2010 年第 1 期, 第 68 ~ 72 页。

[238] 陈希孺、柴根象:《非参数统计教程》, 华东师范大学出版社, 1993。

[239] 陈云:《居民收入分布及其变迁的统计研究》, 首都经济贸易大学博士学位论文, 2009。

[240] 陈云:《中国居民收入分布专题实证研究——居民收入分布变迁测度及其影响因素分解》,《统计与信息论坛》2013 年第 28 (2) 期, 第 3 ~ 9 页。

[241] 陈宗胜、周云波:《再论改革与发展中的收入分配》, 经济科学出版社, 2002。

[242] 成邦文:《基于对数正态分布的洛伦兹曲线与基尼系数》,《数量经济技术经济研究》2005 年第 2 期, 第 127 ~ 135 页。

[243] 程磊:《收入差距扩大与中国内需不足:理论机制与实证检验》,

《经济科学》2011年第1期,第11~24页。

[244] 程磊:《收入差距扩大与中国内需不足:理论机制与实证检验》,《经济科学》2011年第1期,第11~24页。

[245] 迟福林:《消费主导:中国转型大战略》,中国经济出版社,2012。

[246] 迟巍、黎波、余秋梅:《基于收入分布的收入差距扩大成因的分解》,《数量经济技术经济研究》2008年第9期,第52~64页。

[247] 邓婷:《基于微观数据的城乡家庭消费结构比较研究》,《湖南财经高等专科学校学报》2009年第2期,第96~98页。

[248] 杜作峰:《农村市场网络的完善与城市化的推进》,《中国农村经济》2001年第9期,第10~16页。

[249] 段先盛:《收入分配对经济发展方式的影响:理论与实证》,人民出版社,2011。

[250] 段先盛:《收入分配对总消费影响的结构分析——兼对中国城镇家庭的实证检验》,《数量经济技术经济研究》2009年第2期,第151~161页。

[251] 段玉:《基于分位数回归的城乡居民收入与消费需求分析——以湖南省为例》,《求索》2011年第11期,第45~47页。

[252] 樊茂清、任若恩:《基于异质性偏好的中国城镇居民消费结构研究》,《中国软科学》2007年第10期,第37~46页。

[253] 樊潇彦、袁志刚、万广华:《收入风险对居民耐用品消费的影响》,《经济研究》2007年第4期,第124~136页。

[254] 范剑平:《鼓励消费政策可行性研究》,《经济科学》2001年第2期,第5~14页。

[255] 范剑平:《论投资主导型向居民消费、社会投资双拉动型转换——我国经济增长的需求结构分析》,《经济学动态》2003年第2期,第11~14页。

[256] 范剑平:《我国居民消费率偏低的原因分析与开拓城镇市场的对策选择》,《宏观经济研究》1999年第6期,第41~46页。

[257] 方福前:《中国居民消费需求不足原因研究》,《中国社会科学》2009年第2期,第68~82页。

[258] 封福育：《名义利率与通货膨胀：对我国"费雪效应"的再检验——基于门限回归模型分析》，《数量经济技术经济研究》2009年第1期，第89~98页。

[259] 封福育：《人民币汇率波动对出口贸易的不对称影响——基于门限回归模型经验分析》，《世界经济文汇》2010年第2期，第24~32页。

[260] 封建强：《我国城镇居民耐用消费品的消费特点》，《统计与决策》1999年第7期，第42~43页。

[261] 冯星：《基于CHNS数据城乡居民电脑消费组群差异动态特征研究》，吉林大学硕士学位论文，2015。

[262] 冯雪菲：《收入变迁的家庭乘用车市场效应研究》，吉林大学硕士学位论文，2013。

[263] 高铁梅：《计量经济分析方法与建模：EViews应用及实例》（第二版），清华大学出版社，2009。

[264] 耿强、江飞涛、傅坦：《政策性补贴、产能过剩与中国的经济波动》，《中国工业经济》2011年第5期，第27~36页。

[265] 古继宝、荣敏、吴剑琳：《中国民用汽车保有量的组合预测》，《工业技术经济》2010年第29（4）期，第123~127页。

[266] 郭爱君、武国荣：《基于AIDS模型的我国农村居民消费结构的动态分析》，《人口与经济》2008年第2期，第34~38页。

[267] 郭其友、卢丽静：《经济持续增长动力的转变——消费主导型增长的国际经验与借鉴》，《中山大学学报》（社会科学版）2009年第49（2）期，第190~197页。

[268] 郭秋彤：《基于CHNS数据的城乡居民典型数码产品消费行为计量研究》，吉林大学硕士学位论文，2014。

[269] 杭斌、郭香俊：《基于习惯形成的预防性储蓄——中国城镇居民消费行为的实证分析》，《统计研究》2009年第3期，第38~43页。

[270] 杭斌、申春兰：《潜在流动性约束与预防性储蓄行为——理论框架及实证研究》，《管理世界》2006年第9期，第28~35页。

[271] 杭斌、闫新华：《经济快速增长时期的居民消费行为——基于习惯

形成的实证分析》，《经济学》（季刊）2013年第12（4）期，第1191~1208页。

[272] 郝令昕、奈曼：《分位数回归模型》，肖东亮译，格致出版社、上海人民出版社，2012。

[273] 何江、张馨之：《中国省际收入分布演进的空间——时间分析》，《南方经济》2006年第12期，第64~77页。

[274] 贺振华、寇宗来：《收入分布、厂商定价与耐用品的消费扩张》，《南方经济》2006年第8期，第5~16页。

[275] 洪求枝、高明成、夏莹娇：《灰色系统预测方法在我国私人汽车拥有量预测中的应用》，《长江大学学报》（自然科学版，理工卷）2008年第5（1）期，第132~134页。

[276] 洪增高：《我国电子产品市场形势与展望》，《机电国际市场》1994年第4期，第5~7页。

[277] 胡祖光：《基尼系数理论最佳值及其简易计算公式研究》，《经济研究》2004年第9期，第60~69页。

[278] 黄静、屠梅曾：《房地产财富与消费：来自于家庭微观调查数据的证据》，《管理世界》2009年第7期，第35~45页。

[279] 计保平：《论城乡消费结构变动的差异及其市场影响》，《北京行政学院学报》2000年第5期，第23~26页。

[280] 贾康、苏京春：《"三驾马车"认知框架需对接供给侧的结构性动力机制构建——关于宏观经济学的深化探讨》，《全球化》2015年第3期，第63~69页。

[281] 姜百臣：《消费需求系统模型的理论约束与实证应用探讨》，《经济评论》2007年第6期，第93~96页。

[282] 姜长云：《中国农村耐用消费品消费需求的专项研究》，《消费经济》1999年第4期，第12~16页。

[283] 蒋春秀：《我国居民消费率偏低的省际因素分析——来自省级面板数据的证据》，《上海经济研究》2010年第6期，第12~18页。

[284] 金菊良、丁晶、魏一鸣：《基于遗传算法的门限自回归模型在海温预测中的应用》，《海洋环境科学》1999年第3期，第1~6页。

[285] 金晓彤、蔡玉程、董直庆：《中国城镇居民间歇式周期性波动的消费行为》，《吉林大学社会科学学报》2007 年第 6 期，第 123～127 页。

[286] 金晓彤、董直庆、盛光华：《连锁效应导引下的中国城镇居民消费行为：理论假说与实态验证》，《经济科学》2004 年第 4 期，第 74～83 页。

[287] 金晓彤、杨晓东：《中国城镇居民消费行为变异论的四个假说及其理论分析》，《管理世界》2004 年第 11 期，第 7～16、30 页。

[288] 李春玲：《当代中国社会的消费分层》，《中山大学学报》（社会科学版）2007 年第 4 期，第 8～13 页。

[289] 李凤升：《农村居民消费与收入关系的状态空间模型研究——基于 1990—2009 年中国统计数据分析》，《西北农林科技大学学报》2011 年第 11 期，第 20～22 页。

[290] 李建伟：《居民收入分布对耐用消费品及经济增长周期的影响——以城镇居民家庭乘用车为例》，《经济纵横》2013 年第 6 期，第 1～11 页。

[291] 李军：《收入差距对消费需求影响的定量分析》，《数量经济技术经济研究》2003 年第 9 期，第 5～11 页。

[292] 李培林、张翼：《消费分层：启动经济的一个重要视点》，《中国社会科学》2000 年第 1 期，第 52～62 页。

[293] 李实、罗楚亮：《中国城乡收入差距的重新估计》，《北京大学学报》（哲学社会科学版）2007 年第 2 期，第 12～24 页。

[294] 李实、罗楚亮：《中国收入差距究竟有多大？——对修正样本结构偏差的尝试》，《经济研究》2011 年第 4 期，第 68～79 页。

[295] 李玉忍、高社生、张学源：《核密度的随机加权估计及其应用》，《西北大学学报》2008 年第 3 期，第 351～361 页。

[296] 厉以宁：《消费经济学》，人民出版社，1984。

[297] 梁俊伟、范金：《福建农村居民消费行为的地区差异和结构分析——基于 AIDS 模型的实证研究》，《福建行政学院福建经济管理干部学院学报》2006 年第 2 期，第 85～89 页。

[298] 林伯强:《中国的经济增长,贫困减少与政策选择》,《经济研究》2003年第12期,第15~26页。

[299] 林坚、杨奇明:《中国农村地区收入分布的趋同及其演化》,《浙江大学学报》(人文社会科学版)2010年第4期,第106~118页。

[300] 林文芳:《区域性偏好与城乡居民消费差异》,《统计研究》2009年第26(11)期,第87~92页。

[301] 林毅夫:《潮涌现象与发展中国家宏观经济理论的重新构建》,《经济研究》2007年第1期,第126~131页。

[302] 林毅夫:《新农村运动与启动内需》,《中国物资流通》1999年第10期,第8~12页。

[303] 林毅夫、巫和懋、邢亦青:《"潮涌现象"与产能过剩的形成机制》,《经济研究》2010年第10期,第4~19页。

[304] 刘华、钟甫宁:《食物消费与需求弹性——基于城镇居民微观数据的实证研究》,《南京农业大学学报》(社会科学版)2009年第9(3)期,第36~43页。

[305] 刘辉煌、李峰峰:《动态耦合视角下的收入分配、消费需求与经济增长》,《中国软科学》2013年第12期,第58~67页。

[306] 刘婧、张车伟、毛学峰:《中国1991~2006年收入分布的动态变化:基于核密度函数的分解分析》,《世界经济》2009年第10期,第3~13页。

[307] 刘灵芝、马小辉:《农村居民收入分配结构对总消费的影响分析》,《中国农村经济》2010年第11期,第26~31页。

[308] 刘世锦:《结构转换缺口:中国经济面临的问题与选择》,《管理世界》1998年第6期,第10~19、217页。

[309] 刘秀梅、秦富:《我国城乡居民动物性食物消费研究》,《农业技术经济》2005年第3期,第25~30页。

[310] 刘重力、黄平川:《技术进口对我国企业技术创新能力的影响——基于中国省际数据的分位数回归》,《南开经济研究》2012年第5期,第132~141页。

[311] 卢方元、鲁敏:《中国农村居民消费结构的Panel Data模型分析》,

《数理统计与管理》2009 年第 1 期，第 122~127 页。

[312] 卢小君、马从凯、苗俊杰：《大学生"消费者民族中心主义"的实证研究——以电子产品消费为例》，《消费经济》2010 年第 5 期，第 70~73 页。

[313] 陆地：《中国城镇居民区域收入分布差异的消费效应比较研究》，吉林大学博士学位论文，2018。

[314] 罗娟娟：《农民收入分布函数的探讨》，《保险职业学院学报》2007 年第 21（1）期，第 70~74 页。

[315] 罗娟娟：《我国农民收入和消费的相互影响》，中南大学硕士学位论文，2007。

[316] 罗军：《产能过度增长的成因及影响》，《中国国情国力》2011 年第 2 期，第 23~25 页。

[317] 穆月英：《中国城乡居民消费需求系统的 AIDS 模型分析》，《经济问题》2001 年第 8 期，第 25~28 页。

[318] 穆月英、笠原浩三：《中日食品消费结构及消费需求系统的比较研究》，《经济问题》2003 年第 9 期，第 53~56 页。

[319] 穆月英、笠原浩三、松田敏信：《中国城乡居民消费需求系统的 AIDS 模型分析》，《经济问题》2001 年第 8 期，第 25~28 页。

[320] 乔为国、孔欣欣：《中国居民收入差距对消费倾向变动趋势的影响》，《当代经济科学》2005 年第 27（5）期，第 1~5 页。

[321] 屈小博、霍学喜：《农户消费行为两阶段 LES-AIDS 模型分析——基于陕西省农村住户的微观实证》，《中国人口科学》2007 年第 5 期，第 80~87 页。

[322] 任玉珑、陈容、史乐峰：《基于 Logistic 组合模型的中国民用汽车保有量预测》，《工业技术经济》2011 年第 8 期，第 90~97 页。

[323] 沈坤荣、孙文杰：《投资效率、资本形成与宏观经济波动——基于金融发展视角的实证研究》，《中国社会科学》2004 年第 6 期，第 52~63 页。

[324] 史玉伟：《消费函数理论主要假说述评》，《经济经纬》2005 年第 3 期，第 17~19 页。

[325] 宋心远、邓集贤：《门限自回归模型参数估计的强收敛速度》，《中山大学学报》（自然科学版）1994年第1期，第1~6页。

[326] 苏铭：《我国轿车需求的影响因素、趋势及区域变化——基于居民家用轿车保有量的实证分析》，《山西财经大学学报》2010年第1期，第43~49页。

[327] 苏鹏：《城镇居民收入分布变迁的消费市场效应研究》，吉林大学博士学位论文，2014。

[328] 苏鹏、赫永达、孙巍：《收入分布变迁的需求效应及内需问题——基于准面板数据门限模型的分位数回归》，《山西财经大学学报》2014年第36（6）期，第28~38页。

[329] 苏鹏、孙巍：《收入差距与内需不足：消费需求的非线性特征》，《商业研究》2013年第12期，第47~53页。

[330] 苏鹏、孙巍：《消费需求结构失衡的收入变迁效应说及实证检验》，《现代财经》（《天津财经学院学报》）2013年第33（9）期，第15~23页。

[331] 苏鹏、孙巍、姜博：《收入分布变迁对社会总消费的影响》，《当代经济研究》2014年第1期，第77~83页。

[332] 苏鹏、孙巍、姜博：《收入分布变迁对社会总消费的影响》，《当代经济研究》2014年第1期，第77~83页。

[333] 孙凤、易丹辉：《中国城镇居民收入差距对消费结构的影响分析》，《统计研究》2000年第5期，第9~15页。

[334] 孙巍、苏鹏：《引入收入变迁因素的AIDS模型的扩展及实证检验》，《数理统计与管理》2013年第4期，第658~668页。

[335] 孙巍、苏鹏：《中国城镇居民收入分布的变迁研究》，《吉林大学社会科学学报》2013年第3期，第23~31页。

[336] 孙巍、王文成、李何：《基于PI-LC理论的现阶段居民消费行为研究》，《中国软科学》2008年第10期，第148~154页。

[337] 孙巍、谢淑萍：《中国轿车市场供求结构不对称性及需求缺口分析》，《学习与探索》2008年第2期，第180~182页。

[338] 孙巍、谢淑萍、朱媛玲：《收入效应说与现阶段轿车市场需求的规

律性——基于 2004～2006 年 21 种典型轿车月度数据的实证分析》,《商业研究》2008 年第 8 期,第 16～18 页。

[339] 孙巍、杨程博:《收入分布变迁的城乡消费市场效应差异研究——基于 CHFS 数据的汽车消费实证》,《社会科学战线》2015 年第 3 期,第 51～60 页。

[340] 孙巍、杨程博:《收入分布变迁与消费结构转变——基于门限模型的非线性计量分析》,《数理统计与管理》2015 年第 34（2）期,第 307～315 页。

[341] 孙巍、杨程博、谢淑萍:《现阶段城镇居民耐用品消费行为特征变化的计量研究》,《学习与探索》2013 年第 1 期,第 108～112 页。

[342] 孙巍、杨程博、谢淑萍:《现阶段城镇居民耐用品消费行为特征变化的计量研究》,《学习与探索》2013 年第 1 期,第 108～112 页。

[343] 孙巍、张馨月:《中国乘用车拥有量的饱和点测算——基于 Gompertz 模型的动态面板估计》,《消费经济》2011 年第 1 期,第 46～49 页。

[344] 孙巍、赵天宇:《市场需求对重工业投资影响的非对称性诱导效应研究》,《产业经济研究》2014 年第 1 期,第 31～39 页。

[345] 万定山:《中国城市居民收入分布的变化：1988～1999 年》,《经济学》（季刊）2005 年第 4 期,第 45～66 页。

[346] 万广华、张茵、牛建高:《流动性约束、不确定性与中国居民消费》,《经济研究》2001 年第 11 期,第 35～44 页。

[347] 王德文、何宇鹏:《城乡差距的本质、多面性与政策含义》,《中国农村观察》2005 年第 3 期,第 25～37 页。

[348] 王德章、王锦良:《城乡市场协调发展与新农村建设研究》,《哈尔滨商业大学学报》2007 年第 5 期,第 3～8 页。

[349] 王海港:《我国居民收入分配的格局——帕雷托分布方法》,《南方经济》2006 年第 24（5）期,第 73～82 页。

[350] 王海港:《中国居民家庭的收入变动及其对长期平等的影响》,《经济研究》2005 年第 1 期,第 56～66 页。

[351] 王兢:《拟合的收入分布函数在贫困线、贫困率测算中的应用》,

《经济经纬》2005年第2期，第66～68页。

[352] 王敏、马树才：《基于动态面板模型的中国城镇居民消费的研究》，《数理统计与管理》2010年第3期，第464～472页。

[353] 王宋涛：《中国居民消费率缘何下降？——基于宏观消费函数的多因素分解》，《财经研究》2014年第6期，第132～144页。

[354] 王潼：《我国城镇居民收入变迁研究》，《数量经济技术经济研究》2000年第8期，第19～21页。

[355] 王小鲁：《收入差距过大：储蓄过度消费不足的内在原因》，《开放导报》2007年第5期，第34～36页。

[356] 王小鲁、樊纲：《收入分配与公共政策》，经济科学出版社，2005。

[357] 王雪峰、荆林波：《我国"消费率偏低"观点的分析及研究建议》，《南京社会科学》2011年第10期，第17～21页。

[358] 王亚芬、肖晓飞、高铁梅：《我国城镇居民收入分配差距的实证研究》，《财经问题研究》2007年第6期，第65～71页。

[359] 王艳、范金：《收入差距与中国城镇居民消费行为的实证研究》，《管理工程学报》2007年第21（1）期，第6～11页。

[360] 王燕、徐妍：《中国制造业空间集聚对全要素生产率的影响机理研究——基于双门限回归模型的实证分析》，《财经研究》2012年第3期，第135～144页。

[361] 温铁军：《半个世纪的农村制度变迁》，《北方经济》2003年第5期，第12～16页。

[362] 〔美〕沃塞曼：《现代非参数统计》，吴喜之译，科学出版社，2008。

[363] 吴春霞、杨为民、邓蓉：《中国农村居民家庭耐用品消费特点及购买行为探究》，《消费经济》2010年第2期，第49～52页。

[364] 吴德进：《产业转换需求缺口和城市化战略推进——当前我国经济增长面临的问题及出路》，《改革》2000年第2期，第39～43页。

[365] 吴涛、贺汉根、贺明科：《核密度的随机加权估计及其应用》，《西北大学学报》2008年第3期，第351～361页。

[366] 吴涛、贺汉根、贺明科：《基于插值的核函数构造》，《计算机学

报》2003年第8期，第990~996页。

[367] 夏传文、刘亦文：《中国农村地区间消费结构差异的实证研究》，《经济地理》2009年第12期，2050~2054页。

[368] 肖苏艺：《收入分布变迁对彩电消费市场影响机理研究》，吉林大学硕士学位论文，2018。

[369] 谢中华：《MATLAB统计分析与应用：40个案例分析》，北京航空航天大学出版社，2010。

[370] 徐家良：《用多元门限回归模型作区域夏季旱涝预测》，《气象科学》1996年第4期，第391~395页。

[371] 徐建国：《收入分布和耐用消费品的增长方式》，《北京大学中国经济研究中心学刊》2000年第8期，第1~21页。

[372] 徐现祥、王海港：《我国初次分配中的两极分化及成因》，《经济研究》2008年第2期，第106~118页。

[373] 许建华、张学工、李衍达：《一种基于核函数的非线性感知器算法》，《计算机学报》2002年第25期，第689~695页。

[374] 薛留根、廖靖宇：《条件密度近邻核估计的逼近速度》，《应用概率统计》2001年第2期，第163~167页。

[375] 杨程博：《收入分布变迁背景下消费市场非线性演化特征的计量研究》，吉林大学博士学位论文，2015。

[376] 杨程博、孙巍：《城乡居民收入分布变迁的汽车消费异质性特征研究——基于分位数视角的微观数据实证分析》，《数量经济研究》2014年第5（1）期，第96~107页。

[377] 尹清非：《耐用消费品消费的模型研究》，《消费经济》2010年第3期，第93~97页。

[378] 尹忠立：《试论我国耐用消费品市场的二元结构特性》，《消费经济》1991年第6期，第29~33页。

[379] 余永定、李军：《中国居民消费函数的理论与验证》，《中国社会科学》2000年第1期，第123~133页。

[380] 余泳泽：《FDI技术外溢是否存在"门槛条件"——来自我国高技术产业的面板门限回归分析》，《数量经济技术经济研究》2012年

第 8 期，第 49~63 页。

[381] 俞毅：《GDP 增长与能源消耗的非线性门限——对中国传统产业省际转移的实证分析》，《中国工业经济》2010 年第 12 期，第 57~65 页。

[382] 袁志刚：《中国居民消费前沿问题研究》，复旦大学出版社，2011。

[383] 袁志刚、宋铮：《消费理论的新发展及其在中国的应用》，《上海经济研究》1999 年第 6 期，第 2~9 页。

[384] 袁志刚、朱国林：《消费理论中的收入分配与总消费》，《中国社会科学》2002 年第 2 期，第 69~76 页。

[385] 臧旭恒：《持久收入、暂时收入与消费》，《经济科学》1994 年第 1 期，第 44~50 页。

[386] 臧旭恒：《居民资产与消费选择行为分析》，上海人民出版社，2001。

[387] 臧旭恒：《转型时期消费需求升级与产业发展研究》，经济科学出版社，2012。

[388] 臧旭恒、孙文祥：《城乡居民消费结构：基于 ELES 模型和 AIDS 模型的比较分析》，《山东大学学报》（哲学社会科学版）2004 年第 6 期，第 122~126 页。

[389] 臧旭恒、张继海：《收入分配对中国城镇居民消费需求影响的实证分析》，《经济理论与经济管理》2005 年第 6 期，第 5~10 页。

[390] 张大永、曹红：《家庭财富与消费：基于微观调查数据的分析》，《经济研究》2012 年第 S1 期，第 53~65 页。

[391] 张帆：《中国的粮食消费与需求》，《管理世界》1998 年第 4 期，第 186~196 页。

[392] 张广胜：《农村市场发育对农户消费行为影响的实证研究》，《中国农村观察》2002 年第 4 期，第 43~47 页。

[393] 张红霞：《陕西省城乡居民家庭耐用品消费需求探析》，《经济师》2008 年第 9 期，第 270~271 页。

[394] 张慧芳：《消费主导的战略转型与中国经济行稳致远、均衡增长》，《经济问题》2014 年第 8 期，第 1~6 页。

[395] 张继海、臧旭恒：《中国城镇居民收入和消费的协整分析》，《消费

经济》2005 年第 2 期，第 16~19 页。

[396] 张军：《资本形成、工业化与经济增长：中国转轨的特征》，《经济研究》2002 年第 6 期，第 3~13 页。

[397] 张萌旭、陈建东、蒲明：《城镇居民收入分布函数的研究》，《数量经济技术经济研究》2013 年第 4 期，第 57~71 页。

[398] 张启良、张驰：《我国居民收入增长公平性研究》，《统计科学与实践》2010 年第 4 期，第 7~9 页。

[399] 张全红：《中国低消费率问题探究——1992~2005 年中国资金流量表的分析》，《财贸经济》2009 年第 10 期，第 99~105 页。

[400] 张世伟、郝东阳：《分位数上城镇居民消费支出的决定》，《财经问题研究》2011 年第 9 期，第 119~123 页。

[401] 张五六：《两部门生产函数门限模型及应用——以能源消费与经济增长关系为例》，《数理统计与管理》2010 年第 6 期，第 1052~1059 页。

[402] 张馨月：《基于收入变迁的城镇居民乘用车需求演化规律研究》，吉林大学（博士学位论文），2011。

[403] 张屹山、陈默：《泰尔（Theil）指数及其在中国的适用性检验——兼论收入分配与扩大内需》，《经济与管理研究》2012 年第 12 期，第 5~14 页。

[404] 张瑜：《我国城乡居民收入分布的核密度估计》，《统计与决策》2006 年第 19 期，第 73~74 页。

[405] 张宇：《FDI 技术外溢的地区差异与吸收能力的门限特征——基于中国省际面板数据的门限回归分析》，《数量经济技术经济研究》2008 年第 1 期，第 28~39 页。

[406] 张玉梅、喻闻、李志强：《中国农村居民食物消费需求弹性研究》，《江西农业大学学报》（社会科学版）2012 年第 11（2）期，第 7~13 页。

[407] 章上峰、许冰、胡祖光：《中国城乡收入分布动态演进及经验检验》，《统计研究》2009 年第 26（12）期，第 32~40 页。

[408] 赵人伟、李实：《中国居民收入差距的扩大及其原因》，《经济研

究》1997 年第 9 期，第 19~28 页。

[409] 赵人伟、李实、卡尔、李思勤：《中国居民收入分配再研究》，中国财政经济出版社，1999。

[410] 赵志君：《收入分配与社会福利函数》，《数量经济技术经济研究》2011 年第 9 期，第 61~74 页。

[411] 郑丽琳：《能源效率、要素投入与经济增长——基于面板门限回归的实证分析》，《中央财经大学学报》2012 年第 9 期，第 48~53 页。

[412] 郑志浩、赵殿钰：《收入分布变化对中国城镇居民家庭在外食物消费的影响》，《中国农村经济》2012 年第 7 期，第 40~50 页。

[413] 周辰珣、孙英隽：《政府主导模式下我国行业潮涌现象作用机制的实证研究》，《南方经济》2013 年第 5 期，第 49~56 页。

[414] 周绍杰、张俊森、李宏彬：《中国城市居民的家庭收入，消费和储蓄行为：一个基于组群的实证研究》，《经济学》（季刊）2009 年第 8（4）期，第 1197~1220 页。

[415] 周云波：《城市化、城乡差距以及全国居民总体收入差距的变化——收入差距倒 U 形假说的实证检验》，《经济学》（季刊）2009 年第 8（4）期，第 1239~1256 页。

[416] 朱琛：《城乡居民收入与消费差距的动态相关性——基于 1992—2009 年经验数据的考察》，《财经科学》2012 年第 8 期，第 39~48 页。

[417] 朱琛、朱永熙：《金融危机冲击下我国城乡二元消费结构的加剧及应对》，《成都纺织高等专科学校学报》2011 年第 1 期，第 4~7 页。

[418] 朱国林：《消费理论最新发展动态》，《经济学动态》2002 年第 4 期，第 62~65 页。

[419] 朱国林、范建勇、严燕：《中国的消费不振与收入分配：理论和数据》，《经济研究》2002 年第 5 期，第 72~80 页。

[420] 朱建平、朱万闯：《中国居民消费的特征分析——中基于两阶段面板分位回归》，《数理统计与管理》2012 年第 31（4）期，第 680~688 页。

[421] 朱孔来、李静静、乐菲菲：《中国城镇化进程与经济增长关系的实

证研究》,《统计研究》2011年第9期,第80~87页。

[422] 朱平芳、张征宇:《无条件分位数回归:文献综述与应用实例》,《统计研究》2012年第3期,第88~96页。

[423] 宗强:《我国城乡二元消费结构及其转换的制度安排》,《山东省农业管理干部学院学报》2007年第4期,第92~94页。

[424] 邹薇、周浩:《经济趋同的计量分析与收入分布动态学研究》,《世界经济》2007年第30(6)期,第81~96页。

后 记

我出生于20世纪60年代，见证了中国从几乎是世界上最贫困的国家走向繁荣富强的整个历程。身处如此巨大的社会变迁中，我逐渐发现在我所学和所见的成果中，还没有哪一种理论或者思想可以完整地诠释14亿中国人收入水平和收入差距的快速和显著演变所蕴含的特殊经济运行机制和规律，这是在世界范围内难得一见的经济现象。我逐渐产生了对收入水平及其分布变迁对经济社会影响机理进行系统研究的想法，在不断的探索和沉淀中，这个想法变得越来越强烈，研究思路也变得越来越清晰。最初接受这种想法的是我的多位学生，他们陪伴我一起探索了这个中国社会改革开放过程中所出现的特殊问题。随着研究工作的逐渐深入，我们逐步构建并完善了这个新领域的知识体系。经过大家反复斟酌，最终将这本书定名为《收入分布变迁的消费市场效应》。

本书的主要内容是杨程博和苏鹏在博士研究生的学习期间完成的，其中第2章第3节、第3章第2~3节、第4章第3~4节、第5章第3~4节和第6章第3~4节由杨程博博士完成，第2章第1~2节、第3章第1节、第4章第1~2节、第5章第1~2节、第6章第1~2节和第7章第1节是由苏鹏博士完成的。在他们获得博士学位走上各自的工作岗位以后，仍然全力支持我申报国家社会科学基金的后期资助项目，并且在书稿的写作和修改校对过程中付出了大量心血。同时，书稿中还收录了我的另外两名学生冯星和郭秋彤在硕士研究生学习期间的部分研究成果，其中第7章第3节是由冯星完成的，第7章第2节是以郭秋彤的研究成果为基础修改完成的。全书的校对修改完善工作由杨程博博士、冯星博士和苏鹏博士配合我一起完成。感谢我的学生们，是他们在最富有创造力的年华潜心于这个领域的研究，并不惜花费大量时间和精力来完成修改校对工作，才使书稿得以顺利完成和出版。

本书在国家社会科学基金后期资助项目的申请、书稿撰写和编辑出版的各个环节，自始至终得到了社会科学文献出版社的大力支持和细致周到的指导及服务，特别需要感谢社会科学文献出版社经济管理分社恽薇社长，是她非常专业的出版咨询建议、毫不吝惜的鼓励和关照，才让我下定决心申报课题和完成书稿。我还要感谢颜林柯编辑为本书出版付出的极大耐心和辛勤工作，她的敬业精神和认真负责的工作作风让我敬佩。

孙巍　于吉林大学前卫校区
2020 年 7 月 10 日

图书在版编目(CIP)数据

收入分布变迁的消费市场效应/孙巍,杨程博,苏鹏著. -- 北京:社会科学文献出版社,2020.9
国家社科基金后期资助项目
ISBN 978-7-5201-6770-3

Ⅰ.①收… Ⅱ.①孙…②杨…③苏… Ⅲ.①居民收入-收入差距-研究-中国 Ⅳ.①F126.2

中国版本图书馆CIP数据核字(2020)第100273号

·国家社科基金后期资助项目·
收入分布变迁的消费市场效应

著　者 / 孙　巍　杨程博　苏　鹏

出 版 人 / 谢寿光
组稿编辑 / 恽　薇
责任编辑 / 颜林柯

出　版	社会科学文献出版社·经济与管理分社(010)59367226
	地址:北京市北三环中路甲29号院华龙大厦　邮编:100029
	网址:www.ssap.com.cn
发　行	市场营销中心(010)59367081　59367083
印　装	三河市龙林印务有限公司
规　格	开　本:787mm×1092mm　1/16
	印　张:18.25　字　数:288千字
版　次	2020年9月第1版　2020年9月第1次印刷
书　号	ISBN 978-7-5201-6770-3
定　价	118.00元

本书如有印装质量问题,请与读者服务中心(010-59367028)联系

▲ 版权所有 翻印必究